汉 英 对 照
汉语多音字学习手册

Chinese Multi-reading Characters without Tears

编者：褚佩如 Chu Peiru
　　　金乃逯 Jin nailu
译者：陈坤如 Chen kunru
　　　吕新莉 Lu Xinli
　　　刘　昕 Liu Xin

北京大学出版社
北京

图书在版编目(CIP)数据

汉语多音字学习手册/褚佩如,金乃逯编.—北京:北京大学出版社,2002.11
(汉语学习手边册丛书)
ISBN 7-301-05745-8

Ⅰ.汉… Ⅱ.①褚…②金… Ⅲ.汉字:多音字-手册—汉、英 Ⅳ.H124.3-62

中国版本图书馆 CIP 数据核字(2002)第 043875 号

书　　　名:	汉英对照·汉语多音字学习手册
著作责任者:	褚佩如　金乃逯编著　陈坤如等　译
责 任 编 辑:	郭力　刘红
标 准 书 号:	ISBN 7-301-05745-8/H·0767
出 版 发 行:	北京大学出版社
地　　　址:	北京市海淀区中关村北京大学校内　100871
网　　　址:	http://cbs.pku.edu.cn
电　　　话:	邮购部 62752019　发行部 62754140　编辑部 62752028
电 子 信 箱:	zpup@pup.pku.edu.cn
排　版　者:	北京华伦图文制作中心 82866441
印　刷　者:	中国科学院印刷厂
经　销　者:	新华书店
	850 毫米×1168 毫米　32 开本　13.625 印张　340 千字
	2002 年 11 月第 1 版　2004 年 6 月第 2 次印刷
定　　　价:	27.00 元

前 言

长期以来,外国人在学习现代汉语多音字时,会遇到许多困难。例如:"长"可以读成 cháng,也可以读成 zhǎng,字音不同,字的意思、性质也不一样。又比如"的"字,读"de"时是最常用的助词,而读 dí 和 dì 时,又分别是"确实"和"目的",具有实体意义。即使是在校学习的中国学生遇到多音字时,也会出现这样或那样的问题。为了帮助学习者系统地、集中地掌握多音字,我们编写了这本《汉语多音字学习手册》。

《汉语多音字学习手册》是一本配合现代汉语学习的辅助教材,也可作为一本简明工具书来使用。这本书适用于正在学习汉语的外国人,也适合于在校读书的中国大、中、小学生使用。

这本书分为两部分,第一部分收字 126 个,第二部分收字 81 个,这些字都是从实用角度出发选择的,并且参照了国家汉语水平考试委员会编制的《汉语水平考试大纲》,把常用的甲、乙级多音字收入第一部分,丙级字和较生僻的甲、乙级字收入第二部分。为了便于查找,这本书将各个字的不同读音安排在一起,在每个读音下列出了该字的常用义项,义项下包括:词语、例句、拼音注释、英文释义,最后在每个字后面设一个练习。第二部分在义项下只列词语、拼音注释、英文释义。

在编写和翻译此书的过程中,得到胡鸿、王晓瑶等老师的大力支持和帮助,在此表示感谢。

编者
2002 年 1 月

PREFACE

Duoyinzi (characters of multiple pronunciations) has been a barrier in Chinese learning for foreigners for a long time. Take 长 as an example, it is pronounced as cháng, and sometimes as zhǎng. Different pronunciation means different things. Another example is 的. When it is de, it is the most commonly used auxiliary word; but when it is dí and dì, it means *indeed* and *purpose respectively*. Duoyinzi is also difficult for Chinese students. *Chinese Multi-reading Characters without Tears* aims to help you to learn Duoyinzi systematically at one time.

Chinese Multi-reading Characters without Tears is a supplementary textbook for Chinese language learning as well as a brief reference book. It is suitable both for foreign students and Chinese students.

This handbook contains two parts, with the first part 126 characters and the second 81 characters. These characters are practical and are classified according to The Outline of HSK. The first part contains commonly used characters while the second part includes less used and rare ones. For convenience, each character's different pronunciations are listed one after the other. Under each pronunciation, the meanings and the usage can be seen. They include phrases, examples, pinyin and English translation. An exercise is arranged after each character. The second part of this book only has phrases, pinyin and English translation.

We are grateful for Mr. Hu Hong, Ms. Wang Xiaoyao and some other friends who have offered their help in editing and translating this book.

Editors
January 2002

凡 例

一、本手册共收字形相同而读音有别的汉字 207 个（每个汉字包括两个或两个以上不同的读音）。正文中的多音字及所列举的词语均以汉语拼音为顺序排列，读音相同的则以声调（一、二、三、四声、轻声）为序。为方便辨认汉字有困难的读者，全部正文均注有汉语拼音。

二、正文除练习及歌谣外，均为汉英对照。

三、每个字在读音之后，有释义，并有组词及词语的英文释义，多数词语后面附有例句，以显示词语在句子中的应用。

四、汉字读音中，有三声连读变调的规律。本手册除将"一"、"不"二字按变调后的读法标明调号外，其余均按原声调注音。

五、轻声字不标调号，"儿"化尾音加"儿"字，轻读。

六、每个多音字后面附有简短练习，以巩固学习成果。有些多音字后面附有生动有趣的歌谣。

七、本手册的两部分均附有汉语拼音检索和汉字笔画检索。

Notes on the use of this book

1. 207 multiple pronounced Chinese characters are included in this book, each character with two or more pronunciations. The text of the book is arranged according to the alphabetic order, and the pronunciations are in the tone order, i.e. the first tone, the second tone, the third tone and the fourth tone. For the convenience of the people who do not know Chinese characters, pinyin is found in the text.

2. English translation can be seen in the text except the exercises and some ballads attached.

3. Each character under a pronunciation is explained and translated into English. Its words and phrases as well as the examples of the use of the words and phrases are followed.

4. There is a law of changing the first tone into the second tone if two third tones happen to be one after the other. This case is not marked in this book. However, you do find the changes of the tone marks of "yi" and "bu" in this book.

5. A character with a light tone is not marked. A retroflexion character is added with a "r" in its pinyin and pronounced with a light tone.

6. Some exercises are attached to the text of each character, and a lively ballad is seen after the exercises of some characters.

7. An index of pinyin and an index of strokes of Chinese characters can be found in both of the two parts of this book.

第一部分拼音检字表
Index of Syllables of Hanyupinyin (part one)

B

把 bǎ(另见 bà) ············	1
把 bà(另见 bǎ) ············	3
薄 báo(另见 bó,bò) ········	4
背 bēi(另见 bèi) ············	7
背 bèi(另见 bēi) ············	8
便 biàn(另见 pián) ········	11
别 bié(另见 biè) ············	13
别 biè(另见 bié) ············	15
薄 bó(另见 báo,bò) ········	4
薄 bò(另见 báo,bó) ········	6

C

参 cān(另见 cēn, shēn)·····	16
藏 cáng(另见 zàng) ········	19
参 cēn(另见 cān, shēn)·····	17
曾 céng(另见 zēng) ········	22
叉 chā(另见 chá, chǎ, chà) ································	23
叉 chá(另见 chā, chǎ, chà) ································	24
叉 chǎ(另见 chā, chá, chà) ································	24
叉 chà(另见 chā, chá, chǎ) ································	24
刹 chà(另见 shā) ············	25
差 chā(另见 chà,chāi,cī)···	27
差 chà(另见 chā,chāi,cī)···	28
差 chāi(另见 chā,chà,cī)···	29
差 cī(另见 chā,chà,chāi)···	30
长 cháng(另见 zhǎng) ·····	31
场 cháng(另见 chǎng) ·····	34
场 chǎng(另见 cháng) ·····	34
朝 cháo(另见 zhāo) ········	37
冲 chōng(另见 chòng) ·····	39
重 chóng(另见 zhòng) ·····	42
冲 chòng(另见 chōng) ·····	41
处 chǔ(另见 chù) ············	46
处 chù(另见 chǔ) ············	47
传 chuán(另见 zhuàn) ·····	50
创 chuāng(另见 chuàng)···	52
创 chuàng(另见 chuāng)···	52

D

打 dá(另见 dǎ) ············	53
打 dǎ(另见 dá) ············	54
大 dà(另见 dài) ············	58
大 dài(另见 dà) ············	61
担 dān(另见 dàn) ············	62
担 dàn(另见 dān) ············	63
弹 dàn(另见 tán) ············	64

· 1 ·

Chinese Multi-reading Characters without Tears

当 dāng(另见 dàng) ·············· 67
当 dàng(另见 dāng) ·············· 70
倒 dǎo(另见 dào) ················ 72
倒 dào(另见 dǎo) ················ 73
得 dé(另见 de, děi) ············· 76
地 de(另见 dì) ···················· 79
的 de(另见 dī, dí, dì) ··········· 83
得 de(另见 dé, děi) ············· 77
得 děi(另见 dé, de) ············· 78
提 dī(另见 tí) ····················· 86
的 dī(另见 de, dí, dì) ··········· 84
的 dí(另见 de, dī, dì) ··········· 84
地 dì(另见 de) ···················· 80
的 dì(另见 de, dī, dí) ··········· 85
调 diào(另见 tiáo) ··············· 89
钉 dīng(另见 dìng) ·············· 92
钉 dìng(另见 dīng) ·············· 93
都 dōu(另见 dū) ················· 94
都 dū(另见 dōu) ················· 95

F

发 fā(另见 fà) ···················· 96
发 fà(另见 fā) ···················· 99
分 fēn(另见 fèn) ················ 100
分 fèn(另见 fēn) ················ 103
佛 fó(另见 fú) ··················· 104
佛 fú(另见 fó) ··················· 104

G

杆 gān(另见 gǎn) ··············· 105
杆 gǎn(另见 gān) ··············· 106
给 gěi(另见 jǐ) ··················· 107

更 gēng(另见 gèng) ············ 109
更 gèng(另见 gēng) ············ 110
供 gōng(另见 gòng) ············ 111
供 gòng(另见 gōng) ············ 112
观 guān(另见 guàn) ············ 113
冠 guān(另见 guàn) ············ 116
观 guàn(另见 guān) ············ 115
冠 guàn(另见 guān) ············ 117

H

还 hái(另见 huán) ··············· 117
行 háng(另见 xíng) ············· 120
好 hǎo(另见 hào) ··············· 125
好 hào(另见 hǎo) ··············· 127
和 hé(另见 hè, hú, huó, huò)
 ······························· 129
和 hè(另见 hé, hú, huó, huò)
 ······························· 130
吓 hè (另见 xià) ················ 133
哄 hōng(另见 hǒng, hòng) ··· 134
哄 hǒng(另见 hōng, hòng) ··· 135
哄 hòng(另见 hōng, hǒng) ··· 135
和 hú(另见 hé, hè, huó, huò)
 ······························· 131
划 huá(另见 huà) ··············· 136
划 huà(另见 huá) ··············· 137
还 huán(另见 hái) ··············· 118
会 huì(另见 kuài) ··············· 138
混 hún(另见 hùn) ··············· 142
混 hùn(另见 hún) ··············· 142
和 huó(另见 hé, hè, hú, huò)
 ······························· 131

和 huò(另见 hé,hè,hú,huó)
·················· 131

J

奇 jī(另见 qí)·············· 144
给 jǐ(另见 gěi)············· 108
系 jì(另见 xì)·············· 146
假 jiǎ(另见 jià)············ 148
假 jià(另见 jiǎ)············ 150
间 jiān(另见 jiàn)·········· 151
间 jiàn(另见 jiān)·········· 152
将 jiāng(另见 jiàng)········ 153
将 jiàng(另见 jiāng)········ 155
强 jiàng(另见 qiáng,qiǎng)··· 158
降 jiàng(另见 xiáng)········ 156
教 jiāo(另见 jiào)·········· 161
教 jiào(另见 jiāo)·········· 162
觉 jiào(另见 jué)··········· 164
校 jiào(另见 xiào)·········· 166
结 jiē(另见 jié)············ 169
结 jié(另见 jiē)············ 168
禁 jīn(另见 jìn)············ 171
禁 jìn(另见 jīn)············ 172
尽 jǐn(另见 jìn)············ 174
尽 jìn(另见 jǐn)············ 175
劲 jìn(另见 jìng)··········· 177
劲 jìng(另见 jìn)··········· 179
圈 juān(另见 juàn,quān)····· 180
圈 juàn(另见 juān,quān)····· 180
觉 jué(另见 jiào)··········· 164

K

卡 kǎ(另见 qiǎ)············ 182

看 kān(另见 kàn)··········· 184
看 kàn(另见 kān)··········· 185
空 kōng(另见 kòng)········· 188
空 kòng(另见 kōng)········· 190
会 kuài(另见 huì)·········· 141

L

拉 lā(另见 lá,lǎ)··········· 192
拉 lá(另见 lā,lǎ)··········· 194
拉 lǎ(另见 lā,lá)··········· 195
落 là(另见 lào,luò)········· 196
落 lào(另见 là,luò)········· 196
乐 lè(另见 yuè)············ 201
了 le(另见 liǎo)············ 203
累 léi(另见 lěi,lèi)········· 206
累 lěi(另见 léi,lèi)········· 207
累 lèi(另见 léi,lěi)········· 207
俩 liǎ(另见 liǎng)·········· 209
凉 liáng(另见 liàng)········ 210
俩 liǎng(另见 liǎ)·········· 209
凉 liàng(另见 liáng)········ 211
量 liáng(另见 liàng)········ 211
量 liàng(另见 liáng)········ 212
了 liǎo(另见 le)············ 204
陆 liù(另见 lù)············· 214
露 lòu(另见 lù)············ 215
陆 lù(另见 liù)············· 214
露 lù(另见 lòu)············ 216
落 luò(另见 là,lào)········· 197
率 lǜ(另见 shuài)·········· 218

M

没 méi(另见 mò)··········· 220

· 3 ·

Chinese Multi-reading Characters without Tears

模 mó(另见 mú) ………… 223
磨 mó(另见 mò) ………… 225
磨 mò(另见 mó) ………… 226
没 mò(另见 méi) ………… 221
模 mú(另见 mó) ………… 224

N

难 nán(另见 nàn) ………… 228
难 nàn(另见 nán) ………… 229
呢 ne(另见 ní) ………… 231
呢 ní(另见 ne) ………… 232
宁 níng(另见 nìng) ………… 232
宁 nìng(另见 níng) ………… 233

P

片 piān(另见 piàn) ………… 234
便 pián(另见 biàn) ………… 12
片 piàn(另见 piān) ………… 235
漂 piāo(另见 piǎo,piào) ………… 237
漂 piǎo(另见 piāo,piào) ………… 238
漂 piào(另见 piāo,piǎo) ………… 238
铺 pū(另见 pù) ………… 239
铺 pù(另见 pū) ………… 241

Q

奇 qí(另见 jī) ………… 144
卡 qiǎ(另见 kǎ) ………… 183
强 qiáng(另见 jiàng,qiǎng) ………… 158
强 qiǎng(另见 jiàng,qiáng) ………… 160
切 qiē(另见 qiè) ………… 242
切 qiè(另见 qiē) ………… 242
圈 quān(另见 juān,juàn) ………… 180

S

塞 sāi(另见 sài,sè) ………… 244
塞 sài(另见 sāi,sè) ………… 245
塞 sè(另见 sāi,sài) ………… 246
色 sè(另见 shǎi) ………… 247
刹 shā(另见 chà) ………… 26
色 shǎi(另见 sè) ………… 249
扇 shān(另见 shàn) ………… 250
扇 shàn(另见 shān) ………… 250
折 shé(另见 zhē,zhé) ………… 252
舍 shě(另见 shè) ………… 256
舍 shè(另见 shě) ………… 257
谁 shéi(另见 shuí) ………… 257
参 shēn(另见 cān,cēn) ………… 18
什 shén(另见 shí) ………… 259
省 shěng(另见 xǐng) ………… 260
什 shí(另见 shén) ………… 259
似 shì(另见 sì) ………… 262
数 shǔ(另见 shù,shuò) ………… 264
数 shù(另见 shǔ,shuò) ………… 265
率 shuài(另见 lǜ) ………… 219
谁 shuí(另见 shéi) ………… 258
说 shuì(另见 shuō) ………… 267
说 shuō(另见 shuì) ………… 267
数 shuò(另见 shǔ,shù) ………… 266
似 sì(另见 shì) ………… 263
宿 sù(另见 xiǔ,xiù) ………… 269

T

弹 tán(另见 dàn) ………… 65
提 tí(另见 dī) ………… 86
挑 tiāo(另见 tiǎo) ………… 270
调 tiáo(另见 diào) ………… 91
挑 tiǎo(另见 tiāo) ………… 271

汉语多音字学习手册

通 tōng(另见 tòng)……… 273	应 yīng(另见 yìng)……… 298
同 tóng(另见 tòng)……… 277	应 yìng(另见 yīng)……… 299
同 tòng(另见 tóng)……… 278	与 yǔ(另见 yù)………… 301
通 tòng(另见 tōng)……… 276	与 yù(另见 yǔ)………… 302
W	乐 yuè(另见 lè)………… 202
为 wéi(另见 wèi)……… 279	**Z**
为 wèi(另见 wéi)……… 281	扎 zā(另见 zhā,zhá)…… 303
X	脏 zāng(另见 zàng)…… 305
系 xì(另见 jì)………… 147	脏 zàng(另见 zāng)…… 306
吓 xià(另见 hè)………… 133	藏 zàng(另见 cáng)…… 20
相 xiāng(另见 xiàng)…… 282	择 zé(另见 zhái)……… 307
降 xiáng(另见 jiàng)…… 157	曾 zēng(另见 céng)…… 22
相 xiàng(另见 xiāng)…… 285	扎 zhā(另见 zā,zhá)…… 303
削 xiāo(另见 xuē)……… 287	扎 zhá(另见 zā,zhā)…… 304
校 xiào(另见 jiào)……… 166	择 zhái(另见 zé)……… 308
兴 xīng(另见 xìng)……… 288	占 zhān(另见 zhàn)…… 309
行 xíng(另见 háng)…… 122	占 zhàn(另见 zhān)…… 309
省 xǐng(另见 shěng)…… 261	长 zhǎng(另见 cháng)… 32
兴 xìng(另见 xīng)……… 289	涨 zhǎng(另见 zhàng)… 310
宿 xǔ(另见 sù,xiù)…… 270	涨 zhàng(另见 zhǎng)… 311
宿 xiù(另见 sù,xiǔ)…… 270	朝 zhāo(另见 cháo)…… 38
削 xuē(另见 xiāo)……… 287	着 zhāo(另见 zháo,zhe,zhuó)
Y	………………………… 312
压 yā(另见 yà)………… 290	着 zháo(另见 zhāo,zhe,zhuó)
压 yà(另见 yā)………… 292	………………………… 313
咽 yān(另见 yàn,yè)… 293	折 zhē(另见 shé,zhé)… 253
咽 yàn(另见 yān,yè)… 293	折 zhé(另见 shé,zhē)… 253
要 yāo(另见 yào)……… 295	着 zhe(另见 zhāo,zháo,zhuó)
要 yào(另见 yāo)……… 295	………………………… 314
咽 yè(另见 yān,yàn)… 294	正 zhēng(另见 zhèng)… 317
	挣 zhēng(另见 zhèng)… 320

· 5 ·

☞ Chinese Multi-reading Characters without Tears ☜

正 zhèng(另见 zhēng)············ 317
挣 zhèng(另见 zhēng)············ 321
只 zhī(另见 zhǐ)················ 322
只 zhǐ(另见 zhī)················ 322
中 zhōng(另见 zhòng)············ 324
种 zhǒng(另见 zhòng)············ 327
重 zhòng(另见 chóng)············ 44
中 zhòng(另见 zhōng)············ 326
种 zhòng(另见 zhǒng)············ 327

转 zhuǎn(另见 zhuàn)
 ·················· 330
转 zhuàn(另见 zhuǎn)
 ·················· 331
传 zhuàn(另见 chuán)············ 51
着 zhuó(另见 zhāo, zháo, zhe)
 ·················· 315
作 zuō(另见 zuò)················ 333
作 zuò(另见 zuō)················ 333

第一部分 笔画检字表
Index of Strokes of Characters (part one)

二画

了 le(另见 liǎo)·················· 203

三画

叉 chā(另见 chá, chǎ, chà)
·················· 23
大 dà(另见 dài)·················· 58
与 yǔ(另见 yù)·················· 301

四画

中 zhōng(另见 zhòng)·········· 324
为 wéi(另见 wèi)·················· 279
什 shén(另见 shí)·················· 259
分 fēn(另见 fèn)·················· 100
切 qiē(另见 qiè)·················· 242
扎 zā(另见 zhā, zhá)·········· 303
片 piān(另见 piàn)·················· 234
长 cháng(另见 zhǎng)·········· 31

五画

乐 lè(另见 yuè)·················· 201
占 zhān(另见 zhàn)·········· 309
卡 kǎ(另见 qiǎ)·················· 182

发 fā(另见 fà)·················· 96
只 zhī(另见 zhǐ)·················· 322
处 chǔ(另见 chù)·················· 46
宁 níng(另见 nìng)·········· 232
打 dá(另见 dǎ)·················· 53
正 zhēng(另见 zhèng)·········· 317

六画

会 kuài(另见 huì)·················· 141
传 chuán(另见 zhuàn)·········· 50
兴 xīng(另见 xìng)·················· 288
冲 chōng(另见 chòng)·········· 39
划 huá(另见 huà)·················· 136
创 chuāng(另见 chuàng)·········· 52
压 yā(另见 yà)·················· 290
同 tóng(另见 tòng)·········· 277
吓 hè(另见 xià)·················· 133
地 de(另见 dì)·················· 79
场 cháng(另见 chǎng)·········· 34
好 hǎo(另见 hào)·················· 125
尽 jǐn(另见 jìn)·················· 172
当 dāng(另见 dàng)·········· 67
色 sè(另见 shǎi)·················· 247
行 háng(另见 xíng)·········· 120
观 guān(另见 guàn)·········· 113

· 1 ·

☞ Chinese Multi-reading Characters without Tears ☜

似 shì(另见 sì) ·············· 262

七画

佛 fó(另见 fú) ·············· 104
作 zuō(另见 zuò) ············ 333
别 bié(另见 biè) ············· 13
劲 jìn(另见 jìng) ············ 177
应 yīng(另见 yìng) ·········· 298
把 bǎ(另见 bà) ··············· 1
折 shé(另见 zhē,zhé) ········ 252
更 gēng(另见 gèng) ·········· 109
杆 gān(另见 gǎn) ············ 105
没 méi(另见 mò) ············· 220
系 jì(另见 xì) ··············· 146
还 hái(另见 huán) ············ 117
钉 dīng(另见 dìng) ············ 92
间 jiān(另见 jiàn) ··········· 151
陆 liù(另见 lù) ·············· 214

八画

供 gōng(另见 gòng) ·········· 111
刹 chà(另见 shā) ············· 25
参 cān(另见 cēn, shēn) ······· 16
呢 ne(另见 ní) ··············· 231
和 hé(另见 hè,hú,huó,huò)
·············· 129
奇 jī(另见 qí) ··············· 144
担 dān(另见 dàn) ············· 62
拉 lā(另见 lá,lǎ) ············ 192
择 zé(另见 zhái) ············ 307
的 de(另见 dī,dí,dì) ·········· 83

空 kōng(另见 kòng) ·········· 188
舍 shě(另见 shè) ············ 256
转 zhuǎn(另见 zhuàn)
·············· 330
降 jiàng(另见 xiáng) ········· 156

九画

便 biàn(另见 pián) ············ 11
俩 liǎ(另见 liǎng) ··········· 209
冠 guān(另见 guàn) ·········· 116
削 xiāo(另见 xuē) ··········· 287
咽 yān(另见 yàn,yè) ········· 293
哄 hōng(另见 hǒng,hòng) ····· 134
将 jiāng(另见 jiàng) ········· 153
差 chā (另见 chà,chāi,cī) ····· 27
挑 tiāo(另见 tiǎo) ··········· 270
挣 zhēng(另见 zhèng) ········ 320
相 xiāng(另见 xiàng) ········· 282
省 xǐng(另见 shěng) ········· 261
看 kān(另见 kàn) ············ 184
种 zhǒng(另见 zhòng) ········ 327
结 jiē(另见 jié) ············· 169
给 gěi(另见 jǐ) ·············· 107
背 bēi(另见 bèi) ··············· 7
要 yāo(另见 yào) ············ 295
觉 jiào(另见 jué) ············ 164
说 shuì(另见 shuō) ··········· 267
重 chóng(另见 zhòng) ········· 42

十画

倒 dǎo(另见 dào) ············· 72

凉 liáng(另见 liàng) ……… 210
扇 shān(另见 shàn) ……… 250
校 jiào(另见 xiào) ……… 166
涨 zhǎng(另见 zhàng) ……… 310
脏 zāng(另见 zàng) ……… 305
谁 shéi(另见 shuí) ……… 257
调 diào(另见 tiáo) ……… 89
通 tōng(另见 tòng) ……… 273
都 dōu(另见 dū) ……… 94
难 nán(另见 nàn) ……… 228

十一画

假 jiǎ(另见 jià) ……… 148
圈 juān(另见 juàn, quān) ……… 180
宿 sù(另见 xiǔ, xiù) ……… 269
弹 dàn(另见 tán) ……… 64
得 dé(另见 de, děi) ……… 76
教 jiāo(另见 jiào) ……… 161
混 hún(另见 hùn) ……… 142
率 lǜ(另见 shuài) ……… 218
着 zhāo(另见 zháo, zhe, zhuó)
……… 312
累 léi(另见 lěi, lèi) ……… 206

十二画

强 jiàng(另见 qiáng, qiǎng) …… 158

提 dī(另见 tí) ……… 86
曾 céng(另见 zēng) ……… 22
朝 cháo(另见 zhāo) ……… 37
落 là(另见 lào, luò) ……… 196
量 liáng(另见 liàng) ……… 211
铺 pū(另见 pù) ……… 239

十三画

塞 sāi(另见 sài, sè) ……… 244
数 shǔ(另见 shù, shuò) ……… 264
禁 jīn(另见 jìn) ……… 171
模 mó(另见 mú) ……… 223

十四画

漂 piāo(另见 piào) ……… 237

十六画

磨 mó(另见 mò) ……… 225
薄 báo(另见 bó, bò) ……… 4

十七画

藏 cáng(另见 zàng) ……… 19

二十一画

露 lòu(另见 lù) ……… 215

第二部分拼音检字表
Index of Syllables of Hanyupinyin(part two)

A
阿 ā（另见 ē）·········· 339

B
吧 bā（另见 ba）·········· 339
吧 ba（另见 bā）·········· 340
伯 bāi（另见 bó）·········· 340
膀 bǎng（另见 pāng,páng）····· 341
炮 bāo（另见 páo,pào）······· 342
秘 bì（另见 mì）·········· 343
辟 bì（另见 pì）·········· 343
扁 biǎn（另见 piān）········ 344
伯 bó（另见 bāi）·········· 340

C
侧 cè（另见 zhāi）········· 345
查 chá（另见 zhā）········· 345
单 chán（另见 dān,Shàn）····· 346
倡 chāng（另见 chàng）······ 347
倡 chàng（另见 chāng）······ 348
吵 chāo（另见 chǎo）······· 348
吵 chǎo（另见 chāo）······· 348
车 chē（另见 jū）········· 348
尺 chě（另见 chǐ）········ 349
乘 chéng（另见 shèng）······ 350
尺 chǐ（另见 chě）········ 349
臭 chòu（另见 xiù）········ 351
刺 cī（另见 cì）·········· 352
刺 cì（另见 cī）·········· 352

D
答 dā（另见 dá）·········· 353
答 dá（另见 dā）·········· 353
待 dāi（另见 dài）········· 354
待 dài（另见 dāi）········· 354
单 dān（另见 chán,Shàn）····· 346
石 dàn（另见 shí）········ 355
肚 dǔ（另见 dù）·········· 355
肚 dù（另见 dǔ）·········· 355
度 dù（另见 duó）········· 356
度 duó（另见 dù）········· 357

E
阿 ē（另见 ā）··········· 339

F
否 fǒu（另见 pǐ）········· 357
服 fú（另见 fù）·········· 358
服 fù（另见 fú）·········· 359

G
咖 gā（另见 kā）·········· 359
胳 gā（另见 gē,gé）········ 359
钢 gāng（另见 gàng）······· 360

·1·

Chinese Multi-reading Characters without Tears

钢 gàng（另见 gāng）·········· 360
胳 gē（另见 gā, gé）·········· 360
搁 gē（另见 gé）············ 360
胳 gé（另见 gā, gē）·········· 360
搁 gé（另见 gē）············ 361
骨 gū（另见 gǔ）············ 361
估 gū（另见 gù）············ 362
骨 gǔ（另见 gū）············ 361
估 gù（另见 gū）············ 362
过 guò（另见 guo）··········· 362
过 guo（另见 guò）··········· 363

H

咳 hài（另见 ké）············ 363
巷 hàng（另见 xiàng）········· 364
号 háo（另见 hào）··········· 364
号 hào（另见 háo）··········· 365
喝 hē（另见 hè）············ 366
喝 hè（另见 hē）············ 366
哼 hēng（另见 hng）·········· 367
哼 hng（另见 hēng）·········· 367
糊 hū（另见 hú, hù）·········· 367
糊 hú（另见 hū, hù）·········· 367
糊 hù（另见 hū, hú）·········· 368
化 huā（另见 huà）··········· 368
化 huà（另见 huā）··········· 368

J

济 jī（另见 jǐ）············· 369
济 jǐ（另见 jī）············· 369
家 jiā（另见 jia, jie）········· 370
夹 jiā（另见 jiá）············ 371

夹 jiá（另见 jiā）············ 372
价 jià（另见 jie）············ 373
家 jia（另见 jiā, jie）········· 371
角 jiǎo（另见 jué）··········· 373
节 jiē（另见 jié）············ 375
节 jié（另见 jiē）············ 375
桔 jié（另见 jú）············ 376
解 jiě（另见 jiè, xiè）········· 376
解 jiè（另见 jiě, xiè）········· 377
家 jie（另见 jiā, jia）········· 371
价 jie（另见 jià）············ 373
车 jū（另见 chē）············ 349
据 jū（另见 jù）············· 377
桔 jú（另见 jié）············ 376
据 jù（另见 jū）············· 377
角 jué（另见 jiǎo）··········· 374

K

咖 kā（另见 gā）············ 359
咳 ké（另见 hài）············ 364

L

郎 láng（另见 làng）·········· 378
郎 làng（另见 láng）·········· 379
哩 lī（另见 lǐ, li）············ 379
哩 lǐ（另见 lī, li）············ 379
哩 li（另见 lī, lǐ）············ 379
令 lǐng（另见 lìng）··········· 379
令 lìng（另见 lǐng）··········· 379
弄 lòng（另见 nòng）·········· 380
绿 lù（另见 lǜ）············· 381
绿 lǜ（另见 lù）············· 381

论 lún（另见 lùn） ……… 381
论 lùn（另见 lún） ……… 382

M

摩 mā（另见 mó） ……… 382
吗 má（另见 mǎ,ma） …… 383
吗 mǎ（另见 má,ma） …… 383
吗 ma（另见 má,mǎ） …… 384
脉 mài（另见 mò） ……… 384
猫 māo（另见 máo） …… 385
猫 máo（另见 māo） …… 385
秘 mì（另见 bì） ………… 343
摩 mó（另见 mā） ……… 383
脉 mò（另见 mài） ……… 384

N

哪 nǎ（另见 na,né,něi） … 385
呐 nà（另见 na,nè） …… 386
哪 na（另见 nǎ,né,něi） … 385
呐 na（另见 nà,nè） …… 386
哪 né（另见 nǎ,na,něi） … 386
呐 nè（另见 nà,na） …… 386
哪 něi（另见 nǎ,na,né） … 386
泥 ní（另见 nì） ………… 387
泥 nì（另见 ní） ………… 387
粘 nián（另见 zhān） …… 387
弄 nòng（另见 lòng） …… 380

P

迫 pǎi（另见 pò） ……… 388
胖 pán（另见 pàng） …… 389
膀 pāng（另见 bǎng,páng） … 341
膀 páng（另见 bǎng,pāng） … 341

胖 pàng（另见 pán） …… 389
炮 páo（另见 bāo,pào） … 342
炮 pào（另见 bāo,páo） … 342
否 pǐ（另见 fǒu） ……… 358
辟 pì（另见 bì） ………… 344
扁 piān（另见 biǎn） …… 344
迫 pò（另见 pǎi） ……… 388

Q

悄 qiāo（另见 qiǎo） …… 389
悄 qiǎo（另见 qiāo） …… 389
亲 qīn（另见 qìng） …… 390
亲 qìng（另见 qīn） …… 390

S

厦 shà（另见 xià） ……… 391
单 Shàn（另见 dān,chán） … 347
稍 shāo（另见 shào） …… 391
稍 shào（另见 shāo） …… 391
拾 shè（另见 shí） ……… 391
乘 shèng（另见 chéng） … 350
石 shí（另见 dàn） ……… 355
识 shí（另见 zhì） ……… 392
拾 shí（另见 shè） ……… 392
熟 shóu（另见 shú） …… 393
熟 shú（另见 shóu） …… 393
属 shǔ（另见 zhǔ） …… 394

T

趟 tāng（另见 tàng） …… 395
趟 tàng（另见 tāng） …… 395
体 tī（另见 tǐ） ………… 396
体 tǐ（另见 tī） ………… 396

· 3 ·

☞ Chinese Multi-reading Characters without Tears ☜

W

哇 wā（另见 wa）·············· 397
哇 wa（另见 wā）·············· 397
唯 wéi（另见 wěi）············ 397
唯 wěi（另见 wéi）············ 397
尾 wěi（另见 yǐ）·············· 398

X

厦 xià（另见 shà）············ 391
鲜 xiān（另见 xiǎn）·········· 398
鲜 xiǎn（另见 xiān）·········· 399
巷 xiàng（另见 hàng）········ 364
解 xiè（另见 jiě, jiè）········ 377
臭 xiù（另见 chòu）·········· 351

Y

约 yāo（另见 yuē）············ 399
尾 yǐ（另见 wěi）·············· 398
约 yuē（另见 yāo）············ 399

Z

仔 zǎi（另见 zǐ）·············· 400
查 zhā（另见 chá）············ 346
侧 zhāi（另见 cè）············ 345
粘 zhān（另见 nián）·········· 387
识 zhì（另见 shí）············ 392
属 zhǔ（另见 shǔ）············ 394
著 zhù（另见 zhuó）·········· 401
著 zhuó（另见 zhù）·········· 401
仔 zǐ（另见 zǎi）·············· 400

第二部分笔画检字表
Index of Strokes of Characters(part two)

四画

化 huā(另见 huà) ·············· 368
尺 chě(另见 chǐ) ·············· 349
车 chē(另见 jū) ··············· 348

五画

仔 zǎi(另见 zǐ) ··············· 400
令 lǐng(另见 lìng) ············ 379
号 háo(另见 hào) ············· 364
石 dàn(另见 shí) ············· 355
节 jiē(另见 jié) ·············· 375

六画

价 jià(另见 jie) ·············· 373
吗 má(另见 mǎ, ma) ·········· 383
夹 jiā(另见 jiá) ·············· 371
约 yāo(另见 yuē) ············· 399
论 lún(另见 lùn) ············· 381
过 guò(另见 guo) ············· 362

七画

伯 bāi(另见 bó) ·············· 340
估 gū(另见 gù) ··············· 362

体 tī(另见 tǐ) ················ 396
否 fǒu(另见 pǐ) ··············· 357
吧 bā(另见 ba) ··············· 339
吵 chāo(另见 chǎo) ··········· 348
呐 nà(另见 na, nè) ··········· 386
尾 wěi(另见 yǐ) ·············· 398
弄 lòng(另见 nòng) ··········· 380
肚 dǔ(另见 dù) ··············· 355
角 jiǎo(另见 jué) ············· 373
识 shí(另见 zhì) ············· 392
阿 ā(另见 ē) ················· 339

八画

侧 cè(另见 zhāi) ············· 345
刺 cī(另见 cì) ················ 352
单 chán(另见 dān, Shàn) ···· 346
咖 gā(另见 kā) ··············· 359
服 fú(另见 fù) ··············· 358
泥 ní(另见 nì) ················ 387
迫 pǎi(另见 pò) ·············· 388
郎 láng(另见 làng) ··········· 378

九画

亲 qīn(另见 qing) ············ 390
咳 hài(另见 ké) ·············· 363

Chinese Multi-reading Characters without Tears

哇 wā(另见 wa) ·············· 397
哪 nǎ(另见 na, né, nèi) ······ 385
巷 hàng(另见 xiàng) ········· 364
度 dù(另见 duó) ············· 356
待 dāi(另见 dài) ············· 354
扁 biǎn(另见 piān) ··········· 344
拾 shè(另见 shí) ············· 391
查 chá(另见 zhā) ············ 345
济 jī(另见 jì) ··············· 369
炮 bāo(另见 páo, pào) ······· 342
胖 pán(另见 pàng) ··········· 389
脉 mài(另见 mò) ············ 384
钢 gāng(另见 gàng) ·········· 360
骨 gū(另见 gǔ) ·············· 361

十画

乘 chéng(另见 shèng) ········ 350
倡 chāng(另见 chàng) ········ 347
哩 lī(另见 lǐ, li) ············· 379
哼 hēng(另见 hng) ··········· 367
家 jiā(另见 jia, jie) ·········· 370
悄 qiāo(另见 qiǎo) ··········· 389
桔 jié(另见 jú) ·············· 376
秘 bì(另见 mì) ·············· 343
胳 gā(另见 gē, gé) ··········· 359
臭 chòu(另见 xiù) ············ 351

十一画

唯 wéi(另见 wěi) ············ 397

据 jū(另见 jù) ··············· 377
猫 māo(另见 máo) ············ 385
粘 nián(另见 zhān) ··········· 387
绿 lù(另见 lǜ) ··············· 381
著 zhù(另见 zhuó) ············ 401

十二画

厦 shà(另见 xià) ············· 391
喝 hē(另见 hè) ··············· 366
属 shǔ(另见 zhǔ) ············· 394
搁 gē(另见 gé) ··············· 360
稍 shāo(另见 shào) ··········· 391
答 dā(另见 dá) ··············· 353

十三画

解 jiě(另见 jiè, xiè) ·········· 376
辟 bì(另见 pì) ··············· 343

十四画

膀 bǎng(另见 pāng, páng) ····· 341
鲜 xiān(另见 xiǎn) ············ 398

十五画

摩 mā(另见 mó) ·············· 382
熟 shóu(另见 shú) ············ 393
糊 hū(另见 hú, hù) ··········· 367
趟 tāng(另见 tàng) ··········· 395

把 bǎ/bà

bǎ

1. 使手抓住,把持 grasp; control;
2. 看望,把守 watch; guard;
3. 靠得紧 near;
4. 把手 handle;
5. 量词 a measure word;

   例句:房间里有两把椅子。
   Fángjiān lǐ yǒu liǎng bǎ yǐzi.
   There are two chairs in the room.

6. 介词 prep.;

   例句:1) 我把车停在哪儿?
   Wǒ bǎ chē tíng zài nǎr?
   Where do I park my car?

   2) 忙了半年,终于把他累病了。
   Máng le bànnián, zhōngyú bǎ tā lèi bìng le.
   He has been busy for half a year and has now fallen sick.

词 语

【把柄】 bǎbǐng   handle
例:他害怕被人抓住把柄。
Tā hàipà bèi rén zhuāzhù bǎbǐng.
He is afraid of giving somebody a handle on himself.

☞ Chinese Multi-reading Characters without Tears ☜

【把持】　　　bǎchí　　　control
例:他一直把持着家里的财政大权。
Tā yìzhí bǎchí zhe jiālǐ de cáizhèng dà quán。
He controls the family finance.

【把关】　　　bǎ guān　　　check on
例:产品质量由他把关。
Chǎnpǐn zhìliàn yóu tā bǎ guān。
He guarantees the quality of the product.

【把守】　　　bǎshǒu　　　guard
【把手】　　　bǎshou　　　grip; handle
【把握】　　　bǎwò　　　grasp; hold
例:把握住机会才能成功。
Bǎwò zhù jīhuì cái néng chénggōng。
You will succeed if you grasp the opportunity.

【帮一把】　　bāng yì bǎ　　give a hand
例:他有困难,我们应该帮他一把。
Tā yǒu kùnnan, wǒmen yīnggāi bāng tā yì bǎ。
We should help him when he has difficulties.

【车把】　　　chēbǎ　　　the handlebars of a bicycle
例:他的车把上挂着一袋水果。
Tā de chēbǎ shàng guà zhe yí dài shuǐguǒ。
He hung a bag of fruit on the handlebar of his bicycle.

【一把刀】　　yì bǎ dāo　　　a knife
【一把力气】　yì bǎ lìqi　　　some strength
例:再使把力气就抬上去了。
Zài shǐ bǎ lìqi jiù tái shàngqu le。
Use more strength and it will be lifted up.

【一把米】　　yì bǎ mǐ　　　a handful of rice

bà

1. 器具上用手拿的部分 handle of tools；
2. 花、叶或果实的柄 stem (of flowers, leaves or fruits)；

词　语

【话把儿】　　huàbàr　　handle of (speaking)
【梨把儿】　　líbàr　　the stem of pear
【门把儿】　　ménbàr　　handle of a door
【勺把儿】　　sháobàr　　spoon handle

例：他一手握着勺把儿，一手去开锅盖。
Tā yì shǒu wòzhe sháobàr, yì shǒu qù kāi guōgài.
With the spoon handle in one hand, he used the other hand to open the lid.

练　习

用拼音填空：

1. 他把（　　）老师的话都记下来了。
2. 门把儿（　　）上挂着"请勿打扰"的牌子。
3. 他买了一把（　　）菜刀。
4. 谁把（　　）守这个大门？
5. 我站不起来了，拉我一把（　　）。

· 3 ·

☞ **Chinese Multi-reading Characters without Tears** ☜

薄 báo/bó/bò

báo

1. 东西扁平(跟"厚"相对) thin:
   例句:1) 这种纸太薄。
   　　　　　Zhè zhǒng zhǐ tài báo。
   　　　　　This paper is too thin.
   　　　2) 我们国家底子薄,生活水平不高。
   　　　　　Wǒmen guójiā dǐzi báo, shēnghuó shuǐpíng bù gāo。
   　　　　　Our country has a poor foundation to start with, so the living standard is not high.
2. 和深,浓相对 not deep; not strong:
   例句:他俩的感情不薄。
   　　　　　Tā liǎ de gǎnqíng bù báo。
   　　　　　They have strong feelings for each other.

【词　语】

【薄片】　　　báo piàn　　　slice

bó

1. 微小,少,不强 weak; small; slight;
2. 不实在,不庄重 unkind; ungenerous;
3. 看不起 despise;
4. 靠得近 close to;

· 4 ·

汉语多音字学习手册

词　语

【单薄】　　dānbó　　thin
例：天已经冷了,他还穿得很单薄。
Tiān yǐjing lěng le, tā hái chuān de hěn dānbó.
It is cold, but he still wears thin clothes.

【鄙薄】　　bǐbó　　despite
【薄礼】　　bólǐ　　small present
例：我准备了一点儿薄礼。
Wǒ zhǔnbèi le yìdiǎnr bó lǐ.
This is a small present from me.

【薄弱】　　bóruò　　weak
例：发音是大家的薄弱方面。
Fāyīn shì dàjiā de bóruò fāngmiàn.
Pronunciation is a weak point of everyone.

【厚古薄今】　hòu gǔ bó jīn　favour the old and slight the present
例：既要继承传统又不能厚古薄今。
Jìyào jìchéng chuántǒng yòu bù néng hòu gǔ bó jīn.
We must carry forward the tradition but not favour the old and slight the present.

【刻薄】　　kèbó　　harsh
例：待人不应该刻薄。
Dài rén bù yīnggāi kèbó.
Don't be harsh to others.

【浅薄】　　qiǎnbó　　shallow
例：说这些话只能表示他很浅薄。
Shuō zhèxiē huà zhǐnéng biǎoshì tā hěn qiǎnbó.
What he said showed that he was shallow.

· 5 ·

☞ *Chinese Multi-reading Characters without Tears* ☜

【轻薄】　　qīngbó　　frivolous
【日薄西山】　rì bó xī shān　　the sun is setting beyond the western hills
　　　　　例:他常感叹自己老了,已经日薄西山了。
　　　　　Tā cháng gǎntàn zìjǐ lǎo le, yǐjing rì bó xī shān le.
　　　　　He often sighs that he is old and is nearing his end.
【妄自菲薄】　wàng zì fěibó　　improperly belittle oneself
【微薄】　　wēibó　　slight

bò
见下 see below

词　语

【薄荷】　　bòhe　一种植物,有清凉香味　mint
　　　　　例:薄荷糖很清凉。
　　　　　Bòhe táng hěn qīngliáng.
　　　　　The mint candies are refreshing.

练　习

判断括号内的拼音是否正确:
　1. 我平时待他不薄(báo)。
　2. 这么薄(bò)的书也要三十块钱?
　3. 你喜欢吃薄(bó)荷糖吗?
　4. 了解他以后,才知道他很浅薄(báo)。

汉语多音字学习手册

歌 谣

老王最近常叹息，　　Lǎo Wáng zuìjìn cháng tànxī,
家底太薄难如意。　　jiādǐ tài báo nán rúyì。
孙子来家怎么办，　　Sūnzi lái jiā zěnme bàn?
薄荷糖吃了心欢喜。　bòhe táng chī le xīn huānxǐ。
微薄收入虽有限，　　Wēibó shōurù suī yǒuxiàn,
巧妙安排靠自己。　　qiǎomiào ānpái kào zìjǐ。

背 bēi/bèi

bēi

1. 用背来带 carried on the back;
   例句:李大嫂背着孩子去逛公园。
   　　Lǐ dàsǎo bēizhe háizi qù guàng gōngyuán。
   　　Auntie Li went out for a walk in the park, carrying her baby on her back.
2. 担负 bear;
   例句:责任太重,我背不起。
   　　Zérèn tài zhòng, wǒ bēibuqǐ。
   　　I can't shoulder such a heavy responsibility.

词 语

【背书包】　　bēi shūbāo　　carry a satchel
【背债】　　　bēi zhài　　　be saddled with debts

· 7 ·

☞ Chinese Multi-reading Characters without Tears ☜

bèi

1. 人身体的背面 the back of the body, opposite to chest and stomach
   例句:忙了一天,累得腰酸背疼。
   　　　Mángle yì tiān, lèide yāo suān bèi téng.
   　　　I had a sore waist and aching back after such a long and tiring day.
2. 一些东西的反面或后面 the back or reverse side of an object
3. 背对着 with the back towards
4. 躲着,隐瞒 hide sth. from...; do sth. behind sb.'s back
   例句:这件事他是背着大家做的。
   　　　Zhè jiàn shì tā shì bèizhe dàjiā zuò de.
   　　　He did this behind others' backs.
5. 背诵 learn by heart
6. 违反规定等 violate; break
7. 向着反方向 turn away; turn to the opposite direction
   例句:他把脸背了过去,哭起来了。
   　　　Tā bǎ liǎn bèile guòqu, kū qǐlái le.
   　　　He turned his face away and started to weep.
8. 地点偏僻 out-of-the-way
   例句:这条胡同很背。
   　　　Zhè tiáo hútòng hěn bèi.
   　　　This hutong is off the beaten track
9. 遇到不顺利的事 unlucky
10. 听不清楚 hard of hearing
11. 离开 leave; go away

汉语多音字学习手册

词　语

【背风】　　bèifēng　　out of the wind; on the lee side
例:风太大,找个背风的地方吧。
Fēng tài dà, zhǎo ge bèifēng de dìfang ba.
It's too windy here, let's find a sheltered place.

【背光】　　bèiguāng　　be in a poor light; do sth. with one's back to the light

【背井离乡】　bèi jǐng lí xiāng　　leave one's native place (esp. against one' will)

【背面】　　bèimiàn　　the reverse side
例:信的背面也有字。
Xìn de bèimiàn yě yǒu zì.
There are also words written on the reverse side of the letter.

【背叛】　　bèipàn　　betray

【背山面水】　bèi shān miàn shuǐ　　with hills behind and water in front

【背时】　　bèishí　　unlucky

【背熟】　　bèishú　　learn by heart
例:这段课文大家都要背熟。
Zhè duàn kèwén dàjiā dōu yào bèishú.
Everyone must learn this text by heart.

【背诵】　　bèisòng　　recite from memory

【背信弃义】　bèi xìn qì yì　　break faith with sb.

【背影】　　bèiyǐng　　a figure viewed from behind

· 9 ·

Chinese Multi-reading Characters without Tears

【背运】　　bèiyùn　　　have bad luck
例：老郑近来工作很不顺利,他说自己走背运了。
Lǎo Zhèng jìnlái gōngzuò hěn bú shùnlì, tā shuō zìjǐ zǒu bèiyùn le。
Lao Zheng has met with some setbacks in his work recently, he has gone through an unlucky period, as he himself put it.

【刀背】　　dāobèi　　　the back of a knife blade
【耳朵背】　ěrduo bèi　　be a bit hard of hearing
【后背】　　hòubèi　　　back of the body
【靠背】　　kàobèi　　　the back of a chair
例：这把椅子的靠背太矮。
Zhè bǎ yǐzi de kàobèi tài ǎi。
The back of the chair is too low.

【手背】　　shǒubèi　　　the back of the hand
【驼背】　　tuóbèi　　　hunchback
【违背】　　wéibèi　　　violate; go against
例：他违背了自己的诺言。
Tā wéibèi le zìjǐ de nuòyán。
He went back on his own words.

练习

请在下列注音正确的句子后面标上(＋)号：

1. 他背(bèi)着我,借了二百块钱。
2. 行李太重,背(bèi)不动,只能扛着。
3. 下起了大雨,赵大娘背(bèi)着孙子,在房檐下避雨。

汉语多音字学习手册

歌　谣

小梅上山去背柴，　　Xiǎo Méi shàng shān qù bēi chái,
背后太阳下山来。　　bèihòu tàiyáng xià shān lái。
柴火重，路又窄，　　Cháihuo zhòng, lù yòu zhǎi,
背上汗水流得快。　　bèi shàng hànshuǐ líu de kuài。
小梅不怕柴火重，　　Xiǎo Méi bú pà cháihuo zhòng,
不怕天黑和路窄。　　bú pà tiān hēi hé lù zhǎi。
背着柴火放心走，　　Bēizhe cháihuo fàngxīn zǒu,
一路山歌唱回来。　　yí lù shāngē chàng huílái。

便　biàn/pián

biàn

1. 感到方便,方便的时候 convenient; when it is convenient
2. 非正式的,简单的 informal; plain
3. 屎,尿或排泄 relieve oneself
4. 意义相当于"就"（adv.）then
   例句：问题很快便得到了解决。
   　　　Wèntí hěn kuài biàn dédào le jiějué。
   　　　The problem was then solved immediately.

词　语

【便饭】　　biànfàn　　potluck
　　　　例：明天请大家吃顿便饭。

· 11 ·

Chinese Multi-reading Characters without Tears

Míngtiān qǐng dàjiā chī dùn biàn fàn。
Everyone please come and have a potluck supper tomorrow.

【便利】 biànlì　convenient; easy
【便条儿】 biàntiáor　note
【方便】 fāngbiàn　convenient
例：方便的话，请你帮我发一封信。
fāngbiàn de huà, qǐng nǐ bāng wǒ fā yì fēng xìn。
Please mail a letter for me if it is convenient for you.

【轻便】 qīngbiàn　light; portable
【顺便】 shùnbiàn　in passing
例：她在下班的路上顺便买点儿菜。
Tā zài xiàbān de lùshang shùnbiàn mǎi diǎnr cài。
She bought some vegetables on her way home from work.

【小便】 xiǎobiàn　piss

pián

1. 便宜 cheap
2. 形容肥胖 (adj.) fat

词 语

【大腹便便】 dàfù piánpián　fat
例：还不到四十岁他已经大腹便便了。
Hái bú dào sìshí suì tā yǐjing dà fù piánpián le。
Under forty and he has already got a big belly.

【便宜】　　piányi　　cheap
例:这种苹果比那种便宜多了。
Zhè zhǒng píngguǒ bǐ nà zhǒng piányi duō le.
This kind of apple is much cheaper than that one.

练习

正确读出"方便"和"便宜",并造句。

歌谣

大腹便便一老板,　　　Dà fù piánpián yì lǎobǎn,
专门爱把便宜占。　　　zhuānmén ài bǎ piányi zhàn,
每天顺便路过这儿,　　Měitiān shùnbiàn lùguò zhèr,
不早不晚该吃饭。　　　bù zǎo bù wǎn gāi chīfàn.
有吃有喝真方便,　　　Yǒu chī yǒu hē zhēn fāngbiàn,
难怪肚子圆又圆。　　　nán guài dùzi yuán yòu yuán.

别　bié/biè

bié
1. 离开 leave
2. 另外的人或东西 other
3. 区分开来 distinguish
4. 类别 difference
5. 用别针等把东西固定在一起 fasten with a pin or something else
   例句:把这两张票别在一起。

Bǎ zhè liǎng zhāng piào bié zài yìqǐ.
Pin the two tickets toether.
6. 表示不允许,跟"不要"意思相同 don't
例句:别忘了给我来信。
Bié wàng le gěi wǒ lái xìn.
Don't forget to write to me.
7. 表示与众不同 different from the others

词 语

【辨别】　　biànbié　　tell the difference
例:我无法辨别他们俩谁是哥哥,谁是弟弟。
Wǒ wú fǎ biànbié tāmen liǎ shuí shì gēge, shuí shì dìdi.
I can't tell who is the elder brother and who is the younger brother.

【别处】　　biéchù　　else where
例:你再到别处看看。
Nǐ zài dào biéchù kànkan.
Go to the other places and have a look.

【别人】　　biérén　　other people
例:这件事你告诉别人了吗?
Zhè jiàn shì nǐ gàosù biérén le ma?
Have you told the others about it?

【别有风味】bié yǒu fēngwèi　　have a distinctive flavor
【差别】　　chābié　　difference
例:同样是国产商品,但是质量差别很大。
Tóngyàng shì guóchǎn shǎngpǐn, dànshì zhìliàng chābié hěn dà.

They are all domestic products, but differing greatly in quality.

【分别】　fēnbié　　to part
【告别】　gàobié　　leave
例:过几天,我们就要告别亲人出国留学了。
Guò jǐtiān, wǒmen jiùyào gàobié qīnrén chū guó liú xué le。
We'll leave our relatives and go abroad to study in a few days.
【区别】　qūbié　　differentiate
【特别】　tèbié　　special
例:我特别喜欢吃饺子。
Wǒ tèbié xǐhuan chī jiǎozi。
I really like jiaozi.
【性别】　xìngbié　　sex

biè

不顺心,难对付,意见不相投 difficult to deal with; not get along well

词语

【别扭】　bièniu　　not smooth
例:这人脾气很别扭,不好相处。
Zhè rén píqi hěn bièniu, bù hǎo xiāng chǔ。
His temper is unusual. It is not easy to get along with him.

练 习

在括号内填上拼音：

别（　　）以为只有你觉得他别（　　）扭,我们早就发现他和大家的区别（　　）了。他特别（　　）不喜欢和大家在一起,常常独来独往。可是毕业分别（　　）的时候,他却出人意料地请每个人给他留言。

参　cān/cēn/shēn

cān
1. 加入进去 join; attend
2. 用来参考 refer
3. 实地观察 visit
4. 拜见尊长 call to pay one's respect

词 语

【参拜】　cānbài　　pay respect to
例：这次他们专门去曲阜参拜孔庙。
Zhè cì tāmen zhuānmén qù Qūfǔ cānbài kǒngmiào.
They went to Qufu this time specially to pay their respects to the Confucius Temple.

【参观】　cānguān　　visit
例：孩子们经常去博物馆参观。
Háizimen jīngcháng qù bówùguǎn cānguān.
The children often visit museums.

【参加】　　cānjiā　　attend
　　　　　　例:他一天参加了四个会议。
　　　　　　Tā yì tiān cānjiā le sì gè huìyì。
　　　　　　He attended four meetings in one day.
【参军】　　cān jūn　　join the army
【参看】　　cānkàn　　see also
　　　　　　例:有关内容请参看本书第五章。
　　　　　　Yǒuguān nèiróng qǐng cānkàn běn shū dì-wǔ zhāng。
　　　　　　Please see the relevant information in Chapter Five.
【参考】　　cānkǎo　　read something for reference
　　　　　　例:为写这本书,他参考了大量资料。
　　　　　　Wèi xiě zhè běn shū, tā cānkǎo le dàliàng zīliào。
　　　　　　In order to write this book, he has read a large amount of data as his reference.
【参赛】　　cān sài　　enter for a competition
【参与】　　cānyù　　participate in
　　　　　　例:体育运动重在参与。
　　　　　　Tǐyù yùndòng zhòngzài cānyù。
　　　　　　It is important for everyone to participate in sport.
【参照】　　cānzhào　　refer to

cēn
见下 see below

☞ **Chinese Multi-reading Characters without Tears** ☜

词 语

【参差】　　cēncī　长短、高低、大小不齐　uneven
　　　　　例:他们的水平参差不齐。
　　　　　Tāmen de shuǐpíng cēncī bù qí.
　　　　　Their levels are uneven.

shēn
一种植物 a plant

词 语

【人参】　　rénshēn　　　ginseng
　　　　　例:人参有很好的滋补作用。
　　　　　Rénshēn yǒu hěn hǎo de zībǔ zuòyòng.
　　　　　Ginseng has very good nutrition.
【西洋参】　xīyángshēn　　American ginseng

练 习

在括号内填上正确拼音(cān cēn shēn):
　　人参(　)　　参(　)加　　参(　)观
　　参(　)与　　参(　)考　　参(　)差

歌 谣

　　我有学生三十七，　　　　Wǒ yǒu xuésheng sānshíqī,

水平参差又不齐。　　shuǐpíng cēncī yòu bù qí。
好的参加大奖赛，　　Hǎo de cānjiā dà jiǎng sài，
回回能够得第一。　　huí huí nénggòu dé dì-yī。
差生人参没少吃，　　Chà shēng rénshēn méi shǎo chī，
捧起书本眼睛闭。　　pěng qǐ shūběn yǎnjing bì。
愁得老师头发白，　　Chóu de lǎoshī tóufa bái，
可惜学习靠自己。　　kěxī xuéxí kào zìjǐ。

藏　cáng/zàng

cáng

1. 躲避，藏起来 hide; conceal
2. 存储 store; lay by

词　语

【藏身】　　cángshēn　　hide oneself
【藏书】　　cáng shū　　collect books
　　　例：我藏书近一万册。
　　　Wǒ cáng shū jìn yíwàn cè。
　　　I have a collection of about 10,000 books.
【储藏】　　chǔcáng　　store
【躲藏】　　duǒcáng　　hide
　　　例：怕被妈妈找到，他躲藏起来。
　　　Pà bèi māma zhǎodào, tā duǒcáng qǐlai。
　　　He hid himself in case his Mum would find him.

☞ **Chinese Multi-reading Characters without Tears** ☜

【冷藏】　　　lěngcáng　　cold storage
　　　　　　　例:肉类得冷藏保存。
　　　　　　　Ròulèi děi lěngcáng bǎocún.
　　　　　　　Meat must be stored in the refrigerator.

【埋藏】　　　máicáng　　lie hidden in the earth
　　　　　　　例:大量矿产埋藏在地下。
　　　　　　　Dàliàng kuàngchǎn máicáng zài dìxià.
　　　　　　　Many mines are hidden in the earth.

【收藏】　　　shōucáng　　collect
　　　　　　　例:他收藏了大量硬币。
　　　　　　　Tā shōucáng le dàliàng yìngbì.
　　　　　　　He has collected a large number of coins.

【隐藏】　　　yǐncáng　　conceal

【珍藏】　　　zhēncáng　　collect
　　　　　　　例:他珍藏着一张二十年前的报纸。
　　　　　　　Tā zhēncáng zhe yì zhāng èrshí nián qián de bàozhǐ.
　　　　　　　He collected a 20-year-old newspaper.

【捉迷藏】　　zhuōmícáng　　hide-and-seek
　　　　　　　例:孩子们在玩儿捉迷藏。
　　　　　　　Háizimen zài wánr zhuōmícáng.
　　　　　　　The children are playing hide-and-seek.

zàng
1. 储藏有大量矿物等东西的地方 storing place
2. 佛教、道教经典之作 Buddhist or Taoist scriptures
3. 藏族、西藏 Tibet

· 20 ·

词语

【宝藏】　　bǎozàng　　treasure
　　　　　例:海底有大量宝藏。
　　　　　Hǎidǐ yǒu dàliàng bǎozàng.
　　　　　There are a lot of treasures under the sea.

【道藏】　　dàozàng　　Taoist scriptures
　　　　　例:他对道藏很有研究。
　　　　　Tā duì dàozàng hěn yǒu yánjiū.
　　　　　He is an expert in Taoism.

【西藏】　　Xīzàng　　Tibet
　　　　　例:西藏的首府是拉萨。
　　　　　Xīzàng de shǒufǔ shì Lasa.
　　　　　The capital city of Tibet is Lhasa.

【藏历】　　zànglì　　Tibetan calendar

【藏族】　　zàngzú　　Tibetan nationality

练习

连线组词

宝　　　　　　　　族
珍　　　cáng　　历
埋　　　　　　　　书
收　　　zàng　　身
储　　　　　　　　品

☞ *Chinese Multi-reading Characters without Tears* ☜

曾 céng/zēng

céng

副词,表示从前有过 ever

例句:我曾想写一本自传。

　　　Wǒ céng xiǎng xiě yì běn zìzhuàn。

　　　I intended to write an autobiography.

词　语

【不曾】　　bù céng　　　never
【曾经】　　céngjīng　　　ever

zēng

亲属关系中,隔两代的。the relations of two generations which are separate by another two generations

词　语

【曾孙】　　zēngsūn　　great-grandson
　　　例:这位老先生有两个曾孙。
　　　Zhè wèi lǎo xiānsheng yǒu liǎng gè zēng sūn。
　　　This old man has two great-grandsons.
【曾祖】　　zēngzǔ　　great-grandfather

汉语多音字学习手册

练 习

给词语中的"曾"注音：
  曾（　）经　曾（　）孙　不曾（　）　曾（　）祖父

叉 chā/chá/chǎ/chà

chā

1. 一端有几个齿的器具 fork
   例句：吃西餐得用刀叉。
       Chī xīcān děi yòng dāo chā.
       One must use a knife and a fork when eating western food.
2. 用叉取东西 to fork
   例句：他用叉子叉了块肉。
       Tā yòng chāzi chā le kuài ròu.
       He picked up a piece of meat with his fork.
3. 叉形符号"×"，一般表示错误 a cross to show something is wrong
   例句：老师在他的作业上划了个叉。
       Lǎoshī zài tā de zuòyè shàng huà le gè chā.
       The teacher marked a cross on his homework.
4. 手按在腰旁 akimbo

词 语

【叉腰】　　chāyāo　　akimbo
      例：他两手叉腰站在那里。
      Tā liǎng shǒu chāyāo zhàn zài nàli.
      He stood there with arms akimbo.

23

☞ *Chinese Multi-reading Characters without Tears* ☜

【叉子】　　chāzi　　fork
【交叉】　　jiāochā　　cross
　　　　　　例:两条线在这里交叉。
　　　　　　Liǎng tiáo xiàn zài zhèlǐ jiāochā.
　　　　　　The two lines cross here.
【鱼叉】　　yúchā　　fish fork

chá

堵住,卡住 block; stop
例句:汽车叉住了路口,谁也过不去。
　　　Qìchē chá zhù le lùkǒu, shuí yě guò bú qù.
　　　The bus blocked the way at the end of the road and no cars could pass.

chǎ

肢体分开成叉(chǎ)形 part so as to form a fork

┌─────────┐
│ 词　语 │
└─────────┘

【叉着腿】　　chǎzhe tuǐ　　with one's legs apart
　　　　　　　例:他叉着腿站在那儿。
　　　　　　　Tā chǎzhe tuǐ zhàn zài nàr.
　　　　　　　He stood there with his legs apart.

chà

见下 see below

词语

【排叉儿】 páichàr 一种油炸食品 fried dough
例：他喜欢把排叉儿夹在煎饼里吃。
Tā xǐhuan bǎ páichàr jiā zài jiānbǐng lǐ chī.
He likes to roll the fried dough in the pancake.

【劈叉】 pǐchà 两腿分开成"一"字形 do the splits
例：练武术就得学劈叉。
Liàn wǔshù jiù děi xué pǐchà.
You must learn to do the splits if you want to learn the martial arts.

练习

读下列短文，给"叉"注音：

星期日小王进城办事。走到交叉路口，想找个饭馆，他一手叉腰一手擦汗，看见马路对面有人在卖排叉儿，就想走过去。路上车很多，都叉在了一起。有个小伙子正叉着腿站在路中间维持交通。

刹 chà/shā

chà
佛教的庙宇 Buddhist temple

Chinese Multi-reading Characters without Tears

词 语

【刹那】　chànà　　instant; a split second
【古刹】　gǔ chà　　ancient temple
　　　　例:古刹的钟声一响,四周都能听到。
　　　　Gǔ chà de zhōng shēng yì xiǎng, sìzhōu dōu néng tīngdào。
　　　　The chime of the bell in the old temple can be heard far and wide when it rings.

shā
把车、机器停住 put on the brakes; stop

词 语

【刹车】　shā chē　　put on the brakes
　　　　例:由于开得太快,刹车后汽车还在向前滑。
　　　　Yóuyú kāi de tài kuài, shā chē hòu qìchē hái zài xiàng qián huá。
　　　　The car still skidded when the brake was on because it was going too fast.

练 习

改正拼音中的错误:
　　刹车　　　chà chē
　　古刹　　　gǔ shā

· 26 ·

刹住不正之风　chà zhù bú zhèng zhī fēng
刹那　　　　　shānà

差　chā/chà/chāi/cī

chā

1. 不一样 difference
2. 减法中两数相减所得的数 difference in mathematics
   例句：十减六的差是四。
   　　　Shí jiǎn liù de chā shì sì.
   　　　Ten minus six is four.

词　语

【差别】　　chābié　　difference
　　　　　例：两所学校的教学质量差别很大。
　　　　　Liǎngsuǒ xuéxiào de jiàoxué zhìliàng chābié hěndà.
　　　　　There is a big difference in educational quality between the two schools.
【差错】　　chācuò　　mistake
【差距】　　chājù　　gap
【差异】　　chāyì　　difference
　　　　　例：南方人和北方人的生活习惯有很大差异。
　　　　　Nánfāngrén hé běifāngrén de shēnghuó xíguàn yǒu hěn dà chāyì.
　　　　　There is a big difference of living habits between northern and southern people.

☞ Chinese Multi-reading Characters without Tears ☜

【落差】　luòchā　　drop
　　　　例：人们利用瀑布的落差来发电。
　　　　Rénmen lìyòng pùbù de luòchā lái fādiàn.
　　　　The drop of the waterfall is used to generate power.
【逆差】　nìchā　　deficit
　　　　例：在对外贸易中出现逆差。
　　　　Zài duìwài màoyì zhōng chūxiàn nìchā.
　　　　There exists a deficit in foreign trade.
【时差】　shíchā　　time difference
　　　　例：北京与东京有一个小时的时差。
　　　　Běijīng yǔ Dōngjīng yǒu yí gè xiǎoshí de shíchā.
　　　　There is one hour time difference between Beijing and Tokyo.
【顺差】　shùnchā　　surplus

chà

1. 不一样,不相合 differ from; fall short of
2. 欠缺 short of
　例句：1）离飞机起飞还差半个小时。
　　　　Lí fēijī qǐfēi hái chà bàn gè xiǎoshí.
　　　　There is still half an hour before the plane take off.
　　　2）文章还差一点儿就写完了。
　　　　Wénzhāng hái chà yì diǎnr jiù xiě wán le.
　　　　The article is about to finish.
3. 不够好 poor
　例句：1）这种产品虽然便宜,但质量差。
　　　　Zhè zhǒng chǎnpǐn suīrán piányì, dàn zhìliàng chà.
　　　　This product is cheap, but is of poor quality.

2) 学习差的学生更需要帮助。
Xuéxí chà de xuésheng gèng xūyào bāngzhù.
Bad students need more help.

【差不多】　chàbuduō　almost
例:我来北京差不多三年了。
Wǒ lái Běijīng chàbuduō sān nián le.
I have been in Beijing almost three years.

【差得远】　chàdeyuǎn　far from
例:我的汉语水平离能看报纸还差得远呢。
Wǒde Hànyǔ shuǐpíng lí néng kàn bàozhǐ hái chà de yuǎn ne.
My Chinese is not up to reading newspapers.

【差劲】　chàjìn　not up to the mark

chāi

1. 派去做事 send on an errand
   例句:请你马上差人把信送来。
   Qǐng nǐ mǎshàng chāi rén bǎ xìn sòng lái.
   Please send someone to deliver the letter here immediately.

2. 被派去的任务 errand

词　语

【差遣】　chāiqiǎn　send

29

Chinese Multi-reading Characters without Tears

例:他被差遣去外地联系工作。
Tā bèi chāiqiǎn qù wàidì liánxì gōngzuò。
He was sent to do liaison work in the other places.

【差使】　chāishǐ　　send somebody
【差事】　chāishi　　job

例:他终于找到一件比较满意的差事。
Tā zhōngyú zhǎodào yí jiàn bǐjiào mǎnyì de chāishi。
He has finally found a quite satisfying job.

【出差】　chūchāi　　out on business

例:我哥哥出差去南方了。
Wǒ gēge chūchāi qù nánfāng le。
My brother has gone to the south on business.

【交差】　jiāo chāi　　finish one's job

例:该买的都买了,回去就可以交差了。
Gāi mǎi de dōu mǎi le, huíqu jiù kěyǐ jiāochāi le。
I have bought what I was told to buy. So I will have finished my job when I go back to report.

cī

见18页【参差】(cēncī)see page 18 uneven

将拼音 chā,chà,chāi,cī 填在正确的位置上:

1. 为了缩小东西方差(　　)距,我们用了差(　　)不多十年的时间。
2. 他差(　　)不多每个月都要出差(　　)。
3. 说他学习差(　　),他不承认,问他二十和三的差(　　)是多少,他不知道。

4. 他们的汉语水平参差(　　)不齐,差(　　)别很大。

长　cháng/zhǎng

cháng

1. 距离大(跟"短"相对) long (opp. short)

    例句:1) 这条裤子太长了。

    　　　　Zhè tiáo kùzi tài cháng le。

    　　　　The pants are too long.

    　　2) 他打电话打了很长时间。

    　　　　Tā dǎ diànhuà dǎ le hěn cháng shíjiān。

    　　　　He made a long telephone call.

2. 长度 length

    例句:房间长5米,宽3米。

    　　　Fángjiān cháng wǔ mǐ, kuān sān mǐ。

    　　　The room is 5m by 3m.

3. 长处,善于做某事 strong point; forte

词　语

【长跑】	chángpǎo	long-distance running
【长期】	chángqī	long-term
【长途】	chángtú	long distance
【取长补短】	qǔchángbǔduǎn	learn from the other's strong points to offset one's weaknesses
【特长】	tècháng	speciality

☞ Chinese Multi-reading Characters without Tears ☜

【一技之长】　yí jì zhī cháng　　professional skill
例:公司需要有一技之长的人。
Gōngsī xūyào yǒu yí jì zhī cháng de rén。
The company needs people who have professional skills.

zhǎng

1. 年纪大一些 elder
2. 排行最大 the oldest
3. 领导者 head
4. 生长 grow
   例句:他越长越像他爸爸了。
   Tā yuè zhǎng yuè xiàng tā bàba le。
   He looks more and more like his Dad.
5. 生 come into being; form
   例句:1) 树上长满了果子。
   Shùshang zhǎng mǎn le guǒzi。
   The tree fully bears fruits.
   2) 大米长虫了。
   Dàmǐ zhǎng chóng le。
   The rice has worms.
6. 增加,增进 increase; acquire
   例句:通过学习他长了不少知识。
   Tōngguò xuéxí tā zhǎng le bù shǎo zhīshi。
   He has gained a lot by study.

【部长】　　bùzhǎng　　WT minister

汉语多音字学习手册

【家长】　　jiāzhǎng　　parents
　　　　　　例:明天学校开家长会。
　　　　　　Míngtiān xuéxiào kāi jiāzhǎng huì.
　　　　　　The school will hold a parents' meeting tomorrow.

【年长】　　nián zhǎng　　old
　　　　　　例:他比我年长两岁。
　　　　　　Tā bǐ wǒ nián zhǎng liǎng suì.
　　　　　　He is two years older than me.

【校长】　　xiàozhǎng　　headmaster
【生长】　　shēngzhǎng　　grow
【增长】　　zēngzhǎng　　increase
【长大】　　zhǎngdà　　grow up
【长个儿】　zhǎng gèr　　increase one's height
【长进】　　zhǎngjìn　　progress
【长兄】　　zhǎngxiōng　　the eldest brother
【长子】　　zhǎngzǐ　　the eldest son
　　　　　　例:他是家里的长子。
　　　　　　Tā shì jiāli de zhǎngzǐ.
　　　　　　He is the eldest son in his family.

练　习

在括号内填上拼音:
1. 他盼望自己快点儿长(　　)大。
2. 这儿能打长(　　)途电话吗?
3. 几年不见,他又长(　　)高了。
4. 他是个长(　　)跑运动员。
5. 今年他又长(　　)了两公分。

· 33 ·

☞ Chinese Multi-reading Characters without Tears ☜

场 cháng/chǎng

cháng

1. 大而平的空地 ground
2. 量词,用于说明事情的过程 (a measure word) spell; period
   例如:昨天夜里下了一场大雪。
   　　　Zuótiān yèli xià le yì cháng dà xuě.
   　　　It snowed heavily yesterday night.

词　语

【场院】　　chángyuàn　　yard
　　　例:场院里晒着粮食。
　　　Chángyuàn li shài zhe liángshi。
　　　The crops are aired in the yard.

chǎng

1. 比较大的地方 a big place
2. 舞台,表演或比赛的全场 stage; field
3. 事情发生的地方 spot
4. 量词,用于文体活动(a measure word) refer to sport and performance
   例句:1) 昨天我看了一场电影。
   　　　Zuótiān wǒ kàn le yì chǎng diànyǐng。
   　　　I saw a film yesterday.
   　　2) 我们只看了晚上那场比赛。

Wǒmen zhǐ kàn le wǎnshang nà chǎng bǐsài。
We only watched the night match.

词　语

【操场】	cāochǎng	play ground
【场次】	chǎngcì	times of a show
【场地】	chǎngdì	ground
【场合】	chǎnghé	occasion

例：有些话在正式场合不能使用。
Yǒu xiē huà zài zhèngshì chǎnghé bù néng shǐyòng。
Some words cannot be used on public occasions.

【出场】　　chū chǎng　　perform

例：今晚的演出我第二个出场。
Jīnwǎn de yǎnchū wǒ dì èr gè chūchǎng。
I am the second one on stage in tonight's show.

【当场】　　dāngchǎng　　on the spot

例：小偷被当场抓住。
Xiǎotōu bèi dāngchǎng zhuā zhù。
The thief was caught redhanded.

【公共场所】　　gōnggòng chǎngsuǒ　　public place

例：公共场所不许吸烟。
Gōnggòng chǎngsuǒ bù xǔ xīyān。
Smoking is forbidden in public places.

【广场】　　guǎngchǎng　　square

例：广场上站满了看升国旗的人。
Guǎngchǎng shàng zhàn mǎn le kàn shēng guóqí de rén。
The square is occupied by people who intend to watch

the flag hoisting ceremony.

【会场】　huìchǎng　　meeting room

例:请柬上要求八点以前进入会场。

Qǐngjiǎn shàng yāoqiú bā diǎn yǐqián jìnrù huìchǎng.

The invitation cards invite everyone to enter the meeting room before eight o'clock.

【机场】　jīchǎng　　airport

【剧场】　jùchǎng　　theatre

【散场】　sàn chǎng　　finish a show

例:电影散场后,他就不见了。

Diànyǐng sàn chǎng hòu, tā jiù bú jiàn le.

He disappeared when the film was over.

【商场】　shāngchǎng　　big shops

【市场】　shìchǎng　　market

例:我一星期去一次菜市场。

Wǒ yì xīngqī qù yí cì cài shìchǎng.

I go to the market once a week.

【田径场】　tiánjìng chǎng　　sports ground

【现场】　xiànchǎng　　scene

例:事故发生时,现场没有别人。

Shìgù fāshēng shí, xiànchǎng méiyǒu biérén.

There was no other person on the scene when the accident happened.

练习

改正拼音中的错误:

1.上星期六我们去剧场(jùcháng)看了一场(yì cháng)演出,散

36

场(sàn chǎng)时外面下着大雨。
2. 场院(chǎngyuàn)里的粮食晒好后要送到市场(shìchǎng)去卖。
3. 飞机场(fēijīchǎng)离位于市中心的天安门广场(guǎngchǎng)有三十公里。
4. 在这种场合(chánghé)还是少说话的好。

朝 cháo/zhāo

cháo
1. 古代朝廷或现代政府 royal court or imperial government/government in modern times
2. 朝代 dynasty
3. 拜见皇帝或神灵 have an audience with the emperor or prostrate oneself before gods
4. 面向着 facing; towards
5. 介词,表示方向 preposition, used to indicate direction
  例句:他朝学校走去。
    Tā cháo xuéxiào zǒu qù。
    He walks towards school.

【词　语】

【朝拜】　　cháobài　　make obeisances to (a sovereign); pay religious homage to
【朝北】　　cháo běi　　facing north
  例:这所房子朝北。
    Zhè suǒ fángzi cháo běi。

☞ *Chinese Multi-reading Characters without Tears* ☜

     This house faces north.
【朝代】 cháodài dynasty
【朝见】 cháojiàn have an audience with a sovereign
【朝圣】 cháoshèng make a pilgrimage to a sacred place
     例：每年都有很多穆斯林去麦加朝圣。
     Měi nián dōu yǒu hěn duō mùsīlín qù Màijiā cháoshèng。
     Every year, a lot of Muslims would make a pilgrimage to Mecca.
【朝政】 cháozhèng court administration; affairs of state
【唐朝】 Tángcháo the Tang Dynasty

zhāo
1. 早上 early morning
2. 天，日 day
  例句：如果有朝一日我能讲一口流利的汉语，我就去中国工作。
  Rúguǒ yǒu zhāo yírì wǒ néng jiǎng yì kǒu liúlì de hànyǔ, wǒ jiù qù Zhōngguó gōngzuò。
  If one day I can speak fluent Chinese, I'll go to work in China.

词　语

【朝思暮想】 zhāosīmùxiǎng yearn day and night
【朝夕】 zhāoxī morning and evening day and night; daily
     例：我和小张朝夕相处了三年。
     Wǒ hé Xiǎo Zhāng zhāoxī xiāng chǔ le sān nián。
     Xiao Zhang and I are closely associated for three years.
【朝霞】 zhāoxiá rosy clouds of dawn

【朝阳】　　zhāoyáng　　the rising sun; the morning sun

练　习

请在下列短文的括号中填上拼音：

朝（　　）霞映红了树林，小赵从学校出来，朝（　　）树林跑去。树林里这时候已经有了一些同学。有的在念历史：唐朝（　　）的兴盛，宋朝（　　）的战争……；有的在朝（　　）阳映照下，做操或跳舞；小赵找了同班同学小王，一起预习英语。她俩朝（　　）夕相处两年多，从来没争吵过。快到早自习的时间了，她俩一起朝（　　）学校走去。

歌　谣

1. 唐朝庙宇宋朝佛，　　　1. Tángcháo miàoyǔ Sòngcháo fó,
   朝拜的人不很多。　　　　　cháobài de rén bù hěn duō.
   今朝有雨没人来，　　　　　Jīnzhāo yǒu yǔ méi rén lái,
   大佛照旧乐呵呵。　　　　　dà fó zhàojiù lè hēhē.
2. 老金每天起得早，　　　2. Lǎo Jīn měitiān qǐ de zǎo,
   迎着朝阳练慢跑。　　　　　yíngzhe zhāoyáng liàn mànpǎo.
   朝朝跑完一千米，　　　　　Zhāozhāo pǎowán yì qiān mǐ,
   朝气蓬勃身体好。　　　　　zhāoqì péngbó shēntǐ hǎo.

冲　chōng/chòng

chōng

1. 常走的大道,重要地点 thoroughfare

Chinese Multi-reading Characters without Tears

2. 很快地向前闯 rush

   例句:他冲出了火海。

   Tā chōng chū le huǒ hǎi.

   He rushed out of the fire.

3. 猛烈撞击(多指思想感情) clash

4. 用开水去浇 pour boiling water on

   例句:水开了,可以冲茶了。

   Shuǐ kāi le, kěyǐ chōng chá le.

   The water is boiling. You can make tea now.

5. 冲击、冲洗 rinse; flush

   例句:洪水把房屋都冲倒了。

   Hóngshuǐ bǎ fángwū dōu chōng dǎo le.

   The flood has washed away all the houses.

词 语

【冲动】　　chōngdòng　　impulse; get excited

【冲击】　　chōngjī　　lash

【冲突】　　chōngtū　　conflict

例:因为时间冲突,晚会只能推迟。

Yīnwèi shíjiān chōngtū, wǎnhuì zhǐnéng tuīchí.

The party has to be postponed due to conflicts with times.

【冲洗】　　chōngxǐ　　rinse; develop (a film)

例:胶卷冲洗出来了吗?

Jiāojuǎn chōngxǐ chūlái le ma?

Have you developed the films?

【冲撞】　　chōngzhuàng　　collide; offend

· 40 ·

【首当其冲】 shǒu dāng qí chōng   be the first to be affected
【要冲】 yàochōng   hub
例：兰州是西北的交通要冲。
Lánzhōu shì xīběi de jiāotōng yàochōng。
Lanzhou is a transportation hub in North-west China.

chòng

1. 劲头很足，with vim and vigor：
   例句：河水流得很冲。
   Héshuǐ liú de hěn chòng。
   The river is turbulent.

2. 气味闻起来很浓烈（of smell）strong：
   例句：中药味儿很冲。
   Zhōngyào wèir hěn chòng。
   The Chinese herbs have a strong smell.

3. 面对着 facing; towards：
   例句：1）他冲大家点点头。
   Tā chòng dàjiā diǎndian tóu。
   He nodded to everyone.

   2）房间冲南。
   Fángjiān chòng nán。
   The room is facing south.

4. 凭着 on the strength of：
   例句：冲你这句话，我也不能不帮你。
   Chòng nǐ zhè jù huà, wǒ yě bù néng bù bāng nǐ。
   I will certainly help you on the strength of what you have said.

Chinese Multi-reading Characters without Tears

练 习

判断下列句子的拼音是否正确：

1. 飞机向下冲去。Fēijī xiàng xià chòng qù。
2. 我冲他摆摆手。Wǒ chōng tā bǎibai shǒu。
3. 运动员向终点冲刺。Yùndòngyuán xiàng zhōngdiǎn chòngcì。
4. 他说话很冲。Tā shuō huà hěn chōng。

歌 谣

睡懒觉,起不来,	Shuì lǎn jiào, qǐbulái,
上班迟到冲进来。	shàngbān chídào chōng jìnlái。
冲着大家点点头,	Chòng zhe dàjiā diǎndian tóu,
冲杯热茶桌上摆。	chōng bēi rè chá zhuōshang bǎi。
身上怪味直冲鼻,	Shēnshang guài wèir zhí chòng bí,
人见人嫌没人爱。	rén jiàn rén xián méi rén ài。

重 chóng / zhòng

chóng

1. 重复,再次 repeat; again
    例句:这本书我买重了。
    Zhè běn shū wǒ mǎi chóng le。
    I bought two copies of the same book by mistake.
2. 重叠,双 one on top of another; two or double
    例句:我把两条床单重在一起了。

Wǒ bǎ liǎng tiáo chuángdān chóng zài yìqǐ le。

I put two sheets on top of the other.

3. 层次 one on top of another

例句:远山,近山,一重又一重的,真是好看。

Yuǎn shān, jìn shān, yì chóng yòu yì chóng de, zhēn shì hǎo kàn。

Mountains far and near, rising one upon another, are really wonderful.

词　语

【重唱】　　chóngchàng　　an ensemble of two or more singers, each singing one part

例:他们俩表演的是男女声二重唱。

Tāmen liǎ biǎoyǎn de shì nán nǚ shēng èr chóngchàng。

What they did is a mixed duet.

【重叠】　　chóngdié　　one on top of another

【重复】　　chóngfù　　repeat

【重申】　　chóngshēn　　reaffirm; reiterate

【重新】　　chóngxīn　　again; anew

例:这件事我要重新想一想。

Zhè jiàn shì wǒ yào chóngxīn xiǎng yi xiǎng。

I'll reconsider it.

【双重】　　shuāngchóng　　double; dual; two fold

例:我们单位是市里和部里双重领导。

Wǒmen dānwèi shì shìli hé bùli shuāngchóng lǐngdǎo。

Our unit is under dual leadership of the Ministry and the government of the city.

☞ Chinese Multi-reading Characters without Tears ☜

zhòng

1. 重量大,重量 heavy; weight
   例句:这个箱子很重。
   Zhè gè xiāngzi hěn zhòng。
   This case is very heavy.
2. 层次深 deep in degree or extent
3. 重要 important
4. 看重 attach important to; take sth. seriously
5. 价值高 of great value

词　语

【笨重】　　bènzhòng　　heavy; cumbersome
【比重】　　bǐzhòng　　specific gravity; proportion
【侧重】　　cèzhòng　　lay special emphasis on
【超重】　　chāozhòng　　overload; overweight
　　　　　例:行李超重会被罚款的。
　　　　　Xíngli chāozhòng huì bèi fá kuǎn de。
　　　　　Fines are imposed for excess luggage.
【贵重】　　guìzhòng　　valuable
　　　　　例:贵重物品都放在小库房里。
　　　　　Guìzhòng wùpǐn dōu fàng zài xiǎo kùfáng li。
　　　　　All the valuables are kept in the small storehouse.
【举重】　　jǔzhòng　　weight lifting
【隆重】　　lóngzhòng　　grand; solemn
　　　　　例:国庆节这天全市举行了隆重的庆祝活动。
　　　　　Guóqìngjié zhè tiān quán shì jǔxíng le lóngzhòng de qìngzhù huódòng。

汉语多音字学习手册

The whole city had solemn celebrations on National Day.

【严重】 yánzhòng　　serious
例:这次事故导致了严重的后果。
Zhè cì shìgù dǎozhì le yánzhòng de hòuguǒ。
This accident has brought about serious consequences.

【重病】 zhòngbìng　　serious illness
【重点】 zhòngdiǎn　　focal point; emphasis
【重任】 zhòngrèn　　important task
例:王先生身负重任。
Wáng xiānsheng shēn fù zhòngrèn。
Mr. Wang is charged with important tasks.

【重伤】 zhòngshāng　　severe injury
例:她被汽车撞成重伤。
Tā bèi qìchē zhuàngchéng zhòngshāng。
A car ran into her and caused her severe injury.

【重视】 zhòngshì　　attach important to
例:他很重视学习,所以进步很快。
Tā hěn zhòngshì xuéxí, suǒyǐ jìnbù hěn kuài。
He is a serious learner, so he has made rapid progress.

【重要】 zhòngyào　　important
【重用】 zhòngyòng　　put sb. in an important position
例:他很受领导的重用。
Tā hěn shòu lǐngdǎo de zhòngyòng。
He has been employed at high levels.

【重罪】 zhòng zuì　　serious crime
【着重】 zhuózhòng　　stress; emphasize

· 45 ·

☞ Chinese Multi-reading Characters without Tears ☜

练 习

请把下列句子的括号里注上拼音：
1. 这件东西不重（　　）。
2. 这篇文章重（　　）复的地方太多了。
3. 远远望去，一重（　　）山，一重（　　）水,景色真美。
4. 香港是亚洲重（　　）要的金融贸易中心。

歌 谣

你猜小胖有多重？　　Nǐ cāi Xiǎo Pàng yǒu duō zhòng?
足有二十多公斤。　　zú yǒu èrshí duō gōngjīn。
要是不信重新称，　　Yàoshì bú xìn chóngxīn chēng,
再称还是那么重。　　zài chēng háishì nàme zhòng。

处　chǔ/chù

chǔ
1. 跟别人交往 get along (with sb.)
   例句：她和全办公室的人都处得很好。
     Tā hé quán bàngōngshì de rén dōu chǔ de hěn hǎo.
     She and all of her office colleagues get along very well.
2. 办理 to handle
3. 存在 be (in a certain condition)
4. 惩罚 punish; penalize
5. 没有结婚的女子,也借喻为第一次 an unmarried girl or woman or a figure of speech for "the first time"

汉语多音字学习手册

词　语

【处罚】	chǔfá	punish; take disciplinary action against
【处方】	chǔfāng	the prescribe; prescription
【处分】	chǔfèn	take disciplinary action against; punish
【处理】	chǔlǐ	to handle

例:这件事由赵小姐处理。
Zhè jiàn shì yóu Zhào xiǎojiě chǔlǐ.
Leave it to Miss Zhao.

【处女】	chǔnǚ	virgin
【处女作】	chǔnǚzuò	maiden work; first effort
【处世】	chǔshì	conduct oneself in society
【处于】	chǔyú	be (in a certain condition)

例:这家工厂正处于发展阶段。
Zhè jiā gōngchǎng zhèng chǔ yú fāzhǎn jiēduàn.
This factory is just at the developing stage.

【处置】	chǔzhì	to handle; to punish
【和平共处】	hépíng gòng chǔ	peaceful coexistence
【判处】	pànchǔ	sentence (sb.) to; condemn (sb.) to
【设身处地】	shè shēn chǔ dì	put oneself in sb. else's position
【相处】	xiāngchǔ	get along (with one another)

chù

1. 地点 place

例句:地震给她的心灵深处造成了很大的损伤。
Dìzhèn gěi tāde xīnlíng shēnchù zàochéngle hěn dà de sǔnshāng.
She was badly injured deep in her heart by the earthquake.

47

2. 某些机关的一级组织 a division
例句:老刘在机关总务处工作。
Lǎo Liú zài jīguān zǒngwùchù gōngzuò.
Lao Liu works in a general affairs department.

词语

【办事处】 bànshìchù office; agency
【长处】 chángchù good qualities
例:他的长处是能说会写。
Tāde chángchù shì néng shuō huì xiě.
He is good at both speech and writing.
【处处】 chùchù everywhere
例:春天来了,处处是盛开的鲜花。
Chūntiān lái le, chùchù shì shèngkāi de xiānhuā.
Spring comes, and everywhere are flowers in full bloom.
【处长】 chùzhǎng the head of a department or office; section chief
【到处】 dàochù at all places; everywhere
例:这里到处可以见到新建筑。
Zhèlǐ dàochù kěyǐ jiàndào xīn jiànzhù.
New buildings can be seen everywhere in these parts.
【好处】 hǎochù good; benefit; advantage
【坏处】 huàichù harm; disadvantage
例:吸烟对身体有坏处。
Xī yān duì shēntǐ yǒu huàichù.
Smoking is harmful to your health.
【售票处】 shòupiàochù ticket office

汉语多音字学习手册

【用处】　yòngchù　　use; good
　　　　例:电脑的用处很多。
　　　　Diànnǎo de yòngchù hěn duō。
　　　　A computer has many uses.
【住处】　zhùchù　　residence; dwelling (place)

练　习

请指出下列拼音错误的句子：

1. 小赵迟到,受到扣发奖金的处理。
   Xiǎo Zhào chídào, shòudào kòufā jiǎngjīn de chùlǐ。
2. 中国正处在社会主义初级阶段。
   Zhōngguó zhèng chǔ zài shèhuìzhǔyì chūjí jiēduàn。
3. 小时候的住处已经找不到了。
   Xiǎo shíhou de zhùchù yǐjīng zhǎobudào le。
4. 每个人都有长处和短处。
   Měi gè rén dōu yǒu chángchǔ hé duǎnchǔ。

歌　谣

王处长,人好处,　　　Wáng chùzhǎng, rén hǎo chǔ,
能唱歌来会跳舞。　　néng chàng gē lái huì tiào wǔ。
各处若开联欢会,　　 Gè chù ruò kāi liánhuānhuì,
老王都要出节目。　　Lǎo Wáng dōu yào chū jiémù。
别看他的年纪大,　　 Bié kàn tā de niánjì dà,
经常活动有好处。　　jīngcháng huódòng yǒu hǎochù。

☞ Chinese Multi-reading Characters without Tears ☜

传 chuán/zhuàn

chuán

1. 由这方交给那一方,传授 pass on
2. 传开来 spread
   例句:消息很快就传开了。
       Xiāoxi hěn kuài jiù chuánkāi le。
       Immediately the news spread everywhere.
3. 传导 transmit; conduct
4. (多指病)传染 infect

词语

【传播】   chuánbō   spread

【传递】   chuándì   pass

【传教】   chuán jiào   do missionary work

【传开】   chuánkāi   spread

【传染】   chuánrǎn   be contagious
    例:这种病不传染。
    Zhè zhǒng bìng bù chuánrǎn。
    This disease is not contagious.

【传热】   chuán rè   conduct heat
    例:这种材料传热很快。
    Zhè zhǒng cáiliào chuán rè hěn kuài。
    This material transmits heat quickly.

【传授】   chuánshòu   pass on (knowledge); teach

【传说】   chuánshuō   legend

汉语多音字学习手册

【传统】　chuántǒng　tradition
例:春节是中国人的传统节日。
Chūnjié shì zhōngguórén de chuántǒng jiérì.
Chunjie (the Spring Festival) is a traditional Chinese festival.

【宣传】　xuānchuán　propagate; give publicity to
【祖传】　zǔchuán　handed down from one's ancestors
例:这个秘方是他家祖传的。
Zhè gè mìfāng shì tā jiā zǔchuán de.
The secret prescription has been handed down in his family from generation to generation.

zhuàn

1. 解释经典著作的作品 commentaries on classics
2. 人物传记 biography
3. 叙述历史故事的小说 a novel or story written in historical style
   例句:我已经看过三遍《水浒传》了。
   Wǒ yǐjīng kàn guò sān biàn "Shuǐ Hǔ Zhuàn" le.
   I have read the *Water Margin* three times.

词　语

【经传】　jīngzhuàn　commentaries on classical works
【传记】　zhuànjì　biography
例:她对名人传记特别感兴趣。
Tā duì míngrén zhuànjì tèbié gǎn xìngqù.
She is very much interested in biographies of the famous people.

· 51 ·

☞ *Chinese Multi-reading Characters without Tears* ☜

【自传】　　zìzhuàn　　autobiography

练　习

改正下列拼音中的错误：
1. 老师傅正向大家宣传(xuānzhuàn)节约的重要性。
2. 他年龄不大,已经开始写自传(zìchuán)了。
3. 他住在传染病(zhuànrǎnbìng)医院。
4. 那个故事不是真的,只是一个传说(zhuànshuō)。
5. 他对《水浒传》(shuǐhǔchuán)很有研究。

 chuāng/chuàng

chuāng
身体受伤的地方 wound

词　语

【创伤】　　chuāngshāng　　wound
例:战争给人们带来的创伤很难治愈。
Zhànzhēng gěi rénmen dàilái de chuāngshāng hěn nán zhì yù.
The wounds of war is hard to be cured.
【重创】　　zhòngchuāng　　severe wound

chuàng
开始做,第一次做 start; achieve something for the first time

词语

【创纪录】	chuàng jìlù	set a record
【创造】	chuàngzào	create

例:没有机会,也要创造机会。

Méiyǒu jīhuì, yě yào chuàngzào jīhuì.

If there is no opportunity, we'll make one.

【创作】	chuàngzuò	produce
【首创】	shǒuchuàng	initiate

例:这种方法是他首创的。

Zhè zhǒng fāngfǎ shì tā shǒuchuàng de.

This method was initiated by him.

练习

选择正确读音联线组词:

```
              纪录
    chuāng    造
              伤
    chuàng    口
              新
              作
```

打 dá/dǎ

dá

量词,十二个是一打(a measure word) a dozen

☞ Chinese Multi-reading Characters without Tears ☜

例句:她一下子买了两打袜子。
　　Tā yíxiàzi mǎi le liǎng dá wàzi。
　　She bought two dozen pairs of socks at once.

dǎ

1. 撞击、殴打,或因此破碎 strike; beat; break
2. 交涉,从事,做 do; communicate
3. 建造,制造 make; produce
4. 捆,编织 pack; knit
5. 涂抹,画,印 spray; paint; print
6. 揭开,举起 raise; open
7. 放射,发出 send
8. 买,取,收集,捉 buy; fetch; collect; take
9. 做游戏,或表示某种动作 play a game or show an action
10. 乘坐 take a car

词语

【打扮】　　dǎbàn　　make up
【打包裹】　dǎ bāoguǒ　pack
【打的】　　dǎ dī　　take a taxi
　　　例:因为晚了,我只好打的去了。
　　　Yīnwèi wǎn le, wǒ zhǐhǎo dǎ dī qù le。
　　　It is late. I have to take a taxi home.
【打电话】　dǎ diànhuà　make a telephone call
　　　例:我进来时,他正在打电话。
　　　Wǒ jìnlai shí, tā zhèngzài dǎ diànhuà。
　　　He was on the phone when I came in.

汉语多音字学习手册

【打对勾】　dǎ duìgōu　　tick
例:在正确的句子后面打对勾。
Zài zhèngquè de jùzi hòumiàn dǎ duìgōu。
Please tick the correct sentences.

【打官司】　dǎ guānsi　　go to court
【打哈欠】　dǎ hāqian　　yawn
【打基础】　dǎ jīchǔ　　do spade work
例:不论学习什么都要先打好基础。
Búlùn xuéxí shénme dōu yào xiān dǎ hǎo jīchǔ。
You must have a good preparation before you start any learning.

【打架】　dǎjià　　fight
例:孩子们又打架了。
Háizimen yòu dǎjià le。
The children fought again.

【打家具】　dǎ jiājù　　make furniture
【打交道】　dǎ jiāodào　　have dealings with
例:售货员每天和各种人打交道。
Shòuhuòyuán měitiān hé gèzhǒng rén dǎ jiāodào。
Shop assistants have contact with all kinds of people everyday.

【打开】　dǎ kāi　　open up
例:你打开盖子看看。
Ni dǎ kāi gàizi kànkan。
You open up the lid and have a look.

【打蜡】　dǎ là　　polish with wax
例:他在给汽车打蜡。
Tā zài gěi qìchē dǎ là。

· 55 ·

He is waxing the car.

【打雷】 dǎ léi   thunder
例:打雷了,就要下雨了。
Dǎ léi le, jiùyào xiàyǔ le。
It is thundering. It is going to rain。

【打毛衣】 dǎ máoyī   knitting
例:下班后她喜欢打毛衣。
Xià bān hòu tā xǐhuan dǎ máoyī。
She likes knitting after work.

【打票】 dǎ piào   buy a ticket
例:上车后我打了两张票。
Shàng chē hòu wǒ dǎ le liǎng zhāng piào。
I bought two tickets when I got on the bus.

【打气】 dǎ qì   pump up
例:自行车该打气了。
Zìxíngchē gāi dǎ qì le。
The bicycle tyres need to be pumped up.

【打球】 dǎ qiú   play ball games
例:他最喜欢打网球。
Tā zuì xǐhuan dǎ wǎngqiú。
He likes tennis the best.

【打伞】 dǎ sǎn   hold an umbrella
例:他拿着东西就没法打伞了。
Tā názhe dōngxi jiù méi fǎ dǎ sǎn le。
He could not hold the umbrella when he had something else in his hands.

【打扫】 dǎsǎo   sweep
例:我每天打扫一遍房间。

Wǒ měitiān dǎsǎo yí biàn fángjiān。
I clean the room once everyday.

【打手势】　dǎ shǒushi　　gesture
例:他打手势让我们过去。
Tā dǎ shǒushi ràng wǒmen guòqu。
He gestured us to pass.

【打碎】　dǎsuì　　break
例:他把杯子打碎了。
Tā bǎ bēizi dǎsuì le。
He broke the cup.

【打问号】　dǎ wènhào　　mark a question
【打油】　dǎ yóu　　buy some oil
【打鱼】　dǎ yú　　fish
例:他靠打鱼为生。
Tā kào dǎ yú wéi shēng。
He lives by fishing.

【打杂儿】　dǎzár　　do odds and ends
例:在公司他只是个打杂儿的。
Zài gōngsī tā zhǐ shì gè dǎzár de。
He does odds and ends in the company.

【打招呼】　dǎ zhāohu　　greet
【打针】　dǎ zhēn　　have an injection
【打主意】　dǎ zhǔyì　　think of a plan
【打字】　dǎ zì　　type

☞ *Chinese Multi-reading Characters without Tears* ☜

练 习

在括号内填上正确的拼音和声调：
　　1.你给谁打（　　）电话呢？
　　2.刚才和你打（　　）招呼的人是谁？
　　3.他每次买鸡蛋都买两打（　　）。

歌 谣

　　打鱼打票打电话，　　　Dǎ yú dǎ piào dǎ diànhuà,
　　"打"字常在嘴边挂，　　"dǎ" zì cháng zài zuǐ biān guà。
　　乘坐出租叫打车，　　　Chéngzuò chūzū jiào dǎ chē,
　　十二双袜子是一打，　　shí'èr shuāng wàzi shì yì dá。
　　问他整天忙什么？　　　Wèn tā zhěngtiān máng shénme?
　　说在公司打打杂。　　　shuō zài gōngsī dǎ dǎ zá。

大　dà/dài

dà

1. 各方面超过一般（跟"小"相对）big; heavy
2. 表示程度 show degree

　例句:1) 客厅有两个卧室那么大。
　　　　　Kètīng yǒu liǎnggè wòshì nàme dà。
　　　　　The living room is as big as two bedrooms.

　　　2) 这孩子多大了？
　　　　　Zhè háizi duōdà le?
　　　　　How old is the child?

· 58 ·

3. 用在"不"后面,合起来表示程度浅,数量少 show a low degree or a small number after "bù"
例句:1) 我不大会做饭。
　　　　Wǒ bú dà huì zuò fàn。
　　　　I cannot cook very well.
　　2) 他不大爱说话。
　　　　Tā bú dà ài shuō huà。
　　　　He doesn't like speaking very much.
4. 排行第一 the first one
5. 表示尊敬 show respect

词　语

【大概】　　dàgài　　probably
　　　　　例:他大概忘了今天开会的事了。
　　　　　　　Tā dàgài wàng le jīntiān kāi huì de shì le。
　　　　　　　He has probably forgotten the meeting today.
【大哥】　　dàgē　　the eldest brother
【大家】　　dàjiā　　everyone
【大局】　　dàjú　　overall situation
【大款】　　dàkuǎn　　a man who has a big fortune
【大批】　　dàpī　　large quantities of
【大人】　　dàren　　adult
　　　　　例:两个大人带一个小孩儿就餐,小孩儿免费。
　　　　　　　Liǎng gè dàren dài yí gè xiǎoháir jiùcān, xiǎoháir miǎnfèi。
　　　　　　　When two adults come to eat with a child, the child eats for free.

☞ *Chinese Multi-reading Characters without Tears* ☜

【大使】　　　dàshǐ　　ambassador
　　　　　　例:他曾经是我国驻外大使。
　　　　　　Tā céngjīng shì wǒ guó zhù wài dàshǐ。
　　　　　　He was the Chinese Ambassador to the other country.

【大小】　　　dàxiǎo　　size
　　　　　　例:西瓜不论大小,只要甜就行。
　　　　　　Xīguā búlùn dàxiǎo, zhǐyào tián jiù xíng。
　　　　　　No matter if it is big or small, if the water melon is sweet, then it is good.

【大写】　　　dàxiě　　capitalise
　　　　　　例:发票上的数字要大写。
　　　　　　Fāpiào shàng de shùzì yào dàxiě。
　　　　　　The numbers on the receipt should be written in Chinese characters.

【大学】　　　dàxué　　university
【大爷】　　　dàye　　a form of address to an old man
【大约】　　　dàyuē　　about
【大作】　　　dà zuò　　masterpiece
　　　　　　例:最近刚读了你的大作。
　　　　　　Zuìjìn gāng dú le nǐde dàzuò。
　　　　　　I've just read your works recently.

【肥大】　　　féidà　　loose
【高大】　　　gāodà　　huge
【广大】　　　guǎngdà　　numerous
　　　　　　例:广大市民积极参加冬季长跑活动。
　　　　　　Guǎngdà shìmín jījí cānjiā dōngjìchángpǎo huódòng。
　　　　　　Numerous people have taken an active part in winter running.

· 60 ·

汉语多音字学习手册

【老大】　　lǎodà　　the first child
例：他家的老大和老二都上了大学。
Tā jiā de lǎodà hé lǎo'èr dōu shàng le dàxué。
His first and second children both go to university.

dài

见下 see below

词　语

【大夫】　　dàifu　　doctor, physician
例：张大夫的医术很高明。
Zhāng dàifu de yīshù hěn gāomíng。
Doctor Zhang has a high medical skill.

练　习

在括号内填拼音：
1. 这位大（　　）使来中国以前是个大（　　）夫。
2. 上大（　　）学时，大（　　）家都不富裕。
3. 你知道这房子的大（　　）小吗？

歌　谣

大王在家排老大，　　Dà Wáng zài jiā pái lǎo dà,
大手大脚个子高。　　dà shǒu dà jiǎo gèzi gāo。
想当大款没有钱，　　Xiǎng dāng dàkuǎn méiyǒu qián,

☞ **Chinese Multi-reading Characters without Tears** ☜

愿作大夫没执照， yuàn zuò dàifu méi zhízhào。
听说出国最时髦， Tīngshuō chūguó zuì shímáo，
他也要往国外跑。 tā yě yào wàng guó wài pǎo。

担 dān/dàn

dān

1. 用肩挑着 carry on a shoulder pole
   例句：他担了两桶水就累了。
   　　　Tā dān le liǎng tǒng shuǐ jiù lèi le.
   　　　He only carried two buckets of water on a shoulder pole and still got tired.
2. 担负，承担 take on; undertake

── 词　语 ──

【担保】　　dānbǎo　　assure
　　　　　例：我可以担保他一定能成功。
　　　　　Wǒ kěyǐ dānbǎo tā yídìng néng chénggōng。
　　　　　I assure you that he will succeed.
【担负】　　dānfù　　bear
【担任】　　dānrèn　　hold the post of
　　　　　例：大家选他担任工会主席。
　　　　　Dàjiā xuǎn tā dānrèn gōnghuì zhǔxí。
　　　　　He was elected as the chairman of the workers' union.
【担心】　　dānxīn　　worry
【分担】　　fēndān　　share responsibility for

【负担】　　fùdān　　burden
例:她的家务负担很重。
Tāde jiāwù fùdān hěn zhòng。
She has the heavy burden of doing the housework.

dàn

1. 挑子 shouder pole
2. 量词 a measure word

词　语

【担子】　　dànzi　　shouder pole
【两担柴】　liǎng dàn chái　　two loads of firewood
例:他挑着一担柴在山路上走。
Tā tiāo zhe yí dàn chái zài shānlù shàng zǒu。
He was walking along the mountain path carrying a load of firewood on his shoulder.
【一担水】　yí dàn shuǐ
two buckets of water carried on a shoulder pole
【重担】　　zhòngdàn　　heavy burden
例:家里的重担都落在他一个人肩上。
Jiā lǐ de zhòngdàn dōu luò zài tā yí gè rén jiān shàng。
He carries the heavy burden of his family alone.

☞ Chinese Multi-reading Characters without Tears ☜

练 习

在括号内填上正确的声调:
1. 他家的经济负担(dan)很重。
2. 我们都担(dan)心她的身体。
3. 肩膀上的担(dan)子越来越沉。
4. 他担(dan)着重担(dan)上山。

歌 谣

担担清水山间走,　　Dān dàn qīng shuǐ shān jiān zǒu,
越往上行路越陡。　　yuè wǎng shàng xíng lù yuè dǒu。
担子沉重不在乎,　　Dànzi chénzhòng bú zàihu,
担心跌倒水外流。　　dānxīn diē dǎo shuǐ wài liú。
树苗口渴急需水,　　Shù miáo kǒu kě jí xū shuǐ,
保证让你喝个够。　　bǎozhèng ràng nǐ hē ge gòu。

弹　dàn/tán

dàn
1. 小块物体 some small substance (or object)
2. 枪弹,炮弹 bullet; (artillery) shell
3. 带有动力装置并能制导的飞行武器
   an explosive weapon which can fly underits own power, and which can be aimed at a distant object

词语

【弹丸之地】　dàn wán zhī dì　　a tiny little place
　　　　　　例：我们住的是一块弹丸之地。
　　　　　　Wǒmen zhù de shì yí kuài dàn wán zhīdì.
　　　　　　Our dwelling place is just a tiny little one.
【导弹】　　　dǎodàn　　missile
【泥弹】　　　ní dàn　　 mud ball
【子弹】　　　zǐdàn　　 bullet

tán

1. 利用弹力把东西射出去 To let fly with elastic force
2. 用机器把纤维弹松 fluff; tease
3. 用手拨弄、弹奏乐器 play (a stringed musical instrument)
4. 有弹力 capable of spring back to the former shape
5. 以言辞抨击某人 attack (in speech or writing)
6. 活动 to move about
7. 曲艺的一种 a Chinese folk art form

词语

【动弹】　　dòngtan　　to move about
　　　　　例：这只猫半天不动弹，一定是睡着了。
　　　　　Zhè zhī māo bàn tiān bú dòngtan, yídìng shì shuì zháo le.
　　　　　The cat has kept still for a long time, it must be asleep.
【评弹】　　píngtán
　　　　　storytelling and ballad singing in Suzhou dialect

65

例：江苏省不少人爱听评弹。
Jiāngsū shěng bù shǎo rén ài tīng píngtán。
Many people in Jiangsu Province enjoy pingtan.

【弹钢琴】　tán gāngqín　　play the piano
【弹劾】　　tánhé　　impeach (a public official)
例：国会提出弹劾总统的议案。
Guóhuì tíchū tánhé zǒngtǒng de yì'àn。
The Congress put forward a notion to impeach the president.

【弹簧】　　tánhuáng　　spring
例：这种床垫的弹簧软硬适中，睡着舒服。
Zhè zhǒng chuángdiàn de tánhuáng ruǎn yìng shìzhōng, shuì zhe shūfu。
The spring of this kind of mattress is just soft enough for a sleeper.

【弹棉花】　tán miánhuā　　fluff cotton
【弹琵琶】　tán pípá　　pluck the pipa
例：王小姐弹琵琶弹得很好。
Wáng xiǎojiě tán pípá tán de hěn hǎo。
Miss Wang is a good pipa player.

【弹球】　　tánqiú　　(play) marbles

练　习

在下列句子中正确拼音后面，加上＋号：
1. 他高兴得在弹(dàn)簧垫子上弹(dàn)跳了起来。（　　）
2. 她弹(tán)琴，我们唱歌，大家一起真快乐。（　　）
3. 孙先生战争年代负过伤，现在身上还有弹(dàn)痕。（　　）

4.那位老人在这里弹(tán)棉花,已经有半个月了。( )

当 dāng/dàng

dāng
1. 相互差不多 equal
2. 应该 ought; should
3. 面向着 to somebody's face
4. 正好在(那个时候,那个地方) just at (a time or place)
5. 担任,承受 work as; bear
   例句:大家选他当主席。
   　　　Dàjiā xuǎn tā dāng zhǔxí。
   　　　He was elected as the chairman.
6. 主管 direct; manage
7. 小心 be carefull

词 语

【承当】　　chéngdāng　　take; bear
　　　　　　例:你这么说,我可不敢承当。
　　　　　　Nǐ zhème shuō, wǒ kě bù gǎn chéngdāng。
　　　　　　If you say that, I can't take it.
【担当】　　dāndāng　　work as
【当场】　　dāngchǎng　　on the spot
　　　　　　例:书法家当场写了一副对联送给他。
　　　　　　Shūfǎjiā dāngchǎng xiě le yí fù duìlián sòng gěi tā。
　　　　　　The calligrapher wrote an antithetical couplet on the spot for him.

Chinese Multi-reading Characters without Tears

【当初】　　　dāngchū　　in the first place
例:我还记得当初我们刚认识时的情景。
Wǒ hái jìde dāngchū wǒmen gāng rènshi shí de qíngjǐng。
I still remember the scene when we met for the first time.

【当地】　　　dāngdì　　local
例:在山区当地老百姓对我们很热情。
Zài shānqū dāngdì lǎobǎixìng duì wǒmen hěn rèqíng。
In the mountain area, the local people were very warm to us.

【当家】　　　dāngjiā　　manage (household) affairs
例:因为他不当家,所以不知道物价涨了多少。
Yīnwèi tā bù dāngjiā, suǒyǐ bù zhīdào wùjià zhǎng le duōshao。
He does not manage the household affairs, so he does not know how much the prices have risen.

【当面】　　　dāngmiàn　　to somebody's face
例:如果有意见,请你当面说出来。
Rúguǒ yǒu yìjiàn, qǐng nǐ dāngmiàn shuō chūlai。
If you have any questions, please tell me to my face.

【当年】　　　dāngnián　　in those years
【当时】　　　dāngshí　　at that time
【当心】　　　dāngxīn　　take care
例:过马路时要当心汽车。
Guò mǎlù shí yào dāngxīn qìchē。
You must mind the cars when you cross the road.

【当选】　　　dāngxuǎn　　be elected
【当然】　　　dāngrán　　certainly

【当政】 dāngzhèng   be in power
例:在他当政期间,国家经济发生很大变化。
Zài tā dāngzhèng qījiān, guójiā jīngjì fāshēng hěn dà biànhuà。
The economy of the state has taken a big change during his time.

【当众】 dāngzhòng   in public
例:他们当众宣布订婚了。
Tāmen dāngzhòng xuānbù dìnghūn le。
They told the public that they were engaged.

【该当】 gāidāng   deserve; should
【理当】 lǐdāng   as it should be
【门当户对】 mén dāng hù duì

be well-matched in social and economic status

【应当】 yīngdāng   should
例:在中国生活应当学会说中文。
Zài Zhōngguó shēnghuó yīngdāng xuéhuì shuō Zhōngwén。
You should know how to speak Chinese when you live in China.

【相当】 xiāngdāng   (v.)match, balance;(adj.)appropriate, suitable;(adv.) quite, fairly
例:1)他们的汉语水平相当。
　　Tāmen de Hànyǔ shuǐpíng xiāngdāng。
　　Their Chinese level is about the same.
　2)我一时想不出相当的词语了。
　　Wǒ yìshí xiǎng bù chū xiāngdāng de cíyǔ le。
　　I cannot think of an equivalent word at this moment.

3）这儿的风景相当好。
Zhèr de fēngjǐng xiāngdāng hǎo。
The scenery here is fairly good.

dàng

1. 正合适 proper; right
2. 当作,顶得上 match; equal to
   例句:1）他把我当老师了。
   Tā bǎ wǒ dàng lǎoshī le。
   He had me as his teacher.
   2）他们工作效率很高,一天能当别人的两天。
   Tāmen gōngzuò xiàolǜ hěn gāo,yì tiān néng dàng biérén de liǎng tiān。
   They work very effectively. One day work equals two days work by the others.
3. 设想,认为 think
   例句:我当你今天不来了。
   Wǒ dàng nǐ jīntiān bù lái le。
   I thought you would not come today.
4. 事发生的(时间) that very day etc.
5. 用实物作抵押向当铺借钱 pawn
   例句:他把值钱的东西都当了。
   Tā bǎ zhíqián de dōngxi dōu dàng le。
   He has pawned all the valuable things.

【不当】　　bú dàng　　not right

汉语多音字学习手册

【当年】　　dàngnián　　that very year
例：工厂当年兴建，当年受益。
Gōngchǎng dàngnián xīngjiàn, dàngnián shòuyì.
The factory profitted in the year it was established.

【当铺】　　dàngpù　　pawnshop

【当天】　　dàngtiān　　that very day
例：在比赛结束的当天，他就返回了北京。
Zài bǐsài jiéshù de dàngtiān, tā jiù fǎnhuí le Běijīng.
He came back to Beijing on the very day when the competition finished.

【当真】　　dàngzhēn　　take seriously
例：你说话当真吗？
Nǐ shuō huà dàngzhēn ma?
Are you serious?

【当做】　　dàngzuò　　take as

【典当】　　diǎndàng　　pawn

【恰当】　　qiàdàng　　proper
例：这个词用在这里不太恰当。
Zhè gè cí yòng zài zhèlǐ bú tài qiàdàng.
The word used here is not the proper one.

【妥当】　　tuǒdàng　　proper

练　习

选择正确拼音填空：
1. 他有一个当（　　）老师的妈妈。(dāng dàng)
2. 你去当（　　）铺当（　　）过东西吗？(dāng dàng)
3. 他是昨天到家的，当（　　）时我正好不在。(dāng dàng)

☞ Chinese Multi-reading Characters without Tears ☜

4. 把画儿挂在这儿真是太恰当（　　）了。(dāng dàng)
5. 我当（　　）然知道今天是什么日子。(dāng dàng)

歌 谣

当今进当铺，	Dāngjīn jìn dàngpù,
典当值钱物，	diǎndàng zhíqián wù。
当面点清楚，	Dāng miàn diǎn qīngchu,
待后再赎出。	dài hòu zài shú chū。
快捷又便当，	Kuàijié yòu biàndàng,
救急好地方。	jiù jí hǎo dìfāng。

倒　dǎo/dào

dǎo

1. 横躺下来 fall

　　例句：风把树都刮倒了。
　　　　 Fēng bǎ shù dōu guā dǎo le。
　　　　 The trees were all blown down by the wind.

2. (事业)垮掉 collapse; fail
3. 换(地方、车等) change
4. 倒买倒卖 fraudulent buying and selling

词 语

【病倒】　bìngdǎo　　lie in bed because one is sick
【倒班儿】　dǎo bānr　　work in shifts

【倒闭】　　　dǎobì　　go bankrupt
　　　　　　例:公司倒闭后大家全失业了。
　　　　　　Gōngsī dǎobì hòu dàjiā quán shīyè le。
　　　　　　Everyone lost their jobs when the company closed down.

【倒车】　　　dǎo chē　　change buses
　　　　　　例:我每天上班要倒两次车。
　　　　　　Wǒ měitiān shàngbān yào dǎo liǎng cì chē。
　　　　　　I must change buses two times everyday when I go to work.

【倒卖】　　　dǎomài　　sell at another price
　　　　　　例:他从南方把服装运到北方倒卖。
　　　　　　Tā cóng nánfāng bǎ fúzhuāng yùn dào běifāng dǎomài。
　　　　　　He buys clothes in the south and sells them in the north.

【倒台】　　　dǎotái　　fall from power
【倒爷】　　　dǎoyé　　a man who does the fraudulent buying and selling
【摔倒】　　　shuāidǎo　　fall

dào

1. 上下或前后颠倒过来 upside down; inverted
　　例句:书拿倒了。
　　Shū ná dào le。
　　The book is upside down.
2. 使向相反的方向移动 move backwards
3. 把容器里面的东西倾倒出来 pour; tip
　　例句:把脏水倒了吧。

· 73 ·

Chinese Multi-reading Characters without Tears

  Bǎ zāngshuǐ dào le ba。
  Please pour out the dirty water.
4. 副词,表示跟预料相反 (adv.) show opposite of one's meaning
  例句:1) 他一解释倒说不清了。
    Tā yì jiěshì dào shuō bu qīng le。
    It became less clear the more he explained.
   2) 他工作倒还认真。
    Tā gōngzuò dào hái rènzhēn。
    His work is O.K..
5. 副词,表示事情正好相反,有反说的语气 (adv.) show the other side of the fact
  例句:你说得倒容易,可做起来就不容易了。
    Nǐ shuō de dào róngyì, kě zuò qǐlai jiù bùróngyì le。
    That's easier said than done.
6. 副词,表示让步 (adv.) show concession
  例句:我们认识倒认识,不过不太熟。
    Wǒmen rènshi dào rènshi, búguò bú tài shú。
    Though we do know each other, we are not very close.

词　语

【倒茶】 dào chá pour a cup of tea
【倒车】 dào chē back a car
     例:倒车时要注意看后面。
     Dào chē shí yào zhùyì kàn hòumian。
     You must look to the back of the car while reversing it.
【倒垃圾】 dào lājī tip rubbish
【倒立】 dàolì stand upside down

【倒数】 dàoshǔ   count backwards
例:请看倒数第一行。
Qǐng kàn dàoshǔ dìyī háng.
Please look at the last line.

【倒退】 dàotuì   go backwards
【倒影】 dàoyǐng   inverted image

练　习

在括号内填上正确拼音:

1. 平时家里客人特别多,今天我倒(　　)休,倒(　　)没人来了。
2. 下楼时,我不小心摔倒(　　)了。
3. 水面上有树的倒(　　)影。
4. 他给客人倒(　　)了杯茶。

歌　谣

今天倒休没上班,	Jīntiān dǎoxiū méi shàngbān,
客人上门来聊天。	kèrén shàngmén lái liáotiān。
端茶倒水忙不停,	Duān chá dào shuǐ máng bù tíng,
左右逢源礼周全。	zuǒ yòu féng yuán lǐ zhōu quán。
不料地滑险摔倒,	Bù liào dì huá xiǎn shuāidǎo,
倒退几步打破碗。	dàntuì jǐ bù dǎ pò wǎn。

☞ **Chinese Multi-reading Characters without Tears** ☜

得 dé/de/děi

dé

1. 获得(跟"失"相对) get; obtain (opp. shi)
2. 演算所得结果 (of a calculation) result in
   例句:五加三得八。
   　　　Wǔ jiā sān dé bā。
   　　　Five plus three is eight.
3. 合适 fit
4. 满意 satisfied
5. 做完 be finished
   例句:饭菜都得了,快吃吧。
   　　　Fàn cài dōu dé le, kuài chī ba。
   　　　The meal is ready. Come and eat.
6. 用在别的动词前,表示许可 (before a verb.) permitted
   例句:非工作人员不得入内。
   　　　Fēi gōngzuò rényuán bù dé rù nèi。
   　　　Staff only.

　　　词　语

【得当】　　dédàng　　proper; suitable
【得到】　　dédào　　get
【得救】　　déjiù　　be rescued
　　　　　　例:落水儿童终于得救了。
　　　　　　Luò shuǐ értóng zhōngyú déjiù le。
　　　　　　The kid who fell into the water was finally rescued.

汉语多音字学习手册

【得失】 déshī gain and loss
例:两种办法各有得失。
Liǎng zhǒng bànfǎ gè yǒu déshī。
Both ways have gains and losses.

【得体】 détǐ appropriate
例:他说话时用词很得体。
Tā shuō huà shí yòng cí hěn détǐ。
He usually uses appropriate terms.

【得意】 déyì proud
例:这是她最得意的学生。
Zhè shì tā zuì déyì de xuésheng。
This is her favorite student.

【难得】 nándé rare; hard to come by
【取得】 qǔdé acquire
【自得】 zìdé contented

de

1. 用在动词后面表示有可能 (after a verb.) show possibility
   例句:这样的结果让他哭笑不得。
   Zhè yàng de jiéguǒ ràng tā kū xiào bù de。
   He can do nothing with such a result.

2. 用在动词和补语当中,表示有可能 (between a verb and its complement) show possibility

· 77 ·

☞ *Chinese Multi-reading Characters without Tears* ☜

词　语

【吃得了】　　chī de liǎo　　can finish eating
　　　　　　例:这么多菜,我怎么吃得了?
　　　　　　Zhème duō cài, wǒ zěnme chī de liǎo?
　　　　　　So many dishes! I can't finish them all.
【放得下】　　fàng de xià　　can hold
【记得】　　　jìde　　remember
【拿得动】　　ná de dòng　　can carry
【值得】　　　zhíde　　be worthy

děi

1. 表示需要 need
　　例句:看完这本书得一个星期。
　　　　Kàn wán zhè běn shū děi yí gè xīngqī.
　　　　It takes one week to read this book.
2. 表示必要 must
　　例句:1) 我得走了。
　　　　Wǒ děi zǒu le.
　　　　I must go.
　　　　2) 再不走就得晚了。
　　　　Zài bù zǒu jiù děi wǎn le.
　　　　You will be late if you don't leave now.

汉语多音字学习手册

练 习

在括号内填上拼音:
1. 你出国的事得(　　)告诉他。
2. 听到这个消息,他高兴得(　　)跳了起来。
3. 这个季节容易得(　　)感冒。
4. 饭什么时候能得(　　)?
5. 我拿得(　　)动这个箱子。

歌 谣

小王人胖吃得多,	Xiǎo Wáng rén pàng chī de duō,
一顿非得半斤馍。	yí dùn fēi děi bàn jīn mó。
若是得到一只鸡,	Ruò shì dédào yì zhī jī,
三口消灭准没错。	sān kǒu xiāomiè zhǔn méi cuò。
问他喜欢做什么?	Wèn tā xǐhuan zuò shénme?
抱着饭碗搂着锅。	bào zhe fànwǎn lǒu zhe guō。

地　de/dì

de

助词,用于状语和谓语之间（auxiliary）used between the adverbial and the predicate

例句:1) 天渐渐地热了。

　　　Tiān jiànjiàn de rè le.

　　　It is getting hot.

　　2) 他向大家详细地介绍了教学方法。

· 79 ·

☞ Chinese Multi-reading Characters without Tears ☜

Tā xiàng dàjiā xiángxì de jièshào le jiàoxué fāngfǎ.
He introduced his teaching method in detail.

dì

1. 地球 the earth
2. 陆地、土地、地面 land; earth; ground
3. 区域、地点 region; place
4. 地位、条件 status; condition
5. 真正的 real
6. 东西的性质 nature
7. 副词,指专为某件事 (adv.) specially for

词 语

【地步】　　dìbù　　　condition
例:没想到他今天落到这个地步。
Méi xiǎng dào tā jīntiān luò dào zhè gè dìbù.
It was unexpected that his condition would be like this today.

【地道】　　dìdao　　standard, genuine
例:1) 他的普通话讲得很地道。
Tāde pǔtōnghuà jiǎng de hěn dìdao.
His mandarin is very standard.
2) 这是地道的东北人参。
Zhè shì dìdao de dōngběi rénshēn.
This is genuine Northeast ginseng.

【地点】　　dìdiǎn　　place

汉语多音字学习手册

【地方】 dìfang place
例：房间太满了，没有地方放沙发了。
Fángjiān tài mǎn le, méiyǒu dìfang fàng shāfā le.
The room is full. There is no room for a sofa.

【地理】 dìlǐ geography
例：这个小城市的地理位置十分重要。
Zhè gè xiǎo chéngshì de dìlǐ wèizhì shífēn zhòngyào.
The small city has an important geographical position.

【地面】 dìmiàn ground

【地球】 dìqiú the earth
例：我们生活在地球上。
Wǒmen shēnghuó zài dìqiú shàng.
We all live on the earth.

【地区】 dìqū district; region

【地势】 dìshì terrain

【地毯】 dìtǎn carpet

【地铁】 dìtiě subway
例：环城地铁给人们出行带来方便。
Huánchéng dìtiě gěi rénmen chūxíng dàilái fāngbiàn.
The ring subway has brought convenient transportation to the people.

【地图】 dìtú map

【地位】 dìwèi position
例：他在公司的地位越来越高。
Tā zài gōngsī de dìwèi yuèláiyuè gāo.
His position in the company is getting higher and higher.

【地下】 dìxià underground
例：城市人大多饮用地下水。

· 81 ·

☞ **Chinese Multi-reading Characters without Tears** ☜

Chéngshì rén dàduō yǐnyòng dìxià shuǐ。
Most of the people in the urban area drink the underground water.

【地震】　dìzhèn　　earthquake
【地址】　dìzhǐ　　address
【地质】　dìzhì　　geology
【目的地】　mùdìdì　　destination
例：这趟车的目的地是上海。
Zhè tàng chē de mùdìdì shì Shànghǎi。
Shanghai is the destination of this train.

【山地】　shāndì　　mountain area
例：孩子们喜欢骑山地车。
Háizimen xǐhuan qí shāndìchē。
Children like to ride on the mountain bicycle.

【水泥地】　shuǐní dì　　cement road
例：这里的马路是水泥地。
Zhèlǐ de mǎlù shì shuǐní dì。
The road here is paved with cement.

【特地】　tèdì　　specially
例：他特地请假回家照顾病人。
Tā tèdì qǐngjià huí jiā zhàogù bìngrén。
He asked for a leave specially to look after the patient in his family.

【田地】　tiándì　　crop field
【土地】　tǔdì　　land
例：目前可开发的土地资源越来越少。
Mùqián kě kāifā de tǔdì zīyuán yuèláiyuè shǎo。
There is less and less explorable land now.

【外地】　　wàidì　　outside place
例：他常常出差去外地。
Tā chángcháng chūchāi qù wàidì.
He often goes out on business.

【质地】　　zhìdì　　quality
例：这种木材的质地优良。
Zhè zhǒng mùcái de zhìdì yōuliáng.
This kind of timber is of good quality.

练 习

判断"地"的拼音是否有错误：

　　大卫为了学说地道的汉语，特地来到北京。刚来时他人生地不熟，就不断地向中国人请教，周末还骑车到处看看，不认识就查地图。一年以后，他不仅认识了很多地方，还能流利地说一口标准的普通话。

　　Dàwèi wèile xué shuō dedào de Hànyǔ, tède láidào Běijīng. Gāng lái shí, tā rén shēng de bù shú, jiù búduàn dì xiàng Zhōngguórén qǐngjiào, zhōumò hái qíchē dàochù kànkan, bú rènshi jiù chá detú. Yì nián yǐhòu, tā bù jǐn rènshi le hěn duō defang, hái néng liúlì dì shuō yì kǒu biāozhǔn de pǔtōnghuà.

的　de/dī/dí/dì

de

1. 助词，表示领属关系 structural particle, indicating possession
   例句：他是我的父亲，我是他的儿子。

☞ *Chinese Multi-reading Characters without Tears* ☜

    Tā shì wǒ de fùqin, wǒ shì tā de érzi。
    He is my father, I'm his son.
2. 助词,表示形容 particle, used in adjective
   例句:这是铁的纪律。
    Zhè shì tiěde jìlǜ。
    This is the iron discipline.
3. 助词,在其它词语后面,共同代替名词词组 particle, placed after other words to substitute for nouns
   例句:她不爱吃甜的,爱吃酸的。
    Tā bú ài chī tián de, ài chī suān de。
    She doesn't like sweet food, she likes sour food.
4. 用在谓语动词后面,强调动作的施事者或时间、地点、方式等(只用在过去) used after a verb or between a verb and its object to stress an element of the sentence (only used in the past tense sentence)
   例句:1) 我是昨天来的北京。
       Wǒ shì zuótiān lái de Běijīng。
       I came to Beijing yesterday.
     2) 那本书是他买的。
       Nà běn shū shì tā mǎi de。
       He bought that book.

dī

现在人们常把坐出租汽车叫"打的" people call taking taxi as "dǎ dī"

dí

确实,真的 really; indeed

词 语

【的确】 díquè　indeed
例：我的确有点儿累了。
Wǒ díquè yǒu diǎnr lèi le。
I am really tired.

dì
靶子的中心 target

词 语

【目的】 mùdì　aim
例：我们克服了困难，达到了目的。
Wǒmen kèfú le kùnnàn，dádào le mùdì。
We overcame all difficulties, and reached the aim.

练 习

把正确的拼音填在括号里：

1. 她是王先生的(　　)夫人。
2. 我们的(　　)目的(　　)是学好汉语。
3. 红的(　　)墙。
4. 这幅画的(　　)确很好。
5. 他是坐飞机来的(　　)北京。

85

☙ Chinese Multi-reading Characters without Tears ❧

歌 谣

叔叔请我去做客，　　Shūshu qǐng wǒ qù zuòkè,
他家的确了不得。　　tā jiā díquè liǎo bu dé,
吃的好,喝的多,　　　Chī de hǎo, hē de duō,
图书画册一大摞。　　túshū huàcè yí dà luò.
虽然住得比较远,　　Suīrán zhù de bǐjiào yuǎn,
打的一会儿就到了。　dǎ dī yí huìr jiù dào le.

提　dī/tí

dī

词 语

【提防】　　dīfáng　　take precautions against
例:你要提防着他点儿。
Nǐ yào dīfáng zhe tā diǎnr.
You must take precautions against him.

【提溜】　　dīliu　　hold
例:老王手里提溜着一个鸟笼。
Lǎo Wáng shǒulǐ dīliu zhe yí ge niǎolóng.
Lao Wang had a bird cage in his hand.

tí

1. 用手拿着 carry in one's hand
例句:他提了一个箱子。
Tā tí le yí gè xiāngzi.

He carried a briefcase.
2. 从下往上挪，期限往前挪 lift; raise; promote
3. 指出来 point out
4. 提取，把犯人带来 draw out; bring to trial
5. 谈起 mention
6. 汉字的笔划 a stroke of writing Chinese characters
例句："冰"字左边是一点，一提。
"Bīng" zì zuǒ biān shì yì diǎn, yì tí。
The strokes of the left radical of "Bing" are a point and a rising stroke.

词　语

【前提】　　qiántí　　prerequisite
例：出去玩的前提是先做完作业。
Chūqu wán de qiántí shì xiān zuò wán zuòyè。
The prerequisite to going out to play is to finish your homework first.

【提倡】　　tíchàng　　advocate

【提出】　　tíchū　　put forward
例：会上大家提出了很好的建议。
Huì shàng dàjiā tíchū le hěn hǎo de jiànyì。
Everyone put their suggestions forward at the meeting.

【提高】　　tígāo　　raise
例：人们的生活水平提高了。
Rénmen de shēnghuó shuǐpíng tígāo le。
The people's living standard has been raised.

Chinese Multi-reading Characters without Tears

【提货】　　tí huò　　pick up goods
例：我们约好了明天提货。
Wǒmen yuē hǎo le míngtiān tí huò.
We are scheduled to pick up the goods tomorrow.

【提款】　　tí kuǎn　　withdrawn some money

【提起】　　tíqǐ　　mention
例：父亲又提起了往事。
Fùqin yòu tíqǐ le wǎngshì.
The father mentioned the past again.

【提前】　　tíqián　　in advance
例：会议提前举行。
Huìyì tíqián jǔxíng.
The meeting was held earlier than its scheduled time.

【提审】　　tíshěn　　bring to trial
例：什么时候提审犯人？
Shénme shíhou tíshěn fànrén?
When shall we bring the offender to trial?

【提升】　　tíshēng　　promote

【提示】　　tíshì　　prompt

【提问】　　tíwèn　　put questions to

【提心吊胆】　tí xīn diào dǎn　　have one's heart in one's mouth

【提醒】　　tíxǐng　　remind
例：别忘了提醒我明天九点开会。
Bié wàng le tíxǐng wǒ míngtiān jiǔ diǎn kāihuì.
Don't forget to remind me to attend the meeting at nine tommorrow morning.

· 88 ·

汉语多音字学习手册

练 习

在括号内填上正确拼音:

提( )前　提( )防　提( )出　提( )问
提( )溜　提( )高　提( )供　提( )示

歌 谣

都说夜里行路难，　　Dōu shuō yè li xíng lù nán,
步步提心又吊胆，　　bù bù tí xīn yòu diào dǎn,
提防坏人跳出来，　　dīfáng huàirén tiào chūlai,
外出时间要提前。　　wài chū shíjiān yào tíqián。
这次事先做准备，　　Zhè cì shìxiān zuò zhǔnbèi,
手里提溜一筐蛋，　　shǒu lǐ dīliu yì kuāng dàn,
见到坏人就还击，　　jiàn dào huàirén jiù huánjī,
一定砸他稀巴烂。　　yídìng zá tā xī bā làn。

调　diào/tiáo

diào

1. 工作变动,分派 transfer; shift
   例句:他是从外地新调来的。
   　　　Tā shì cóng wàidì xīn diào lái de。
   　　　He was transferred from the other place.
2. 调查 investigate
3. 腔调 accent:

· 89 ·

❦ Chinese Multi-reading Characters without Tears ❦

例句:他说话时南腔北调。
　　　　Tā shuōhuà shí nán qiāng běi diào。
　　　　He has a mixed accent of north and south China.
4. 说法 view
5. 音乐上成组的音 tune
6. 语音上的声调 tone

词　语

【单调】　　dāndiào　　monotous
【调查】　　diàochá　　investigate
　　　　　例:没有调查就没有发言权。
　　　　　Méiyǒu diàochá jiù méiyǒu fāyán quán。
　　　　　No investigation, no right to speak.
【调动】　　diàodòng　　transfer
【调号】　　diàohào　　tone mark
【对调】　　duìdiào　　exchange
　　　　　例:你们俩对调一下座位。
　　　　　Nǐmen liǎ duìdiào yí xià zuòwèi。
　　　　　You two exchange seats.
【腔调】　　qiāngdiào　　tune
【强调】　　qiángdiào　　stress
　　　　　例:他发言时强调了安全问题。
　　　　　Tā fāyán shí qiángdiào le ānquán wèntí。
　　　　　He stressed safety when he talked.
【曲调】　　qǔdiào　　tune
　　　　　例:这首歌的曲调很好听。
　　　　　Zhè shǒu gē de qǔdiào hěn hǎotīng。

汉语多音字学习手册

The song has a nice tune.

【声调】　　shēngdiào　　tone

例：汉语中声调不同，意思也不一样。

Hànyǔ zhōng shēngdiào bù tóng, yìsi yě bù yíyàng.

In the Chinese language, different tones mean different things.

【语调】　　yǔdiào　　intonation

tiáo

1. 配合得较为合适 suit well
2. 使配合得均匀 mix

例句：面粉里加点儿糖调一下。

Miànfěn lǐ jiā diǎnr táng tiáo yí xià.

Add some sugar to the flour and mix it.

3. 调解处理 mediate

词　语

【失调】　　shītiáo　　unbalance

【调味品】　tiáo wèi pǐ　　flavouring

【调解】　　tiáojiě　　mediate

例：他是做调解工作的。

Tā shì zuò tiáojiě gōngzuò de.

He is a mediator.

【协调】　　xiétiáo　　in balance

例：各部门的发展必须互相协调。

Gè bùmén de fāzhǎn bìxū hùxiāng xiétiáo.

The development of each section must be in balance.

· 91 ·

☞ Chinese Multi-reading Characters without Tears ☜

练 习

在括号内填上拼音

调整(　　)　　强调(　　)　　声调(　　)
调动(　　)　　失调(　　)　　曲调(　　)

歌 谣

夫人出差半月多，　　Fūrén chūchāi bàn yuè duō,
老王每顿吃面条。　　Lǎo Wáng měi dùn chī miàntiáo。
淡了加点调味品，　　Dàn le jiā diǎnr tiáo wèi pǐn,
营养缺乏太单调。　　yíngyǎng quēfá tài dāndiào。
思来想去没主张，　　Sī lái xiǎng qù méi zhǔ zhāng,
口味需要调一调。　　kǒuwèi xūyào tiáo yi tiáo。

钉 dīng/dìng

dīng

1. 钉子 nail
2. 紧跟着，注视 follow closely; tail
   例句：这支足球队采取人钉人的战术。
   　　　Zhè zhī zúqiúduì cǎiqǔ rén dīng rén de zhànshù。
   　　　This football team took a man-for-man defence.
3. 催促，催问 urge; press
   例句：你得钉着他把这事办了，省得他忘了。
   　　　Nǐ děi dīngzhe tā bǎ zhè shì bàn le, shěngde tā wàng le。
   　　　You must remind him of getting this thing done, so that he

· 92 ·

won't forget.

词语

【钉子】	dīngzi	nail
【钉梢】	dīng shāo	shadow sb.; tail sb.
【螺丝钉】	luósīdīng	screw

例:这扇门上的螺丝钉松了,得紧一紧才行。
Zhè shàn mén shàng de luósīdīng sōng le, děi jǐn yi jǐn cái xíng。
The screw on this door has come loose, it needs to be tighted.

【图钉】　　túdīng　　drawing pin; thumbtack

dìng

1. 把钉子打进去,或用钉子固定东西 drive in a nail, or nail up sth.
   例句:现在街头巷尾,还可以见到钉鞋摊儿。
   Xiànzài jiētóu xiàngwěi, hái kěyǐ jiàndào dìng xié tānr。
   We can still find cobblers on the street nowadays.
2. 用针线固定(纽扣、带子等) sew on (buttons or belts)
   例句:我来帮你钉个扣子。
   Wǒ lái bāng nǐ dìng gè kòuzi。
   Let me sew the button on for you.

词语

【钉钉子】　　dìng dīngzi　　drive in a nail

☞ **Chinese Multi-reading Characters without Tears** ☜

练 习

请在下列词语的括号内填上拼音：

钉(　　)钉(　　)子　　钢钉(　　)　　钉(　　)鞋

钉(　　)锤　　　　　人钉(　　)人　　螺丝钉(　　)

钉(　　)是钉，铆(mǎo)是铆

歌 谣

小图钉,闪光亮,　　　　Xiǎo túdīng, shǎn guāngliàng,
我画图画钉墙上。　　　wǒ huà túhuà dìng qiángshàng。
画红花,画绿草,　　　　Huà hónghuā, huà lǜcǎo,
画棵小树天天长。　　　huà kē xiǎo shù tiāntiān zhǎng。
小树你要快长大,　　　Xiǎo shù nǐ yào kuài zhǎngdà,
长成大树好乘凉。　　　zhǎngchéng dà shù hǎo chéng liáng。

都　dōu/dū

dōu

1. 包括全部 all; both

   例句：我们都喜欢听他唱歌。

   　　　Wǒmen dōu xǐhuan tīng tā chànggē。

   　　　We all like his singing.

2. 跟"是"合用,说明为什么 tell a reason with "shì"

   例句：都是你，要不我也不会迟到。

   　　　Dōu shì nǐ, yàobù wǒ yě bú huì chídào。

   　　　It was your fault I was late.

· 94 ·

3. 甚至于 even

例句:你的话我一点儿都没忘。

Nǐ de huà wǒ yìdiǎnr dōu méi wàng。

I still remember each word you said.

4. 已经是 already

例句:我都晚了。

Wǒ dōu wǎn le。

I am already late.

dū

1. 首都、都市 capital city
2. 闻名于世的城市 a big city; a well-known city

词　语

【都市】　　dūshì　　big city

例:上海是个大都市。

Shànghǎi shì gè dà dūshì。

Shanghai is a big city.

【煤都】　　méi dū　　a city of coal

【首都】　　shǒudū　　capital city

例:中国的首都是北京。

Zhōngguó de shǒudū shì Běijīng。

Beijing is the capital of China.

Chinese Multi-reading Characters without Tears

练 习

用"都"的不同读音组词并造句。

歌 谣

都说家乡好风光，　　Dōu shuō jiāxiāng hǎo fēngguāng,
离开数载也不忘，　　líkāi shù zǎi yě bú wàng,
身居都市难由己，　　shēn jū dūshì nán yóu jǐ,
床前明月思故乡。　　chuáng qián míng yuè sī gùxiāng.

发　fā/fà

fā

1. 递出，交到 send out; deliver
2. 射击 discharge; shoot
3. 发生的事物 come into existence
4. 表达 express
5. 扩大，开展，兴旺 expand; develop; rise
6. 揭出，打开 open up
7. 变化成新的样子 get into a certain state

　例句：因为时间长了，面已经发酸了。
　　　　Yīnwèi shíjiān cháng le, miàn yǐjing fā suān le.
　　　　The flour has turned sour because it has been there for a long time.

8. 感觉（一般指不愉快的情况）feel (often refers to unpleasant situation)

9. 开始行动 set out; start

词　语

【出发】　　chūfā　　　set out
【发表】　　fābiǎo　　　publish
【发病】　　fā bìng　　　(of a disease) come on
　　　　　例:他发病时常常失去知觉。
　　　　　Tā fā bìng shí chángcháng shīqù zhījué.
　　　　　He loses his consciousness every time when his disease comes on.
【发财】　　fā cái　　　make a fortune
　　　　　例:过年时大家最爱说"恭喜发财"。
　　　　　Guò nián shí dàjiā zuì ài shuō "gōngxǐ fācái".
　　　　　A popular greeting during the Spring Festival is "Gong xi facai".
【发车】　　fā chē　　　depart
　　　　　例:本次列车十点十分发车。
　　　　　Běn cì lièchē shí diǎn shí fēn fā chē.
　　　　　The train's departure time is 10:10.
【发愁】　　fāchóu　　　worry
　　　　　例:她常常为孩子的学习发愁。
　　　　　Tā chángcháng wèi háizi de xuéxí fāchóu.
　　　　　She is often worried about her child's study.
【发电】　　fādiàn　　　generate electricity
【发电子邮件】　fā diànzǐ yóujiàn　　send a E-mail
【发动】　　fādòng　　　launch; mobilize
【发家】　　fā jiā　　　build up a family fortune

☞ *Chinese Multi-reading Characters without Tears* ☜

【发掘】　　　fājué　　excavate
【发麻】　　　fāmá　　tingle
【发明】　　　fāmíng　　invent, invention
　　　　　例:谁发明了电灯?
　　　　　Shuí fāmíng le diàndēng?
　　　　　Who invented electric lamp?
【发射】　　　fāshè　　launch
　　　　　例:1970年,中国发射了第一颗人造卫星。
　　　　　Yī jiǔ qī líng nián, Zhōngguó fāshè le dìyī kē rénzào wèixīng。
　　　　　China's first satellite was launched in 1970.
【发生】　　　fāshēng　　happen
　　　　　例:地震发生时,大家都还在睡觉。
　　　　　Dìzhèn fāshēng shí, dàjiā dōu hái zài shuìjiào.
　　　　　Everybody was fast asleep when the earthquake took place.
【发誓】　　　fāshì　　vow
【发信】　　　fā xìn　　mail a letter
　　　　　例:往美国发信,几天能到?
　　　　　Wǎng Měiguó fā xìn, jǐ tiān néng dào?
　　　　　How many days does it take to mail a letter from here to the United State?
【发现】　　　fāxiàn　　discover, discovery
　　　　　例:我没有发现冰箱已经坏了。
　　　　　Wǒ méiyǒu fāxiàn bīngxiāng yǐjing huài le.
　　　　　I didn't notice that the refrigerator was broken.

汉语多音字学习手册

【发言】　　fāyán　　speak
例：会上许多人发言表示支持这次行动。
Huì shàng xǔduō rén fāyán biǎoshì zhīchí zhè cì xíngdòng。
Quite a few people said they supported this action at the meeting.

【发展】　　fāzhǎn　　develop
【分发】　　fēnfā　　distribute
【开发】　　kāifā　　develop; open up
例：经济开发区的前景很光明。
Jīngjì kāifāqū de qiánjǐng hěn guāngmíng。
The economic development zone has a bright prospect.

【批发】　　pīfā　　wholesale
例：我想批发一点儿水果。
Wǒ xiǎng pīfā yìdiǎnr shuǐguǒ。
I'd like to buy some fruits at wholesale prices.

fà

头发 hair

词　语

【发型】　　fàxíng　　hair style
例：她换了发型以后，显得更年轻了。
Tā huàn le fàxíng yǐhòu, xiǎn de gèng niánqīng le。
She looks younger with her new hair style.

【理发】　　lǐ fà　　haircut
【头发】　　tóufà　　hair

· 99 ·

☞ *Chinese Multi-reading Characters without Tears* ☜

练 习

正确读出下列词语：
  发现　头发　出发　开发　发达

分　fēn/fèn

fēn

1. 把整体分成几部分(跟"合"相对) separate
   例句：咱们把这些苹果分了吧。
   　　　Zánmen bǎ zhè xiē píngguǒ fēn le ba。
   　　　Let's share these apples.
2. 分派 distribute
   例句：公司分给我一套房子。
   　　　Gōngsī fēn gěi wǒ yí tào fángzi。
   　　　The company alloted an apartment to me.
3. 分辨 distinguish
   例句：他卖的苹果不分好坏，都是一块一斤。
   　　　Tā mài de píngguǒ bù fēn hǎo huài, dōu shì yí kuài yì jīn。
   　　　He sells all his apples at one yuan per jin without separating the good and the bad.
4. 分支机构 branch
5. 表示分数 fraction
   例如：男生占全校的百分之四十。
   　　　Nánshēng zhàn quán xiào de bǎi fēn zhī sìshí。
   　　　Man students make up 40% of the numbers of the whole

· 100 ·

school.

6. 量词 a measure word

例句:这次考试他只得了六十分。

Zhè cì kǎoshì tā zhǐ dé le liùshí fēn.

He only scored 60 in this examination.

词　语

【部分】　　bùfen　　part

例:大部分人都喜欢体育运动。

Dà bùfen rén dōu xǐhuān tǐyù yùndòng.

Most people like sport.

【二分之一】èr fēn zhī yī　　one second

【分辨】　　fēnbiàn　　distinguish

【分工】　　fēngōng　　divide the work

例:大家分工,很快就做好了一顿饭。

Dàjiā fēngōng, hěn kuài jiù zuò hǎo le yí dùn fàn.

The cooking was shared and so the meal was ready sooner.

【分会】　　fēn huì　　branch (of a society, association, etc.)

【分居】　　fēnjū　　live apart

例:他们夫妻两地分居。

Tāmen fūqī liǎng dì fēnjū.

The couple live apart in two places.

【分开】　　fēnkāi　　separated

例:我们分开有十多年了。

Wǒmen fēnkāi yǒu shí duō nián le.

We have been separated for over ten years.

Chinese Multi-reading Characters without Tears

【分离】	fēnlí	separate
【分裂】	fēnliè	spit
【分派】	fēnpài	assign
【分配】	fēnpèi	send

例：他被分配到餐饮部工作。
Tā bèi fēnpèi dào cānyǐn bù gōngzuò.
He was sent to work in the Drinks Department.

【分歧】	fēnqí	difference
【分清】	fēnqīng	draw a clear distinction

例：我一上街就分不清东南西北。
Wǒ yí shàng jiē jiù fēnbuqīng dōng nán xī běi.
I can't tell North, South, East and West when I go into the street.

【分析】　　fēnxī　　analyse

例：大家分析了一下市场形势。
Dàjiā fēnxī le yí xià shìchǎng xíngshì.
The group have analysed the market situation.

【分校】　　fēnxiào　　branch school

例：这所学校在郊区设立了分校。
Zhè suǒ xuéxiào zài jiāoqū shèlì le fēnxiào.
A branch school of this institution has been established in the suburbs.

【平分】　　píngfēn　　divide equally

例：这份遗产他们三个人平分。
Zhè fèn yíchǎn tāmen sān gè rén píngfēn.
The inheritance will be divided equally among the three of them.

【五分钱】　　wǔ fēn qián　　five cents

【一分钟】　　yì fēn zhōng　　one minute

fèn

1. 构成的成分 component
2. 责任、权利等的限度 what is within one's rights or duty
3. 情分,情意 mutual affection, goodwill

例句:看在老朋友的分上,帮他一次吧。
Kàn zài lǎo péngyou de fèn shàng, bāng tā yí cì ba.
Please give him a hand because of your long friendship.

词　语

【安分】　　ānfèn　　know one's place
【本分】　　běnfèn　　one's duty
【成分】　　chéngfèn　　component
　　　　例:黄豆的营养成分很丰富。
　　　　Huángdòu de yíngyǎng chéngfèn hěn fēngfù.
　　　　The nutrition in soybean is very high.
【分内】　　fènnèi　　one's job
　　　　例:先做好分内工作,再发展个人爱好。
　　　　Xiān zuò hǎo fènnèi gōngzuò, zài fāzhǎn gèrén àihào.
　　　　Work well on your job, then develop your hobbies.
【过分】　　guòfèn　　going too far
　　　　例:你这样做太过分了。
　　　　Nǐ zhèyàng zuò tài guòfèn le.
　　　　In this you have gone too far.
【水分】　　shuǐfèn　　moisture content
【养分】　　yǎngfèn　　nutrient

划线组词：

部		辨
安	fēn	内
平		钟
过	fèn	外
情		析
水		开

佛 fó/fú

fó

与佛教有关的事物 Buddhist (adj.)

【佛教】　　fójiào　　Buddhism
　　　　　例：这位先生是研究佛教的。
　　　　　Zhè wèi xiānsheng shì yánjiū fójiào de。
　　　　　The man specializes in Buddhism.
【佛经】　　fójīng　　Buddhist Scripture

fú

见下 see below

词语

【仿佛】　fǎngfú　似乎,好像　seem; as if
例:一谈到工作,他仿佛忘了病痛。
Yì tán dào gōngzuò, tā fǎngfú wàngle bìngtòng.
It seemed that he forgot his ailment when he talked about his work.

练习

用"佛"字组词并注音。

杆　gān/gǎn

gān
细长的木棍或杆状东西 a long and thin cylindrical object

词语

【电线杆】　diànxiàn gān　(wire) pole
例:从这儿往东,过了第二根电线杆就到了。
Cóng zhèr wǎng dōng, guò le dièr gēn diànxiàn gān jiù dào le.
Go straight towards the east, and you'll be there when you pass the second telephone post.

【栏杆】　lángān　railing; banisters
例:桥上的栏杆很漂亮。

☞ Chinese Multi-reading Characters without Tears ☜

        Qiáo shang de lángān hěn piàoliang。
        The railing of the bridge is beautiful.

【旗杆】   qígān   flagpole
【桅杆】   wéigān   mast

gǎn

1. 器物的细长部分 the fine and long part of some implements
2. 量词 a measure word
    例句:他手里拿着一杆笔。
        Tā shǒu lǐ ná zhe yì gǎn bǐ.
        He is holding a pen in his hand.

词　语

【钢笔杆儿】 gāngbǐ gǎnr   penholder
        例:他在钢笔杆儿上刻上了自己的名字。
        Tā zài gāngbǐgǎnr shang kè shàng le zìjǐ de míngzi.
        He carved his name on the penholder.
【枪杆】   qiānggǎn   the barrel of a rifle

练　习

请为下列词语中的"杆"字注上拼音：
    木杆(　)　　毛笔杆(　)儿　　三杆(　)枪
    烟袋杆(　)子　　旗杆(　)　　电线杆(　)

给 gěi/jǐ

gěi

1. 给对方东西或待遇 give; grant
   例句:1) 爸爸给了他一支笔。
      Bàba gěi le tā yì zhī bǐ.
      His father gave him a pen.
   2) 桂林给我们的印象很好。
      Guìlín gěi wǒmen de yìnxiàng hěn hǎo.
      Guilin left a very good impression on us.

2. 用在动词后面,表示交给 prep. used after a verb, indicating the handing over of sth.
   例句:1) 我送给他一个生日礼物。
      Wǒ sòng gěi tā yí ge shēngrì lǐwù.
      I gave him a birthday present.
   2) 把青春献给祖国。
      Bǎ qīngchūn xiàn gěi zǔguó.
      Dedicate one's youth to the motherland.

3. 为了 for the benefit of; for the sake of; for
   例句:1) 医生给病人治病。
      Yīshēng gěi bìngrén zhì bìng.
      Doctor treats disease for patients.
   2) 赵小姐给我们当翻译。
      Zhào xiǎojiě gěi wǒmen dāng fānyì.
      Miss Zhao will act as interpreter for us.

4. 对 prep. introduce the recipient of an action
   例句:学生给老师行礼。
      Xuésheng gěi lǎoshī xínglǐ.

☞ Chinese Multi-reading Characters without Tears ☜

Students saluted their teacher.

5. 让或被(表示被动) used in a passive voice to introduce the doer of the action

例句:1) 羊给狼吃了。

Yáng gěi láng chī le。

Sheep was eaten by the wolf.

2) 杯子给弟弟打碎了。

Bēizi gěi dìdi dǎsuì le。

The glass was broken by little brother.

6. 助词,在表示被动、处置的句子中,用在动词前面,加强语气 prep. Used in a passive sentence to introduce either the doer of the action or the action if the doer is not mentioned

例句:衣服叫雨水给淋湿了。

Yīfu jiào yǔshuǐ gěi línshī le。

Our clothes were soaked with rain.

jǐ
提供 supply; provide

词　语

【补给】　　bǔjǐ　　　supply
【供给】　　gōngjǐ　　supply; provide; furnish
【给养】　　jǐyǎng　　provisions; victual
　　　　　　例:部队行动必须及时补充给养。
　　　　　　Bùduì xíngdòng bìxū jíshí bǔchōng jǐyǎng。
　　　　　　An army must be timely replenished with provisions.
【给予】　　jǐyǔ　　　give; render

例：感谢你们给予的大力支持。
Gǎnxiè nǐmen jǐyǔ de dàlì zhīchí.
Thank you for giving us energetic support.

【配给】　　pèijǐ　　ration
【自给自足】　zìjǐ zìzú　　self-sufficiency；autarky
例：过去中国农村多半是自给自足的经济。
Guòqù Zhōngguó nóngcūn duōbàn shì zìjǐ zìzú de jīngjì.
In the old China, self-containedeconomy was prevalant in the countryside.

练 习

请判断下面拼音的对或错：
1. 弟弟给(jǐ)妹妹两块糖。
2. 供给(gěi)处要保证补充军队给(jǐ)养。
3. 王家庄的粮食已经自给(gěi)自足了。
4. 蛋糕叫猫给(jǐ)偷吃了。

更　gēng/gèng

gēng
1. 变换 change
2. 旧时一夜分成五更，每更大约两小时 two-hour period in the past
例句：经理总是忙到半夜三更才回家。
Jīnglǐ zǒngshì máng dào bànyè sāngēng cái huíjiā.
The manager is so busy that he always comes home in the depth of night.

✿ Chinese Multi-reading Characters without Tears ✿

【变更】　　biàngēng　　change
【更衣】　　gēng yī　　change clothes
　　　　　例:游完泳,他把东西忘在更衣室了。
　　　　　Yóu wán yǒng, tā bǎ dōngxi wàng zài gēngyīshì le。
　　　　　He left his things in the changeroom after swimming.
【更正】　　gēngzhèng　　correct

gèng

1. 副词,越加(adv.) more
　　例句:一场雨过后,天更蓝了。
　　　　Yì cháng yǔ guò hòu, tiān gèng lán le。
　　　　It is clearer following the rain.
2. 书面语,再,又(written language) further

【更上一层楼】　gèng shàng yì céng lóu　　climb one storey higher

练　习

挑出错误的注音,并改正:
　1. 上次的错误,我在这里更(gèng)正一下。
　2. 没有比父母更(gèng)爱孩子的了。
　3. 独自一个人过春节时,就更(gēng)思念家里的亲人了。
　4. 他常常半夜三更(gèng)才回来。

歌谣

亮亮生来爱做梦,	Liàngliang shēng lái ài zuò mèng,
半夜三更盼刮风,	bànyè sāngēng pàn guā fēng,
刮倒房子吹倒树,	guā dǎo fángzi chuī dǎo shù,
上课时间作变更。	shàng kè shíjiān zuò biàngēng.
忽然听到呵斥声,	Hūrán tīng dào hēchì shēng,
巴掌下来更无情,	bāzhang xiàlái gèng wúqíng,
睁开眼睛见爸爸,	zhēng kāi yǎnjing jiàn bàba,
乖乖上学当学生。	guāi guāi shàngxué dāng xuésheng.

供 gōng/gòng

gōng

1. 提供 supply; feed
2. 提供某种条件给对方利用 for the use or convenience of
   例句：我的意见只供大家参考。
   Wǒ de yìjiàn zhǐ gōng dàjiā cānkǎo.
   My suggestion is just for your reference.

词语

【供给】　　gōngjǐ　　provide
【供求】　　gōng qiú　　supply and demand
　　例：目前这种商品供大于求。
　　Mùqián zhè zhǒng shāngpǐn gōng dà yú qiú.
　　At present, the supply of this kind of product is greater than demand.

☞ Chinese Multi-reading Characters without Tears ☜

【供应】　　gōngyìng　　supply
【提供】　　tígōng　　　provide
　　　　　　例:商场为顾客提供了休息的地方。
　　　　　　Shāngchǎng wèi gùkè tígōng le xiūxi de dìfang。
　　　　　　The shop has provided the customers with a place to rest.

gòng
1. 在神佛或先辈像前放上供品表示敬奉 lay offerings
2. 表示虔敬的陈列的东西 offerings
3. 受审者的陈述 confess
4. 口供 confession：

词语

【供出】　　gòng chū　　own up
　　　　　　例:他终于供出了同伙。
　　　　　　Tā zhōngyú gòng chū le tónghuǒ。
　　　　　　He finally gave the names of his partners.
【供词】　　gòngcí　　　confession
【供奉】　　gòngfèng　　offer
　　　　　　例:他每天都要供奉神佛。
　　　　　　Tā měitiān dōu yào gòngfèng shén fó。
　　　　　　He worships and makes offerings to the Buddha everyday.
【供品】　　gòngpǐn　　offerings
　　　　　　例:供桌上摆满了供品。
　　　　　　Gòngzhuō shàng bǎi mǎn le gòngpǐn。

汉语多音字学习手册

The altar is fully covered by offerings.

【供认】　　gòngrèn　　confess
【口供】　　kǒugòng　　oral confession

例：三天过去了，还是没问出口供。
Sān tiān guòqù le, háishì méi wèn chū kǒugòng.
Even after three days no oral confession was obtained.

练　习

改正拼音中的错误：

提供(tígòng)　　供品(gòngpǐn)　　供给(gōngjǐ)
口供(kǒugōng)　　供应(gòngyìng)　　供认(gōngrèn)

歌　谣

市场供应水蜜桃，　　Shìchǎng gōngyìng shuǐ mi táo,
质量不好没人要，　　zhìliàng bù hǎo méi rén yào,
忽然来个老太太，　　hūrán lái ge lǎo tàitai,
一块钱买走真不少，　yí kuài qián mǎi zǒu zhēn bù shǎo,
问她这是为什么？　　wèn tā zhè shì wèishénme?
供桌空着佛不笑。　　gòngzhuō kōng zhe fó bú xiào.

观　guān/guàn

guān

1. 看，望 see
2. 现象或样子 appearance; looking

· 113 ·

3. 对事物的看法 view; opinion

词 语

【悲观】　　　bēiguān　　pessimistic
【参观】　　　cānguān　　visit
　　　　　　　例:周末他常去参观博物馆。
　　　　　　　Zhōumò tā cháng qù cānguān bówùguǎn。
　　　　　　　He often visits museums on weekends.
【改观】　　　gǎiguān　　change the look
　　　　　　　例:这里的卫生状况有了很大的改观。
　　　　　　　Zhè lǐ de wèishēng zhuàngkuàng yǒu le hěn dà de gǎiguān。
　　　　　　　There has been a big change in sanitation conditions here.
【观察】　　　guānchá　　observe
　　　　　　　例:每到一个新地方,他总要先观察周围的环境。
　　　　　　　Měi dào yí gè xīn dìfang, tā zǒngyào xiān guānchá zhōuwéi de huánjìng。
　　　　　　　Every time when he arrives in a new place, he will observe the surroundings first.
【观点】　　　guāndiǎn　　idea
　　　　　　　例:我不同意他的观点。
　　　　　　　Wǒ bù tóngyì tā de guāndiǎn。
　　　　　　　I don't agree with his idea.
【观看】　　　guānkàn　　watch
【观众】　　　guānzhòng　　audience

【客观】　　kèguān　　objective
例：我们应该客观地看问题。
Wǒmen yīnggāi kèguān de kàn wèntí.
We should have an objective view on problems.

【乐观】　　lèguān　　optimistic
例：无论发生什么事他都很乐观。
Wúlùn fāshēng shénme shì tā dōu hěn lèguān.
No matter what happens, he is always optimistic about it.

【奇观】　　qíguān　　wonder
例：有人将长城列为世界第八大奇观。
Yǒu rén jiāng Chángchéng liè wéi shìjiè dì bā dà qíguān.
Some one suggests that the Great Wall should be taken as the eighth wonder of the world.

【外观】　　wàiguān　　outlook
【主观】　　zhǔguān　　subjective

guàn
道教的寺庙 Taoist temple

词　语

【白云观】　Báiyúnguàn　　a Taoist temple in Beijing
【道观】　　dàoguàn　　Taoist temples
例：来道观烧香的人不少。
Lái dàoguàn shāo xiāng de rén bù shǎo.
Quite a few people come to Taoist temples to burn incense and pray.

Chinese Multi-reading Characters without Tears

练 习

注意"观"在下文中的不同读法:

到白云观参观的人越来越多,过去对白云观持悲观态度的人,现在也变得乐观了。这座道观受观众欢迎的原因主要是:修缮后外观更漂亮了。

冠 guān/guàn

guān
1. 帽子 hat
2. 像帽子一样或在顶上的东西 corona; crown

词 语

【花冠】　　huāguān　　corolla; garland
　　　　　例:她做了一个花冠戴在头上。
　　　　　Tā zuò le yí gè huāguān dài zài tóu shàng.
　　　　　She made a garland and put it on her head.
【鸡冠】　　jīguān　　cock's comb; crest
【衣冠】　　yīguān　　dress
　　　　　例:过去他总是衣冠不整,现在则是衣冠楚楚。
　　　　　Guòqù tā zǒngshì yīguān bù zhěng, xiànzài zé shì yīguān chǔchǔ.
　　　　　He didn't dress neatly in the past, but now he does.

guàn

第一名 first place

词　语

【冠军】　　guànjūn　　champion
例:他一个人夺得三项冠军。
Tā yí gè rén duódé sān xiàng guànjūn.
He carried off three gold medals.

练　习

给拼音标声调:

冠军(guanjun)　　鸡冠(jiguan)　　皇冠(huangguan)
衣冠(yiguan)　　夺冠(duo guan)　　王冠(wangguan)

还　hái/huán

hái

1. 用在问句里,表示选择 used in a question to express choice
2. 表示现象继续存在或行为继续进行 used to express continuation of state or action
   例句:三年不见,你还这么年轻!
   Sān nián bú jiàn, nǐ hái zhème niánqīng!
   After three years, you still look so young!
3. 更加 even more; still more
   例句:今天比昨天还热。

· 117 ·

☞ Chinese Multi-reading Characters without Tears ☜

Jīntiān bǐ zuótiān hái rè.
It's even hotter today than yesterday.

4. 表示没想到会这样 expressing something beyond expectation
例句：小李还真能干！
Xiǎo Lǐ hái zhēn nénggàn!
You've got to admit Xiao Li really knows his job.

5. 程度上勉强 expressing reluctance in degree

词　语

【还可以】　hái kěyǐ　　so so; not so bad
例：这件衣服旧了点儿，平常穿还可以。
Zhè jiàn yīfu jiù le diǎnr, píngcháng chuān hái kěyǐ.
This jacket is a bit old, but it is not so bad to have it on on ordinary days.

【还是】　háishì　　or
例：你喝咖啡还是喝茶？
Nǐ hē kāfēi háishì hē chá?
Do you drink coffee or tea?

huán

1. 回到原来的地点，恢复原来的状态 returning to one's native place or returning to the original condition or shape
2. (把钱物)归回原主 (of money, etc.) go back to a former owner
例句：他昨天借了张先生一百块钱，今天早上就还了。
Tā zuótiān jiè le Zhāng xiānsheng yì bǎi kuài qián, jīntiān zǎoshang jiù huán le.
He borrowed 100 yuan from Mr. Zhang, and right this

morning he paid him back.

3. 回报别人的言语或行动 answer back; hit or strike back

词　语

【偿还】　　chánghuán　　repay; pay back
例：他把欠的钱都偿还了。
Tā bǎ qiàn de qián dōu chánghuán le。
He is out of debt now.

【归还】　　guīhuán　　return
【还手】　　huán shǒu　　strike (or hit) back
【还价】　　huán jià　　counter-offer
例：衣服原来卖二百块，经过还价，降到一百六十块。
Yīfu yuánlái mài èrbǎi kuài, jīngguò huán jià, jiàng dào yī bǎi liù shí kuài。
The dress was at first asked 200 yuan, but the price dropped to 160 yuan after bargaining.

【还乡】　　huán xiāng　　return to one's native place
例：少年离家，老来还乡。
Shàonián lí jiā, lǎolái huán xiāng
He left home young and returned old.

【还原】　　huányuán
return to the original condition or shape; restore
例：他把屋里的家具还原成一年前的老样子。
Tā bǎ wūli de jiājù huányuán chéng yīnián qián de lǎo yàngzi。
He returned the furniture in his house to same old condition as one year before.

☞ Chinese Multi-reading Characters without Tears ☜

【还债】　　huán zhài　　repay a debt
【退还】　　tuìhuán　　　return

练习

请标出下列各句中"还"字的拼音：
1. 你该把书还（　　）给图书馆了。
2. 昨天的风比今天还（　　）大。
3. 你今天去北京大学还（　　）是明天去？
4. 中国古代把做官以后回故乡叫："衣锦还（　　）乡。"

歌谣

老刘借钱没有还，　　　Lǎo Liú jiè qián méiyǒu huán,
一拖就是大半年。　　　yì tuō jiù shì dà bàn nián。
人家催他还欠款，　　　Rénjiā cuī tā huán qiànkuǎn,
老刘还说有困难：　　　Lǎo Liú hái shuō yǒu kùnnán:
不是我不想还钱，　　　Bú shì wǒ bù xiǎng huán qián,
只是现在还困难。　　　zhǐ shì xiànzài hái kùnnán。
等我儿子二十岁，　　　Děng wǒ érzi èrshí suì,
连本带利一起还。　　　lián běn dài lì yìqǐ huán。

行　háng/xíng

háng

1. 某些工商业机构 business firm
2. 整齐的行列 ranks

例句:门外绿树成行。

Mén wài lǜ shù chéng háng。

The road outside the house is lined with rows of green trees.

3. 行业 trade; profession
4. 量词 used as a measure word

例句:一行有二十个字。

Yì háng yǒu èrshí ge zì。

There are twenty characters in each line.

词 语

【本行】	běnháng	one's own profession
【单行】	dānháng	single line
【行家】	hángjiā	expert
【行列】	hángliè	ranks
【行情】	hángqíng	quotations (on the market); price
【行业】	hángyè	trade; profession
【内行】	nèiháng	be expert at; an expert

例:张工程师对设计水利工程是内行。

Zhāng gōngchéngshī duì shèjì shuǐlì gōngchéng shì nèiháng。

Engineer Zhang is an expert at designing irrigation works.

【商行】	shāngháng	trading company; commercial firm
【同行】	tóngháng	

of the same profession; a person of the same profession

例:她教英语,我也教英语,我们是同行。

☞ *Chinese Multi-reading Characters without Tears* ☜

        Tā jiāo Yīngyǔ, wǒ yě jiāo Yīngyǔ, wǒmen shì tóngháng。
        She teaches English and so do I, therefore we have the same occupation.

【外行】 wàiháng   layman; unprofessional
【一目十行】 yí mù shí háng   take in ten lines at a glance—read rapidly
【银行】 yínháng   bank
        例：对面的大楼是中国银行吗？
        Duìmiàn de dàlóu shì Zhōngguó Yínháng ma?
        Is the building across the road the Bank of China?

xíng

1. 走动 walk
2. 跟旅行有关系 travelling terms
   例句：老王对自己的西欧之行很满意。
   Lǎo Wáng duì zìjǐ de xīōu zhī xíng hěn mǎnyì.
   Lao Wang was pleased with his Western Europe tour.
3. 能，可以 be all right; will do
   例句：你这样做可不行。
   Nǐ zhèyàng zuò kě bù xíng。
   You can't do it like this.
4. 做，进行某项活动 do; carry out
5. 流通，推行 be current; circulate
6. 能力强 capable
   例句：白先生弹琴、画画，样样都行。
   Bái xiānsheng tán qín、huà huà, yàngyàng dōu xíng。
   Mr. Bai is capable of both drawing pictures and playing the

piano.

7. 行为 action; behaviour

词 语

【步行】　bùxíng　　go on foot; walk
例:没有车,他只好步行去上班了。
Méiyǒu chē, tā zhǐhǎo bùxíng qù shàngbān le.
As not a bus was available, he had to go to work on foot.

【辞行】　cíxíng　　say goodbye (to one's relatives, friends, etc.) before setting out on a journey
例:我是特地来向你辞行的。
Wǒ shì tèdì lái xiàng nǐ cíxíng de.
I came specially to say goodbye to you.

【发行】　fāxíng　　issue; publish; distribute
例:这种报纸的发行量很大。
Zhè zhǒng bàozhǐ de fāxíngliàng hěn dà.
This newspaper has a wide distribution.

【航行】　hángxíng　　navigate by water; navigate by air

【举行】　jǔxíng　　hold (a meeting, ceremony, etc.)
例:后天举行一次茶会。
Hòutiān jǔxíng yí cì chá huì.
There'll be a tea party the day after tomorrow.

【流行】　liúxíng　　popular; prevalent; fashionable

【旅行】　lǚxíng　　travel; journey; tour

【爬行】　páxíng　　crawl; creep

【品行】　pǐnxíng　　moral conduct; behaviour

· 123 ·

☞ **Chinese Multi-reading Characters without Tears** ☜

【人行横道】 rénxíng-héngdào
pedestrian crosswalk; zebra crossing
例:过马路要走人行横道。
Guò mǎlù yào zǒu rénxíng héngdào。
Take the pedestrian crosswalk while crossing a road.

【送行】 sòngxíng   see sb. off; give a send-off party

【先行】 xiānxíng   go ahead of the rest; beforehand
例:以上各项内容先行通知你们。
Yǐshàng gè xiàng nèiróng xiānxíng tōngzhī nǐmen。
I'll notify you of what mentioned above in advance.

【现行】 xiànxíng   currently in effect; in force
例:现行的政策不会很快改变。
Xiànxíng de zhèngcè bú huì hěn kuài gǎibiàn。
The present policies won't be changed soon.

【行程】 xíngchéng   route or distance of travel

【行动】 xíngdòng   move about; act; action

【行李】 xíngli   luggage; baggage

【行人】 xíngrén   pedestrian; foot traveller

【行为】 xíngwéi   action; behaviour

【言行】 yán xíng   words and deeds
例:张先生言行一致。
Zhāng xiānsheng yán xíng yīzhì。
Mr. Zhang is as good as his word.

【执行】 zhíxíng   carry out; execute; implement

汉语多音字学习手册

练 习

1. 请用行(xíng)和行(háng)各作一个句子：
2. 判断下列词语拼音的对错：

慎昌商行(háng)　　人行(xíng)便道　　国际旅行(háng)社
流行(xíng)音乐　　举行(háng)招待会　　发行(xíng)报纸

歌 谣

小朋友们排成行，	Xiǎo péngyoumen páichéng háng，
要过马路不要慌，	yào guò mǎlù bú yào huāng，
人行横道快点走，	rénxíng-héngdào kuài diǎnr zǒu，
自行车来让一让。	zìxíngchē lái ràng yí ràng，
戴上黄色小帽子，	Dàishang huángsè xiǎo màozi，
安全行路有保障。	ānquán xínglù yǒu bǎozhàng。

好　hǎo/hào

hǎo

1. 优点,人们满意的 having the right qualities; satisfactory in quality
2. 用在动词前面,表示这方面好 used before a verb to express "be good to"
3. 和睦,友好 harmony; friendly affection

例句：小李跟小王关系很好。
　　　Xiǎo Lǐ gēn Xiǎo Wáng guānxi hěn hǎo。
　　　Xiao Li and Xiao Wang are on good terms.

125

4. 用在动词后面,表示完成或完美 used after verbs to express "to accomplish or perfect"

例句:1) 请大家坐好,要开会了。

Qǐng dàjiā zuòhǎo, yào kāi huì le。

Please take your seats. The meeting is about to begin.

2) 洗衣机修好了吗?

Xǐyījī xiū hǎo le ma?

Has the washing machine been repaired?

5. 表示同意或结束的语气 a tone that expresses agreement or sth. finished

例句:1) 好,就这么办吧。

Hǎo, jiù zhème bàn ba。

O.K., it's settled.

2) 好,散会了。

Hǎo, sàn huì le。

Well, the meeting is over.

6. 容易,便于 easy; easy to

例句:这个问题好解决。

zhège wèntí hǎo jiějué。

This problem is easy to solve.

7. 用在形容词或动词前,表示程度深 used before adjectives or verbs to express deep in degree

例句:天气好冷啊,手都冻僵了。

Tiānqi hǎo lěng a, shǒu dōu dòng jiāng le。

It is so cold that my hands are numb.

8. 用在形容词前,表示疑问,同"多"字 used before adjectives in the same way as "duo" to express "to what extent"

例句:从这儿去南京要走好长时间?

Cóng zhèr qù Nánjīng yào zǒu hǎo cháng shíjiān?
How long does it take to go to Nanjing from here?

词 语

【好吃】	hǎochī	good to eat；delicious
【好久】	hǎojiǔ	a long time
【好看】	hǎokàn	beautiful

例：这些花真好看。
zhè xiē huā zhēn hǎokàn.
The flowers is beautiful.

| 【好人】 | hǎorén | a good (or fine) person |
| 【好事】 | hǎoshì | good deed；good turn |

例：关先生常为大家做好事。
Guān xiānsheng cháng wèi dàjiā zuò hǎo shì.
Mr. Guan often does people good turns.

【好天气】	hǎo tiānqi	a nice weather
【好听】	hǎotīng	pleasant to hear
【好像】	hǎoxiàng	seem；be like
【和好】	héhǎo	become reconciled
【幸好】	xìnghǎo	fortunately；luckily
【要好】	yàohǎo	be on good terms；be close friends
【正好】	zhènghǎo	just in time；just right；happen to

hào
1. 喜欢,爱好 like；love；be fond of
2. 容易(发生) be liable to
   例句：吸烟的人好咳嗽。

· 127 ·

Chinese Multi-reading Characters without Tears

Xī yān de rén hào késou。
Smokers are liable to coughing.

词语

【好吃】　　hào chī　　enjoy eating good food
　　　　例:小徐好吃冰激凌。
　　　　Xiǎo Xú hào chī bīngjīlíng。
　　　　Xiao Xu is fond of eating ice cream.
【好客】　　hàokè　　be hospitable
【好奇】　　hàoqí　　be curious
【好学】　　hàoxué　　be fond of learning; be eager to learn
【嗜好】　　shìhào　　hobby; addiction

练习

请选出(hào)字组成的词语:
　　喜好　　爱好　　好朋友　　好天气　　好收成　　癖好
　　病好了　　好大喜功

歌谣

1. 他好拉琴我好唱,　　Tā hào lā qín wǒ hào chàng,
　　我俩正好演一场。　　wǒ liǎ zhènghǎo yǎn yì chǎng。
　　演好演坏没关系,　　Yǎn hǎo yǎn huài méi guānxi,
　　好在有人来鼓掌。　　hǎo zài yǒu rén lái gǔzhǎng。

2. 你是我的好朋友,　　Nǐ shì wǒ de hǎo péngyou,

我们俩人手拉手。　　wǒmen liǎ rén shǒu lā shǒu.
好好学习和游戏，　　Hǎohāo xuéxí hé yóuxì,
放学路上好好走。　　fàngxué lù shàng hǎohāo zǒu.

和　hé/hè/hú/huó/huò

hé

1. 温和,缓和 gentle; kind
2. 和谐,和睦 harmonious
   例句:他们向来不和。
   　　Tāmen xiànglái bù hé.
   　　They are always on bad terms.
3. 实现和平 peace
4. (某些运动项目)不分胜负 (of a game) draw
   例句:这盘棋又和了。
   　　Zhè pán qí yòu hé le.
   　　The game of the chess ended in a draw.
5. 副词,连带 (adv.) together with
6. 介词,表示相关和比较 (prep.) show relation and comparison
   例句:我和爸爸一样高。
   　　Wǒ hé bàba yíyàng gāo.
   　　I'm as tall as my dad.
7. 连词,表示联合,同"跟"、"与"(conj.) show combination like "gen" and "yu"
   例句:工业和农业都不能忽视。
   　　Gōngyè hé nóngyè dōu bù néng hūshì.
   　　Neither industry nor agriculture can be neglected.
8. 加法中,数与数相加的结果 sum of numbers

☞ **Chinese Multi-reading Characters without Tears** ☜

例句:5 加 6 的和是 11。
　　　Wǔ jiā liù de hé shì shí yī.
　　　The sum of five plus six is eleven.

词　　语

【和睦】　　　hémù　　on good terms
【和平】　　　hépíng　　peace
　　　例:人们爱好和平。
　　　Rénmen àihào hépíng. People love peace.
【和棋】　　　héqí　　a draw in a chess or other board games
【和气】　　　héqi　　polite
　　　例:他待人很和气。
　　　Tā dài rén hěn héqi.
　　　He is polite to people.
【和谐】　　　héxié　　harmonious
【和颜悦色】　hé yán yuè sè　with kind and pleasant countenance
【和衣而卧】　hé yī ér wò　sleep in one's clothes
　　　例:晚上他和衣而卧。
　　　Wǎnshang tā hé yī ér wò.
　　　He sleeps in his clothes at night.
【讲和】　　　jiǎnghé　　settle a dispute
【温和】　　　wēnhé　　gentle

hè
1. 和谐地同时唱 join in the singing properly
2. 按照其他人的诗词题材和体裁应答的诗词 compose a poem in reply with the same style and subject

汉语多音字学习手册

词 语

【和诗】　　hè shī　　reply with a poem in the same style
例：他乘兴和诗一首。
Tā chèngxìng hè shī yī shǒu。
He replied with a poem in high spirit.

【应和】　　yìnghè　　respond to support
例：她的建议不错,可是没人应和。
Tā de jiànyì bú cuò, kěshì méi rén yìnghè。
Her suggestion was good but no one responded to support her.

hú
打牌或麻将时某一方取胜,称"和了"。The winning of the game of Mah-jong or cards is called "hu le".

huó
在粉末中加液体搅拌使有黏性 mix (powder) with water, etc.

【和面】　　huó miàn　　knead dough

huò
粉或粒搀和在一起,或加水搅拌使成较稀的东西 mix; blend

· 131 ·

☞ Chinese Multi-reading Characters without Tears ☜

词　语

【和稀泥】　　huò xīní　　try to smooth things over

练　习

挑出错误的注音并改正：
1. 老师和(hé)大家讲了两个小时。
2. 他唱歌的时候没有人应和(huó)。
3. 态度温和(hé)的服务员很受欢迎。
4. 她想和(hé)面做饺子。

歌　谣

小张和小李，	Xiǎo Zhāng hé Xiǎo Lǐ，
是对好夫妻，	shì duì hǎo fūqī，
小张很温和，	Xiǎo Zhāng hěn wēnhé，
小李最快活，	Xiǎo Lǐ zuì kuàihuó，
一个要唱歌，	yí ge yào chàng gē，
一个来应和，	yí ge lái yìnghè，
一个若生气，	yí ge ruò shēngqì，
一个和稀泥，	yí ge huò xīní，
有苦共分担，	yǒu kǔ gòng fēndān，
有甜齐欢乐。	yǒu tián qí huānlè。

吓 hè/xià

hè
恐吓 threaten

词语

【恫吓】　　dònghè　　threaten; intimidate
【恐吓】　　kǒnghè　　intimidate
　　　　　　例：他收到一封恐吓信。
　　　　　　Tā shōudào yì fēng kǒnghè xìn。
　　　　　　He received an intimidating letter.

xià
让某人害怕 frighten; scare

词语

【吓唬】　　xiàhu　　frighten
【吓人】　　xiàrén　　frightening
【吓一跳】　xià yí tiào　give somebody a scare
　　　　　　例：他进来时没有声音，吓了我一跳。
　　　　　　Tā jìnlái shí méiyǒu shēngyīn, xià le wǒ yí tiào。
　　　　　　He entered so quietly that it gave me a scare.

☞ Chinese Multi-reading Characters without Tears ☜

练 习

选择正确拼音填在括号内：
1. 你吓（　　）了我一跳。(hè xià)
2. 他们表演的空中飞人太吓（　　）人了。(xià hè)
3. 由于害怕恐吓（　　），他只好停止写这类文章。(hè xià)

哄　hōng/hǒng/hòng

hōng

1. 象声词,形容许多人一起大声笑或喧闹的声音 onom. roars of laughter or a loud confused noise
   例句：赵小姐的笑话引起了哄堂大笑。
   　　　Zhào xiǎojiě de xiàohuà yǐnqǐ le hōng táng dà xiào.
   　　　Miss Zhao's joke made the whole party roar with laughter.
2. 很多人同时弄出声音 (of a crowd of people) make a lot of noise
   例句：他刚讲完话,礼堂里就哄然大乱。
   　　　Tā gāng jiǎng wán huà, lǐtáng lǐ jiù hōng rán dà luàn.
   　　　As soon as he finished his speech, the assembly hall resounded with an uproar.

词 语

【乱哄哄】　luàn hōnghōng　　in noisy disorder; in a hubbub
【闹哄哄】　nàohōnghōng　　clamorous; noisy

· 134 ·

hǒng

1. 欺骗 cheat

   例句:他的假话哄不了大家。
   Tā de jiǎhuà hǒng bù liǎo dàjiā。
   His lies are not effective to us.

2. 用言语或行动引人高兴 keep in good humour; coax

   例句:小明有点儿困了,我哄她睡觉吧。
   Xiǎomíng yǒu diǎnr kùn le, wǒ hǒng tā shuìjiào ba。
   Xiao ming is sleepy. Let me coax her to sleep.

词　语

【哄骗】　　　hǒngpiàn　　cheat; hoodwink
【哄小孩】　　hǒng xiǎohái　keep a child in good humour

hòng

吵闹,开玩笑 harass; horseplay:

词　语

【起哄】　　qǐhòng　　(of a crowd of people) create a disturbance

例:他们不会踢足球,到球场里完全是起哄。
Tāmen bú huì tī zúqiú, dào qiúchǎng lǐ wánquán shì qǐhòng。
They did not know how to play football. They came to the football ground just to make catcalls.

♣ Chinese Multi-reading Characters without Tears ♣

练 习

把拼音上标出调号,用汉字填空,并写出它的意思:
1. hong(　)骗　　2. 起 hong(　)　　3. hong(　)孩子
4. hong(　)堂大笑

划　huá/huà

huá
1. 用桨拨水使船前进 paddle
2. 合算 be to one's profit
3. 用刀尖等把别的东西分开或在表面上擦过去 cut the surface of; scratch

例句:他不小心手上划了一个口子。

Tā bù xiǎoxīn shǒu shàng huá le yí ge kǒuzi.

He was not carefull and his hand was scatched.

词 语

【划不来】　huá bù lái　　be not worthy

例:浪费一天的时间陪他聊天划不来。

Làngfèi yìtiān de shíjiān péi tā liáotiān huá bù lái.

It is not worthwhile spending one whole day chatting with him.

【划船】　huá chuán　　row

例:我和朋友一边划船一边欣赏两岸的景色。

汉语多音字学习手册

Wǒ hé péngyou yìbiān huá chuán yìbiān xīnshǎng liǎng àn de jǐngsè。

My friend and I were enjoying the scenery on the two banks while we were boating.

【划得来】　huá de lái　　be worthy
【划火柴】　huá huǒchái　　strike a match
【划算】　　huásuàn　　be to one's profit

huà

1. 划分 delimit
2. 划拨 transfer
3. 策划 plan
4. 用笔做出线或汉字的一笔 draw; stroke

词　　语

【笔划】　　bǐhuà　　　stroke
【策划】　　cèhuà　　　plot
【规划】　　guīhuà　　　program
【划拨】　　huàbō　　　transfer

例：这笔钱由银行划拨。
Zhè bǐ qián yóu yínháng huàbō。
This sum of money is always transferred by the bank.

【划分】　　huàfēn　　　devide
【划价】　　huà jià　　　to price
【划界】　　huà jiè　　　delimit a boundary

例：从这条河划界，北边就是他们国家。
Cóng zhè tiáo hé huàjiè，běi biān jiù shì tāmen guójiā。

☞ **Chinese Multi-reading Characters without Tears** ☜

Their country lies north of this river.

【划线】　huà xiàn　　underline
例：在重点词语下边划线。
Zài zhòngdiǎn cíyǔ xiàbiān huà xiàn。
Please underline the key words.

【计划】　jìhuà　　plan
例：今年学校计划招收二十名研究生。
Jīnnián xuéxiào jìhuà zhāoshōu èr shí míng yánjiūshēng。
The university is going to take twenty graduates this year.

练 习

正确读出下列词语并造句：

　　计划　　划不来　　划火柴　　划分

歌 谣

一起计划去游玩，　　Yìqǐ jìhuà qù yóuwán,
出谋划策想划船，　　chū móu huà cè xiǎng huá chuán,
俩人一条划不来，　　liǎ rén yì tiáo huá bù lái,
四人合用才划算。　　sì rén hé yòng cái huásuàn。

会　huì/kuài

huì
1. 聚集，见面 meet

· 138 ·

例句:我去会个朋友。

　　　　Wǒ qù huì ge péngyou。

　　　　I am going to see a friend.

2. 集会 get together:

例句:下午我要参加一个会。

　　　　Xiàwǔ wǒ yào cānjiā yíge huì。

　　　　I will go to a meeting this afternoon.

3. 某些集体,团体 association; society

4. 主要的城市 chief city

5. 了解,懂得,熟悉 understand

例句:现在会汉语的人越来越多。

　　　　Xiànzài huì Hànyǔ de rén yuè lái yuè duō。

　　　　There are more and more people who know the Chinese language.

6. 懂得怎样做或有能力做 be able to

例句:我不太会说汉语。

　　　　Wǒ bú tài huì shuō Hǎnyǔ。

　　　　I don't speak Chinese very well.

7. 很有可能实现 be probable to happen

例句:他不会忘记时间的。

　　　　Tā bú huì wǎngjì shíjiān de。

　　　　Surely he will not forget the time.

【拜会】　　bàihuì　　call on
【工会】　　gōng huì　　workers' union

· 139 ·

Chinese Multi-reading Characters without Tears

【会合】　　huìhé　　join
例：两条河在这里会合。
Liǎng tiáo hé zài zhèlǐ huìhé。
Two rivers join here.

【会见】　　huìjiàn　　meet
例：下午他会见了来访的客人。
Xiàwǔ tā huìjiàn le láifǎng de kèrén。
He met the visitors in the afternoon.

【会议】　　huìyì　　meeting
例：工厂召开全体会议。
Gōngchǎng zhāokāi quántǐ huìyì。
The factory had meeting of the whole staff.

【会员】　　huìyuán　　members of a society
例：会员都得交会费。
Huìyuán dōu děi jiāo huì fèi。
All members must pay membership dues.

【开会】　　kāihuì　　hold a meeting
【社会】　　shèhuì　　society
【省会】　　shěnghuì　　capital city of a province
例：山西的省会是太原。
Shānxī de shěnghuì shì Tàiyuán。
Taiyuan is the capital city of Shanxi province.

【体会】　　tǐhuì　　know from experience
【晚会】　　wǎnhuì　　evening party
【误会】　　wùhuì　　misunderstand
例：请你别误会我的意思。
Qǐng nǐ bié wùhuì wǒ de yìsi。
Please don't misunderstand what I mean.

【学生会】 xuéshēnghuì students'union
例:他是学生会主席。
Tā shì xuéshenghuì zhǔxí。
He is the chairman of the students'union.

【宴会】 yànhuì banquet
例:晚上我得参加一个宴会。
Wǎnshang wǒ děi cānjiā yí ge yànhuì。
I must attend a banquet this evening.

【约会】 yuēhuì have an appointment

kuài
见下 see below

【会计】 kuàijì accountant
例:毕业后,他想当会计。
Bìyè hòu, tā xiǎng dāng kuàijì。
He intends to be an accountant when he graduates.

熟读下列词语:

会见(huìjiàn)　　运动会(yùndònghuì)　　会计(kuàijì)
社会(shèhuì)　　晚会(wǎnhuì)　　财会(cáikuài)

Chinese Multi-reading Characters without Tears

歌 谣

小会计,他姓王,　　Xiǎo kuàijì, tā xìng Wáng,
跟着领导开会忙,　　gēn zhe lǐngdǎo kāi huì máng,
这次会议上庐山,　　zhè cì huìyì shàng Lúshān,
下次就到大海旁,　　xià cì jiù dào dà hǎi páng,
问他学会作什么,　　wèn tā xuéhuì zuò shénme,
会吃会喝会算账。　huì chī huì hē huì suàn zhàng。

混　hún/hùn

hún

1. 浑浊 muddy; turbid
   例句:很多小孩儿在河里游泳,把河水都搅混了。
   Hěnduō xiǎoháir zài hé lǐ yóuyǒng, bǎ héshuǐ dōu jiǎo hún le。
   Many children swam in the river, therefore muddied the water.
2. 不明白道理,糊涂 muddled; unreasonable
   例句:小朱气极了,骂了一声:"你真混!"
   Xiǎo Zhū qì jí le, mà le yì shēng: "Nǐ zhēn hún!"
   Xiao Zhu was beside himself with rage, cursing: "What a blunderer!"

hùn

1. 搀在一起,没条理 mix; improper arrangement or presentation
2. 蒙混 deceive or mislead people

· 142 ·

3. 马马虎虎地生活 muddle along
4. 乱七八糟,不分明 carelessly; at random; indistinct

词　语

【鬼混】　　guǐhùn　　lead an aimless or irregular existence
【含混】　　hánhùn　　indistinct
例:他含混地答应了一声,也不知道同意还是不同意。
Tā hánhùn de dāying le yì shēng, yě bù zhīdào tóngyì háishì bù tóngyì。
He made a ambiguous answer, so it's not certain whether it is a serious promise or not.
【混充】　　hùnchōng　　pass oneself off as; palm sth. off as
例:市场上一些不法商人用假药混充好药卖。
Shìchǎng shàng yìxiē bùfǎ shāngrén yòng jiǎyào hùnchōng hǎoyào mài。
Some lawbreaking merchants palmed off false medicine on customers.
【混合】　　hùnhé　　mix
例:小张和小陆在男女混合双打中夺得冠军。
Xiǎo Zhāng hé Xiǎo Lù zài nán nǚ hùnhé shuāngdǎ zhōng duódé guànjūn。
Xiao Zhang and Xiao Lu carried off the first prize of mixed doubles.
【混乱】　　hùnluàn　　confusion; chaos
例:那里的局势很混乱。
Nàli de júshì hěn hùnluàn。
That place was thrown into chaos.

Chinese Multi-reading Characters without Tears

【混日子】　hùn rìzi　　drift along aimlessly
【混淆】　　hùnxiáo　　confuse; mix up
【混血儿】　hùnxuě'ér　 a person of mixed blood
【蒙混】　　ménghùn　　deceive or mislead people

请在括号内填上拼音：

混(　)杂　　混(　)水　　混(　)入人群
混(　)浊　　混(　)人　　混(　)合双打

奇 jī/qí

jī
单数,不成对儿(跟"偶"相对) odd (number)

词语

【奇数】　　jīshù　　odd number
例:一、三、五是奇数,二、四、六是偶数。
Yī、sān、wǔ shì jīshù, èr、sì、liù shì ǒushù。
One, three and five are odd numbers, two, four and six are even numbers.

qí
1. 特殊的,不常见的 strange; rare; uncommon
2. 出乎意料的 unexpected

3. 惊奇 surprise; wonder

词　语

【不足为奇】　bù zú wéi qí　　nothing surprising
例：会两门外语现在已经不足为奇。
Huì liǎngmén wàiyǔ xiànzài yǐjīng bù zú wéi qí。
To know two foreign languages is nothing surprising.

【出奇制胜】　chū qí zhì shèng　　defeat one's opponent by a surprise move
例：产品要想战胜别人就得出奇制胜。
Chǎnpǐn yào xiǎng zhànshèng biérén jiù děi chūqí zhìshèng。
If you want to beat others with your products, you must have surprise move.

【传奇】　chuánqí　　legend
例：关于他的传奇故事还有很多。
Guānyú tāde chuánqí gùshi hāiyǒu hénduō。
There are some more tales about him.

【好奇】　hàoqí　　be curious
【惊奇】　jīngqí　　be surprised
【奇怪】　qíguài　　strange
例：他中途放弃学业，让人感到很奇怪。
Tā zhōngtú fàngqì xuéyè ràng rén gǎndào hěn qíguài。
It is very strange that he quit his schooling half way.

【奇观】　qíguān　　wonder
例：钱塘江潮汐是一大奇观。
Qiántángjiāng cháoxī shì yí dà qíguān。

☞ Chinese Multi-reading Characters without Tears ☜

The Qiantang Jiang tide is a wonder.

【奇迹】　qíjì　　miracle
【奇特】　qítè　　queer
【奇闻】　qíwén　　something unheard of
【奇袭】　qíxí　　surprise attack
【奇异】　qíyì　　queer
　　　　例:行人向他们投去奇异的目光。
　　　　Xíngrén xiàng tāmen tóu qù qíyì de mùguāng.
　　　　The passers-by all looked at them with curious eyes.
【新奇】　xīnqí　　strange; new

练　习

选择填空:

1. 他对盒子里的东西很_____。（hàoqí hàojī chuānjī）
2. 单数都是_____。（qíshù jīshù qíjì）
3. 他的病能好真是个_____。（qíxí qíjì）
4. 她很_____为什么路上的人这样看她。（qíguài jīguài qíguān）

系　jì/xì

jì

扣上,挽上疙瘩 tie; fasten
例句:外面冷,把大衣扣子系上。
　　　Wàimiàn lěng, bǎ dàyī kòuzi jì shang.
　　　It is cold outside. Button up your coat.

· 146 ·

汉语多音字学习手册

词 语

【系鞋带】 jì xiédài   tie shoe laces

xì

1. 某些系统 system
2. 高等学校中按学科分的教学行政单位 department of a college
   例句：他是数学系的学生。
   　　　Tā shì shùxué xì de xuésheng。
   　　　He is a student of the Mathematics Department.
3. 联结,联系(多用于抽象事物) relate to
4. (书面语)是(written) to be
   例句：他说的确系实情。
   　　　Tā shuō de què xì shíqíng。
   　　　What he said was the actual situation.

词 语

【关系】　　guānxì　　relation
　　　　　例：这件事和他没关系。
　　　　　Zhè jiàn shì hé tā méi guānxì。
　　　　　He has nothing to do with this case.

【历史系】　lìshǐ xì　　History Department (of a college)
【维系】　　wéixì　　hold together
【系列】　　xìliè　　series
　　　　　例：目前市里颁布了一系列新规定。
　　　　　Mùqián shìli bānbù le yí xìliè xīn guīdìng。

147

☙ Chinese Multi-reading Characters without Tears ☙

A series of new regulations have just been promulgated in his city.

【系统】　　xìtǒng　　system
【语系】　　yǔxì　　（language）family

练　习

在括号内填上拼音：

1. 工厂生产出系（　　）列健康食品。
2. 越着急,越系（　　）不上扣子。
3. 从中文系（　　）毕业后,我去了一家公司。
4. 绳子系（　　）紧点儿。
5. 他的社会关系（　　）比较复杂。

假　jiǎ/jià

jiǎ

1. 虚假的,不真实的,人造的(跟"真"相对) false; fake
   例句:你说的是真是假?
   　　　Nǐ shuō de shì zhēn shì jiǎ?
   　　　Is what you say true or not?
2. 假使,假如 suppose
3. 借用 borrow

词　语

【不假思索】　bù jiǎ sī suǒ　　without thinking
　　　　　　　例:他不假思索地回答了老师的问题。

· 148 ·

Tā bù jiǎ sīsuǒ de huídá le lǎoshī de wèntí.
He answered the teacher's questions without thinking.

【假发】　　　jiǎfà　　　wig
【假公济私】　jiǎ gōng jì sī　　work for one's own ends in public affairs
【假借】　　　jiǎjiè　　　in the name of
例：他假借帮助人的名义，到处行骗。
Tā jiǎjiè bāngzhù rén de míngyì, dào chù xíngpiàn.
He cheated on the pretext of helping the others.
【假冒】　　　jiǎmào　　　fake
【假如】　　　jiǎrú　　　if
例：假如明天天气好，我们就去爬山。
Jiǎrú míngtiān tiānqi hǎo, wǒmen jiù qù pá shān.
Let's go and climb the mountain if it is fine tommorrow.
【假设】　　　jiǎshè　　　suppose
【假使】　　　jiǎshǐ　　　if; in case
【假装】　　　jiǎzhuāng　　　pretend
例：他假装没听见。
Tā jiǎzhuāng méi tīngjiàn.
He pretended that he didn't hear it.
【虚假】　　　xūjiǎ　　　sham
例：这则广告里有不少虚假成分。
Zhè zé guǎnggào li yǒu bùshǎo xūjiǎ chéngfèn.
This advertisement is false.
【作假】　　　zuòjiǎ　　　falsify

☞ Chinese Multi-reading Characters without Tears ☜

jià
按规定休息的时间 official holiday
例句:国庆节我们放三天假。
　　Guóqìng jié wǒmen fàng sān tiān jià。
　　We have three days off for the National Day.

词　语

【放假】　　fàngjià　　have a day off
【假期】　　jiàqī　　one's holiday
　　　　　　例:假期我们打算去旅游。
　　　　　　Jiàqī wǒmen dǎsuan qù lǚyóu。
　　　　　　We plan to travel in our holidays.
【假日】　　jiàrì　　holiday
【请假】　　qǐngjià　　ask for a day off
　　　　　　例:你跟老板请假了吗?
　　　　　　Nǐ gēn lǎobǎn qǐngjià le ma?
　　　　　　Did you ask for a day off from your boss?
【暑假】　　shǔjià　　summer holiday

练　习

连线组词:

　　暑　　　　　　　　设
　　放　　　jiǎ　　　　期
　　造　　　　　　　　使
　　请　　　jià　　　　如
　　虚　　　　　　　　日

· 150 ·

间 jiān/jiàn

jiān

1. 介词,中间 (prep.) in between
2. 副词,在一定的时间或空间里 (adv.) within the time or space
3. 名词,一间屋子,房间 (pron.) room
4. 量词 (a measure word)

词 语

【彼此之间】 bǐcǐ zhī jiān between each other
【刹那间】 chà nà jiān in a flash
【房间】 fángjiān room
例:他们正在房间里工作。
Tāmen zhèngzài fángjiān lǐ gōngzuò。
They are working in the room.
【空间】 kōngjiān space
【朋友之间】 péngyou zhī jiān between friends
【时间】 shíjiān time
【晚间】 wǎnjiān evening
例:我每天都看晚间新闻。
Wǒ měitiān dōu kàn wǎnjiān xīnwén。
I watch the Evening News everyday.
【卫生间】 wèishēng jiān bathroom
【一间房子】 yì jiān fángzi a room
例:他租了一间房子。
Tā zū le yì jiān fángzi。
He rented a room.

Chinese Multi-reading Characters without Tears

【一间卧室】 yì jiān wòshì　　a bedroom
【衣帽间】　yī mào jiān　　cloakroom
【中间】　　zhōngjiān　　in the middle of
　　　　　　例：书的中间夹着一张照片。
　　　　　　Shū de zhōngjiān jiā zhe yì zhāng zhàopiàn。
　　　　　　A photo is between the leaves of the book.

jiàn

1. 空隙 space in between
2. 嫌隙 feeling of animosity, enmity
3. 隔开,不连接 separate
4. 挑拨人与人的关系,使其不和 sow discord

词　语

【当间儿】　dāngjiànr　　in the middle
　　　　　　例：屋子当间儿放了一张桌子。
　　　　　　Wūzi dāngjiànr fàng le yì zhāng zhuōzi。
　　　　　　A table stands in the middle of the room.
【间断】　　jiànduàn　　be interrupted
　　　　　　例：他每天锻炼身体,从来没间断过。
　　　　　　Tā měitiān duànliàn shēntǐ, cónglái méi jiànduàn guò。
　　　　　　He has never stopped taking exercise a day.
【间接】　　jiànjiē　　indirect
【离间】　　líjiàn　　drive a wedge between
　　　　　　例：他没有听信别人的挑拨离间。
　　　　　　Tā méiyǒu tīngxìn biérén de tiǎobō líjiàn。

He didn't let other people's falsehoods drive a wedge between them.

【亲密无间】　qīnmì wú jiàn　　closely united
【相间】　　　xiāngjiàn　　checker

例:他穿了一件红白相间的上衣。
Tā chuān le yí jiàn hóng bái xiāngjiàn de shàngyī.
He has a red and white checked jacket.

判断括号内的拼音是否正确并改错:

1. 时间(jiān)过得真快。
2. 他间(jiàn)隔两周来北京一次。
3. 站在孩子们中间(jiàn),她显得更年轻了。
4. 大房间(jiàn)朝南,小房间(jiàn)朝北。
5. 他是间(jiān)接了解的情况。

将　jiāng/jiàng/qiāng

jiāng

1. 介词,拿,把 with
   例句:请将书翻到第三十二页。
   Qǐng jiāng shū fān dào dì sānshí èr yè.
   Please open your book to page 32.
2. 将要 will
3. 下象棋时攻击对方的主帅 Chinese chess check
4. (将军)高级将领(general) high-ranking military officer

153

Chinese Multi-reading Characters without Tears

词 语

【即将】 jíjiāng soon
例：飞机即将起飞。
Fēijī jíjiāng qǐfēi。
The plane is about to take off.

【将功补过】 jiāng gōng bǔ guò make amends for one's faults by good deeds
例：他打算这次为大家做件好事，将功补过。
Tā dǎsuàn zhè cì wèi dàjiā zuò jiàn hǎo shì, jiāng gōng bǔ guò。
He intends to do something for us to make amends for his faults.

【将计就计】 jiāng jì jiù jì turn somebody's trick against him

【将近】 jiāngjìn close to

【将军】 jiāngjūn
例：1) 他将了我一军。
Tā jiāng le wǒ yì jūn。
He checked me.
2) 不论将军还是士兵都要服从命令。
Búlùn jiāngjūn háishì shìbīng dōu yào fúcóng mìnglìng。
Everybody must obey the orders, no matter if he is a general or a soldier.

【将来】 jiānglái future, in the future
例：你想过将来做什么吗？
Nǐ xiǎng guò jiānglái zuò shénme ma?

Have you ever thought about what you want to do in the future?

【将心比心】 jiāng xīn bǐ xīn　　judge other people's feeling by one's own

【将要】 jiāngyào　　be about to

jiàng

1. 指挥官 general
2. 带兵 command; lead
3. 指某种活动中的能手 dab

词　语

【健将】 jiànjiàng　　master sportsman
例：他是乒乓球运动健将。
Tā shì pīngpāngqiú yùndòng jiànjiàng.
He is a top ping-pong player.

【将才】 jiàngcái　　commander
例：他是个难得的将才。
Tā shì ge nándé de jiàngcái.
He is one of the rare commanders.

【将领】 jiànglǐng　　general
例：作为军队将领，他很有指挥才能。
Zuòwéi jūnduì jiànglǐng, tā hěn yǒu zhǐhuī cáinéng.
The general is a gifted commander.

【上将】 shàngjiàng　　general

qiāng

愿、请（书面语）please, wish (written language)

· 155 ·

Chinese Multi-reading Characters without Tears

练 习

在括号内填上正确拼音：

1. 他是个老将(　　)军。
2. 将(　　)来我一定要当个飞行员。
3. 全体将(　　)士都牺牲了。
4. 他是有名的运动健将(　　)。

歌 谣

将门一虎子，　　Jiàng mén yì hǔ zǐ,
即将满十八，　　jíjiāng mǎn shí bā,
将来做什么，　　jiānglái zuò shénme,
当兵保国家，　　dāng bīng bǎo guójiā,
自称有将才，　　zì chēng yǒu jiàngcái,
将军定是他。　　jiāngjūn dìng shì tā.

降 jiàng/xiáng

jiàng

1. 落到下面(跟"升"相对) fall
2. 使某物落下，降低 drop

词 语

【降低】　　jiàngdī　　reduce
　　　　　例:对产品质量不能降低要求。

汉语多音字学习手册

Duì chǎnpǐn zhìliàng bù néng jiàngdī yāoqiú.
You cannot reduce your reqirements as to the quality of the products.

【降价】　jiàng jià　　lower the price
【降落】　jiàngluò　　land
　　　　　例:飞机安全降落。
　　　　　Fēijī ānquán jiàngluò.
　　　　　The plane landed safely.
【下降】　xiàjiàng　　decrease
　　　　　例:今天气温下降八到十度。
　　　　　Jīntiān qìwēn xiàjiàng bā dào shí dù.
　　　　　The temperature today is eight to ten degrees lower.

xiáng

1. 投降 surrender
2. 降伏,使驯顺 subdue
   例句:一物降一物。
   　　　Yí wù xiáng yí wù.
   　　　One conquers the other.

┌─────────┐
│ 词　语 │
└─────────┘

【投降】　tóuxiáng　　surrender
　　　　　例:老将军不肯向敌人投降。
　　　　　Lǎo jiāngjūn bù kěn xiàng dírén tóuxiáng.
　　　　　The old general would not give himself up to the enemy.
【降服】　xiángfú　　capitulate

· 157 ·

> 练 习

划线组词：

jiàng   价
               服
xiáng   落
               低
               将

强 jiàng/qiáng/qiǎng

jiàng

固执,强硬 obstinate; unyielding

> 词 语

【倔强】 juéjiàng stubborn
例:他性格很倔强。
Tā xìnggé hěn juéjiàng.
He is of a stubborn disposition.

qiáng

1. 壮大,力量强(跟"弱"相对) strong or powerful
2. 感情或意志达到的程度高 strong; powerful
   例句:她工作的责任心很强。
   Tā gōngzuò de zérènxīn hěn qiáng.
   She has a strong sense of responsibility.

3. 变得强大或强壮 make or grow strong(er)
4. 用力量强迫 impose or impress by force
5. 用在分数或小数后面,表示略多 used after a fraction or a decimal to express "slightly more"

例句:他们班女生占五分之一强。
Tāmen bān nǚshēng zhàn wǔ fēn zhī yī qiáng.
Girl students makes up slightly more than one fifth in their class.

词　语

【富国强兵】　fù guó qiáng bīng　　make one's country rich and build up its military might

【坚强】　jiānqiáng　　strong; firm; staunch

【强大】　qiángdà　　big and powerful; powerful
例:国家足球队今天排出强大的阵容。
Guójiā zúqiúduì jīntiān pái chū qiángdà de zhènróng.
The National Football Team has a strong lineup today.

【强攻】　qiáng gōng　　take by storm; storm
例:五号运动员强攻到篮下,投球得分。
Wǔ hào yùndòngyuán qiáng gōng dào lánxià, tóu qiú dé fēn.
Player No. 5 stormed into the position just under the basket, and scored 2 points by an accurate shooting.

【强国】　qiángguó　　powerful (or strong) nation; power

【强身】　qiáng shēn　　build up a good physique; improve one's health
例:强身之道在于运动。

Chinese Multi-reading Characters without Tears

    Qiáng shēn zhī dào zàiyú yùndòng。
    Fitness comes from exercise.

【强占】 qiángzhàn forcibly occupy; seize
【强制】 qiángzhì force; compel
【身强力壮】 shēn qiáng lì zhuàng (of a person) strong; tough; sturdy
【要强】 yàoqiáng be eager to excel; be anxious to outdo others
    例:他并不聪明,却很要强。
    Tā bìng bù cōngmíng, què hěn yàoqiáng。
    He actually is not clever, but he is anxious to outdo others.

qiǎng

勉强 manage with an effort; do with difficulty; reluctant; force sb. to do sth.

词 语

【勉强】 miǎnqiǎng manage with an effort
【强辩】 qiǎng biàn argue for the sake of arguing
【强迫】 qiǎngpò impose or impress by force
    例:他强迫自己坚持下去。
    Tā qiǎngpò zìjǐ jiānchí xiàqù。
    He forced himself to hold on.
【强人所难】 qiǎngrén suǒ nán force sb. (to do sth.)

汉语多音字学习手册

练 习

熟读下列词语：

1. qiáng 　 强大　强盗　强国　强烈　强硬　强盛
2. qiǎng 　 强词夺理　强人所难　强求　勉强
3. jiàng 　 倔强　性子强

歌 谣

我的朋友叫小杨，　　　Wǒ de péngyou jiào Xiǎo Yáng,
身强力大性子强。　　　shēn qiáng lì dà xìngzi jiàng。
谁要强硬不服输，　　　Shuí yào qiángyìng bù fú shū,
他就找谁斗一场。　　　tā jiù zhǎo shuí dòu yì chǎng。
我劝小杨别再强，　　　Wǒ quàn Xiǎo Yáng bié zài jiàng,
不在体力争短长，　　　bú zài tǐlì zhēng duǎn cháng,
努力学习创三好，　　　nǔlì xuéxí chuàng "sān hǎo",
那才真是强中强。　　　nà cái zhēn shì qiáng zhōng qiáng。

教　jiāo/jiào

jiāo
把知识技能传授给别人 to give knowledge or skill to someone
例句：王老师教了四十多年汉语。
　　　Wáng lǎoshī jiāo le sìshí duō nián Hànyǔ。
　　　Teacher Wang taught Chinese for forty-odd years.

161

☞ Chinese Multi-reading Characters without Tears ☜

词 语

【教书】　　jiāo shū　　teach school; teach
【教学】　　jiāo xué　　teach school; teach

jiào

1. 教导, 教育 instruct; educate, education
2. 宗教 religion

词 语

【道教】　　Dàojiào　　Taoism
【佛教】　　Fójiào　　Buddhism
【基督教】　Jīdūjiào　　the Christian religion
　　　　　　例: 她信奉的是基督教。
　　　　　　Tā xìnfèng de shì Jīdūjiào.
　　　　　　She believes in Christianity.
【教材】　　jiàocái　　teaching material
【教练】　　jiàoliàn　　train; coach
【教师】　　jiàoshī　　teacher
【教堂】　　jiàotáng　　church
【教徒】　　jiàotú　　believer (or follower) of a religion
【教育】　　jiàoyù　　educate, education
【领教】　　lǐngjiào　　(used ironically) ask advice
　　　　　　例: 我终于领教了她的厉害。
　　　　　　Wǒ zhōngyú lǐngjiào le tā de lìhai.
　　　　　　After all, I encountered her severity.

· 162 ·

【请教】　　qǐngjiào　　ask for advice; consult
　　　　　例:我有一个问题向您请教。
　　　　　Wǒ yǒu yíge wèntí xiàng nín qǐngjiào.
　　　　　I've got a question to consult you.
【宗教】　　zōngjiào　　religion

练　习

请把下列句子中的"教"字注上拼音:
1. 张先生现在信佛教(　　)。
2. 他用初级汉语教(　　)材教(　　)课。
3. 必须重视科学教(　　)育。
4. 有人把教(　　)师叫教(　　)书匠。

歌　谣

小郑教学经验少,　　Xiǎo Zhèng jiàoxué jīngyàn shǎo,
特向老吴来请教。　　tè xiàng Lǎo Wú lái qǐngjiào.
老吴教书四十年,　　Lǎo Wú jiāo shū sìshí nián,
求实二字最重要。　　qiúshí èr zì zuì zhòngyào.
如果不懂别装懂,　　Rúguǒ bù dǒng bié zhuāng dǒng,
可让别人来指教。　　kě ràng biérén lái zhǐjiào.
鼓励学生多讨论,　　Gǔlì xuésheng duō tǎolùn,
教学相长说得妙。　　jiāo xué xiāng zhǎng shuō de miào.

☞ **Chinese Multi-reading Characters without Tears** ☜

觉 jiào/jué

jiào
睡觉 sleep

【睡觉】　　shuìjiào　　sleep

例:他太累了,一觉睡到天亮。
Tā tài lèi le, yí jiào shuì dào tiānliàng.
He was so tired that he slept like a log till broad daylight.

jué
1. (人或动物的器官)感觉受到刺激 (of sense organs of persons or animals)
   the ability to feel or perceive
2. 觉悟,明白 consciousness; clear

【察觉】　　chájué　　be conscious of; become aware of
【错觉】　　cuòjué　　illusion; misconception
【发觉】　　fājué　　find; discover

例:他发觉天黑以前火已经被扑灭了。
Tā fājué tiān hēi yǐqián huǒ yǐjīng bèi pūmiè le.
He found the fire had been put out before dark.

汉语多音字学习手册

【感觉】　gǎnjué　　sense; perception
【觉得】　juéde　　　to feel; to think
　　　　　例:一阵雨过后,人们都觉得凉快多了。
　　　　　Yí zhèn yǔ guòhòu, rénmen dōu juéde liángkuai duō le.
　　　　　After a spatter of rain it's a lot cooler.

【觉醒】　juéxǐng　　awaken
【觉悟】　juéwù　　　come to understand
　　　　　例:他终于觉悟到:科学知识是很重要的。
　　　　　Tā zhōngyú juéwù dào: kēxué zhīshì shì hěn zhòngyào de.
　　　　　He finally came to see the importance of science.

【视觉】　shìjué　　　visual sense
【听觉】　tīngjué　　　sense of hearing
【自觉】　zìjué　　　　on one's own initiative; conscious
　　　　　例:请大家自觉遵守交通规则。
　　　　　Qǐng dàjiā zìjué zūnshǒu jiāotōng guīzé.
　　　　　Please conscentiously observe the traffic regulations.

练　习

请在下列词语中的"觉(jue)"字后面画上＋号:

　　味觉(　)　　知觉(　)　　觉(　)醒　　睡觉(　)
　　觉(　)得　　察觉(　)　　感觉(　)

老张做报告,　　Lǎo Zhāng zuò bàogào,

☞ Chinese Multi-reading Characters without Tears ☜

自我感觉好。　　zìwǒ gǎnjué hǎo。
讲了俩小时，　　Jiǎng le liǎ xiǎoshí,
声音更觉高。　　shēngyīn gèng jué gāo。
问我怎么样？　　Wèn wǒ zěnmeyàng?
我说想睡觉。　　wǒ shuō xiǎng shuìjiào。

校　jiào/xiào

jiào

改正 make corrections; emend

词　语

【校订】　　jiàodìng　　check against the authoritative test
【校对】　　jiàoduì　　proofread; check against a standard
　　　　　例：书稿经过三次校对，才交出清样。
　　　　　Shūgǎo jīngguò sān cì jiàoduì, cái jiāo chū qīngyàng。
　　　　　The final proof of the manuscript was made only after proofeading it for the third time.
【校正】　　jiàozhèng　　proofread and correct; rectify

xiào

1. 学校 school
2. 军衔名 a military rank

词语

【上校】 shàngxiào　(U.S. & Brit. Army, U.S. Air Force, U.S. & Brit. Marine Corps) colonel; (U.S. & Brit. Navy) captain; (Brit. Air Force) group captain

【校服】 xiàofú　school uniform
例：老师要求学生一律穿校服。
Lǎoshī yāoqiú xuésheng yílǜ chuān xiàofú.
The teacher asked all the students to wear school uniforms.

【校官】 xiàoguān　field officer; field grade officer

【校徽】 xiàohuī　school badge

【校舍】 xiàoshè　schoolhouse; school building

【校长】 xiàozhǎng　headmaster (of a middle or primary school); president (of a university, college, etc.)

【学校】 xuéxiào　school

练习

用"校(xiào)"或"校(jiào)"字所组词语回答下列问题：
1. 你原来上过什么学校，从哪儿毕业？
2. 你还保存着原来的校徽吗？
3. 你写过的主要著作是什么？由出版社校对还是你自己校对？

Chinese Multi-reading Characters without Tears

歌 谣

我俩原来同学校，　　Wǒ liǎ yuánlái tóng xuéxiào,
互称校友关系好。　　hù chēng xiàoyǒu guānxi hǎo.
他来著书我校对，　　Tā lái zhù shū wǒ jiàoduì,
校过四遍才脱稿。　　jiào guò sì biàn cái tuō gǎo.
印出销售到学校，　　Yìn chū xiāoshòu dào xuéxiào,
校友看了都说好。　　xiàoyǒu kàn le dōu shuō hǎo.

结　jié/jiē

jié

1. 在长条形状物上打疙瘩，或用这种办法制作物品 make a knot in sth. long and narrow; or try to make sth. using this method
2. 发生某种关系，结合 cause to happen sth.; combine
   例句：他俩终于结为夫妻。
   　　　Tā liǎ zhōngyú jié wéi fūqī.
   　　　They finally became husband and wife.
3. 结束 end; conclude; wind up

词 语

【勾结】　gōujié　　collude with
　　　　例：他们互相勾结，贩卖毒品。
　　　　　　Tāmen hùxiāng gōujié, fànmài dúpǐn.
　　　　　　They colluded each other and trafficed in narcotics.
【蝴蝶结】　húdiéjié　　bowknot

例：她在头上戴了一个蝴蝶结。
Tā zài tóu shang dài le yí gè húdiéjié.
She weared her hair in a bowknot.

【结伴】 jié bàn　　go with
【结冰】 jié bīng　　freeze; ice up; ice over
例：放在屋外的一盆水很快就结冰了。
Fàng zài wū wài de yì pén shuǐ hěn kuài jiù jié bīng le.
A basin of water outside the house soon froze over.

【结彩】 jiécǎi　　adorn (or decorate) with festoons
【结构】 jiégòu　　structure; composition; construction
【结果】 jiéguǒ　　result; outcome
【结婚】 jiéhūn　　marry; get married; be married
【结束】 jiéshù　　end conclude
【结网】 jié wǎng　　weave a net
【结账】 jiézhàng　　settle accounts
【了结】 liǎojié　　finish; bring to an end
例：两个人的仇恨到此了结。
Liǎng gè rén de chóuhèn dào cǐ liǎojié.
They have stopped hating each other now.

【领结】 lǐngjié　　bow tie
【团结】 tuánjié　　unite; rally
【总结】 zǒngjié　　sum up; summary

jiē

1. 长出（果实或种子）to produce (fruit or seed)
例句：这片桃树林结的桃又大又甜。
Zhè piàn táoshù lín jiē de táo yòu dà yòu tián.
This peach forest produce big and sweet fruit.

2. 结实 solid; strong; sturdy
3. 口吃 stammer; stammerer

词　语

【结实】　　　jiēshi　　　sturdy
　　　　　　　例:这孩子长得真结实!
　　　　　　　Zhè háizi zhǎng de zhēn jiēshi!
　　　　　　　This child is sturdy.

【结巴】　　　jiēba　　　stammer; stammerer

练　习

请为下列词语中的"结"字注上拼音,并弄清词语的意思:
　　结(　)为夫妻　　结(　)实的木材　　事情没有了结(　)
　　冤仇宜解不宜结(　)　　张灯结(　)彩　　帐目结(　)存

歌　谣

我开荒山整三年,　　　Wǒ kāi huāngshān zhěng sān nián,
结果荒坡变果园。　　　jiéguǒ huāngpō biàn guǒyuán。
每天浇水还除草,　　　Měitiān jiāo shuǐ hái chú cǎo,
身体结实靠出汗。　　　shēntǐ jiēshi kào chū hàn。
栽种桃树二百棵,　　　Zāi zhòng táoshù èr bǎi kē,
结的蜜桃大又甜。　　　jiē de mìtáo dà yòu tián。

禁 jīn/jìn

jīn

1. 忍受 bear; stand; endure
2. 忍耐住 restrain oneself

词语

【不禁】 bùjīn　can't help
例：他一说完，大家不禁大笑起来。
Tā yì shuōwán, dàjiā bùjīn dà xiào qǐlái.
Everybody can't help laughing after hearing his words.

【禁不起】 jīnbuqǐ　be unable to stand
例：他再也禁不起任何打击了。
Tā zài yě jīnbuqǐ rènhé dǎjī le.
He can hardly withstand any more blow.

【禁不住】 jīnbuzhù　can't help; can't prevent
例：听到这个消息，她的泪水禁不住流了下来。
Tīngdào zhège xiāoxi, tā de lèishuǐ jīnbuzhù liúle xiàlái.
Hearing the news, she can't hold back her tears.

【禁穿】 jīn chuān　durable
例：这双鞋很禁穿，都穿了三年了。
Zhè shuāng xié hěn jīn chuān, dōu chuān le sān nián le.
These shoes are durable, I've been wearing them for three years.

【禁受】 jīnshòu　bear; stand; endure
【弱不禁风】 ruò bù jīn fēng　too weak to withstand a gust of wind, extremely fragile

· 171 ·

jìn

1. 不允许 prohibit; forbid; ban
2. 监禁 imprison; detain
3. 法令和习俗禁止的事 what is forbidden by law or custom; a taboo
4. 过去称皇帝居住的地方 an old term for the place where the emperor stays

词语

【监禁】 jiānjìn　imprison; put in jail
【禁赌】 jìn dǔ　ban gambling
【禁令】 jìnlìng　prohibition; ban
【禁区】 jìnqū　forbidden zone; penalty area in football game, or restricted area in basketball game
例:任何人未经许可,不得进入禁区。
Rènhé rén wèijīng xǔkě, bùdé jìnrù jìnqū.
Nobody is allowed to enter the forbidden zone without permission.
【禁止】 jìnzhǐ　prohibit; forbid; ban
例:这里是禁止吸烟的。
Zhèlǐ shì jìnzhǐ xīyān de.
No smoking here.
【软禁】 ruǎnjìn　put sb. under house arrest
【违禁】 wéijìn　violate a ban
例:不能将违禁品带进列车。
Bùnéng jiāng wéijìnpǐn dàijìn lièchē.

汉语多音字学习手册

It's not allowed to take contraband goods to the train.
【严禁走私】 yán jìn zǒusī   strictly forbid smuggling
【紫禁城】 Zǐjìnchéng   the Forbidden City

练 习

熟读下列短文,弄清禁(jīn)和禁(jìn)的不同：

他知道电影院里是禁(jìn)止吸烟的,可是又禁(jīn)不起想吸烟的念头的诱惑,禁(jīn)不住从口袋里摸出一支烟,刚要点燃,又想到破坏禁(jìn)烟规定不仅会被罚款,还要受批评。到吸烟室去,又禁(jīn)不住那里的寒冷。想来想去,不禁(jīn)叹了一口气,把烟放进口袋里。

歌 谣

1. 说一个禁,道一个禁,　　　Shuō yí gè jìn, dào yí gè jìn,
   走私偷税要严禁。　　　　　zǒusī tōu shuì yào yánjìn。
   无故行凶伤害人,　　　　　Wúgù xíngxiōng shānghài rén,
   依法判刑被监禁。　　　　　yīfǎ pànxíng bèi jiānjìn。
   遵纪守法好公民,　　　　　Zūn jì shǒu fǎ hǎo gōngmín,
   决不携带违禁品。　　　　　jué bù xiédài wéijìnpǐn。

2. 别看我们年纪小,　　　　　Bié kàn wǒmen niánjì xiǎo,
   每天锻炼身体好。　　　　　měitiān duànliàn shēntǐ hǎo。
   禁得起大风吹,　　　　　　Jīndeqǐ dàfēng chuī,
   禁得起太阳晒,　　　　　　jīndeqǐ tàiyáng shài,
   禁得住游泳和赛跑。　　　　jīndezhù yóuyǒng hé sàipǎo。

☞ Chinese Multi-reading Characters without Tears ☜

人人禁得苦和累，　　Rénrén jīndé kǔ hé lèi,
都夸我们好宝宝。　　dōu kuā wǒmen hǎo bǎobǎo.

尽 jǐn/jìn

jǐn

1. 努力达到最大限度 to the greatest extent
2. 以某个范围为极限，不许超过 within the limits; no more than
   例句:你先尽着一百块钱用。
   　　　Nǐ xiān jǐn zhe yì bǎi kuài qián yòng.
   　　　Please make do with one hundred yuan first.
3. 让某些人或事物优先 give priority to; first
   例句:先尽着老人、孩子上车。
   　　　Xiān jǐn zhe lǎorén、háizi shàng chē.
   　　　Let elderly people and children get on the bus first.
4. 用在方位词前面，跟"最"相同 at the furthest end of; most
5. 副词,表示不必考虑别的;连词,暂且承认事实 adv. feel free to; not hesitate to; conj. though; even though

【尽管】　　jǐnguǎn　　not hesitate to; though
　　例:1) 你有什么困难尽管告诉我。
　　　　　Nǐ yǒu shénme kùnnan jǐnguǎn gàosu wǒ.
　　　　　If you have any difficulty, please don't hesitate to tell me.
　　　2) 尽管生活不富裕,他还是给孩子买了一架钢琴。

Jǐnguǎn shēnghuó bú fùyù, tā háishì gěi háizi mǎi le yí jià gāngqín。

He has bought a piano for his child although they are not well-off.

【尽可能】　　jǐn kěnéng　　as far as possible; to the best of one's ability
【尽里边】　　jǐn lǐbiān　　the end
例:我家住在楼道的尽里边。
Wǒ jiā zhù zài lóudào de jǐn lǐbiān。
My room is the last one of this floor.
【尽量】　　jǐnliàng　　as far as possible
【尽前头】　　jǐn qiántou　　the very front
【尽早】　　jǐnzǎo　　as early as possible
例:如果有变化,我会尽早通知你。
Rúguǒ yǒu biànhuà, wǒ huì jǐnzǎo tōngzhī nǐ。
I'll give you an early notice if there is a change.

jìn

1. 完结 exhausted; finished
例句:大夫想尽办法也没救活他。
Dàifu xiǎng jìn bànfǎ yě méi jiù huó tā。
The doctor tried his best but failed to save him.
2. 死亡 death
3. 到了极点 to the limit; to the full
4. 全部使出 do one's best
5. 努力完成 try to fulfill
6. 全部,所有的 all

175

Chinese Multi-reading Characters without Tears

词　语

【尽力】　　jìn lì　　do one's best
例:我一定尽力帮助你。
Wǒ yídìng jìn lì bāngzhù nǐ。
I will try my best to help you.

【尽数】　　jìn shù　　all amount
【尽头】　　jìntóu　　the end of
例:胡同尽头有一所新房子。
Hútòng jìntóu yǒu yì suǒ xīn fángzi。
There is a new house at the end of the lane.

【尽心】　　jìn xīn　　with all one's heart
【尽责】　　jìn zé　　discharge one's responsibility
例:他对待工作尽职尽责。
Tā duìdài gōngzuò jìn zhí jìn zé。
He discharges his duties and responsibilities at work.

【尽职】　　jìn zhí　　fulfill one's duty
【取之不尽】　qǔ zhī bú jìn　　inexhaustible
【人尽其才】　rén jìn qí cái　　make the best possible use of men
【详尽】　　xiángjìn　　in detail
例:图书馆里有这方面的详尽材料。
Túshūguǎn lǐ yǒu zhè fāngmiàn de xiángjìn cáiliào。
There are detailed materials on this field in the library.

【自尽】　　zìjìn　　commit suicide
例:他在自尽前写了一封遗书。
Tā zài zìjìn qián xiě le yì fēng yíshū。
He wrote a letter before he committed suicide.

汉语多音字学习手册

练 习

挑出拼音中的错误并改正：

1. 请同学们尽快(jìnkuài)完成作业。
2. 我会尽心尽力(jǐnxīnjǐnlì)培养孩子的。
3. 尽管(jìnguǎn)我们共事了一年,但相互还是不太了解。

歌 谣

工作起来很尽力,	Gōngzuò qǐlái hěn jìn lì,
大小事情知详尽,	dà xiǎo shìqing zhī xiángjìn,
尽管是个现代女,	jǐnguǎn shì ge xiàndài nǚ,
搞好家务也尽心,	gǎohǎo jiāwù yě jìn xīn,
生活事业两副担,	shēnghuó shìyè liǎng fù dàn,
尽职尽责不松劲。	jìn zhí jìn zé bù sōng jìn.

劲　jìn/jìng

jìn

1. 力量 strength

    例句：他的手真有劲儿。

    　　　Tā de shǒu zhēn yǒu jìnr.

    　　　His hand is really powerful.

2. 精神，情绪 mood; spirit

    例句：他们越干越来劲儿。

    　　　Tāmen yuè gàn yuè lái jìnr.

    　　　The more they work, the more excited they are.

· 177 ·

◆ Chinese Multi-reading Characters without Tears ◆

3. 神气,神态 air; manner
例句:1) 他学中文的那股韧劲儿真让人佩服。
Tā xué zhōngwén de nà gǔ rèn jìnr zhēn ràng rén pèifú.
His way of learning Chinese is really admirable.
2) 看他那得意劲儿,就知道他通过了考试。
Kàn tā nà déyì jìnr, jiù zhīdào tā tōngguò le kǎoshì.
Look at him and you will know that he has passed the examination.
4. 意思,趣味 interest
例句:这本书真没劲。
Zhè běn shū zhēn méijìn.
This book is very boring.

词 语

【带劲】 dài jìn wonderful
例:看他们打球真带劲。
Kàn tāmen dǎ qiú zhēn dài jìn.
It is wonderful to watch them playing ball.

【干劲】 gàn jìn vigor
【劲头】 jìn tóu energy
例:我就喜欢青年人做事的那股劲头。
Wǒ jiù xǐhuan qīngnián rén zuò shì de nà gǔ jìntóu.
I just like the way in which the young people work.

【使劲】 shǐ jìn try very hard
例:我使劲敲门还是没人开。
Wǒ shǐ jìn qiāomén háishì méirén kāi.

汉语多音字学习手册

I knocked at the door for a long time, but still no answer.

【用劲】　yòng jìn　use one's strength

jìng

强壮有力 strong

词　语

【刚劲】　　gāngjìng　　bold
　　　　　例：他写的字刚劲有力。
　　　　　Tā xiě de zì gāngjìng yǒulì.
　　　　　He writes in a bold hand.
【劲敌】　　jìngdí　　powerful enemy
【强劲】　　qiángjìng　　powerful
　　　　　例：他在比赛场上遇到了强劲对手。
　　　　　Tā zài bǐsài chǎng shàng yùdào le qiángjìng duìshǒu.
　　　　　He had a powerful opponent in the match.

练　习

判断下列拼音标注得是否正确：

劲敌(jìndí)　　用劲(yòng jìng)　　使劲(shǐ jìn)
干劲(gànjìn)　　强劲(qiángjìn)　　劲头(jìngtóu)

· 179 ·

☞ Chinese Multi-reading Characters without Tears ☜

圈 juān/juàn/quān

juān

关起来 shut in a pen

例句:别总把孩子圈在家里。

Bié zǒng bǎ háizi juān zài jiālǐ。

Don't keep the children inside all the time.

juàn

养家畜的地方 a small yard or enclosure for domestic animals

词 语

【马圈】　　mǎjuàn　　stable
【猪圈】　　zhūjuàn　　pigsty

例:老李家猪圈的门没拴住,猪跑出来了。

Lǎo Lǐ jiā zhūjuàn de mén méi shuānzhù, zhū pǎo chūlái le。

The pigsty door of the Lao Li's was not fast shut, so all the pigs ran out.

quān

1. 圆形的线或器物 circle; ring

例句:我每天绕着操场跑三圈儿。

Wǒ měitiān rào zhe cāochǎng pǎo sān quānr。

I run around the playground thrice everyday.

2. 把东西四周限制起来或画上圆圈儿 to surround completely or to

form a circle round

例句:张老师把学生写的错字圈上圈儿。

　　　Zhāng lǎoshī bǎ xuésheng xiě de cuò zì quān shàng quānr。

　　　Teacher Zhang circled the characters that are written wrong by students.

3. 集体的范围或生活的范围 a group of people connected in an informal way because of common interests

词　语

【包围圈儿】　bāowéiquānr　　ring of encirclement

【圈地】　　　quān dì　　enclose a piece of land

　　　例:村里圈了一片地,打算种树。

　　　Cūnlǐ quān le yí piàn dì, dǎsuàn zhòng shù。

　　　A piece of land was enclosed by the village for planting trees.

【圈套】　　　quāntào　　snare; trap

【圆圈儿】　　yuánquānr　　circle; ring

【文艺圈儿】　wényìquānr　　literary and art circles

　　　例:他生活在文艺圈儿里。

　　　Tā shēnghuó zài wényìquānr li。

　　　He moves in art circles.

【转圈儿】　　zhuàn quānr　　turn round

练　习

1. 请用圈(quān)和圈(juān)各写两个词:

☞ Chinese Multi-reading Characters without Tears ☜

2. 阅读下列短文，并在括号里填上拼音：

为了突破敌人的包围圈（　　）儿，他们化整为零，在山里和敌人兜起圈（　　）子来。一天，敌人包围了张村，小杨藏在老乡的马圈（　　）里，使敌人白白地转了几圈（　　）儿，什么也没抓着。

卡　kǎ/qiǎ

kǎ

1. 卡路里的简称 calorie
   例句：一个人每天需要多少卡的热量？
   　　　Yí gè rén měitiān xūyào duōshǎo kǎ de rèliàng?
   　　　How many calories does one need?
2. 卡片 card
3. 录音机上放置盒式磁带的装置 cassette(s) of a tape-recorder
   例句：你的录音机是单卡的还是双卡的？
   　　　Nǐ de lùyīnjī shì dān kǎ de háishì shuāng kǎ de?
   　　　Does your recorder take one cassette or two cassettes?
4. 卡车 truck

　　词　　语

【贺年卡】　hè nián kǎ　　greeting card
【卡　车】　kǎchē　　truck
　　　　　　例：小卡车上装满了货物。
　　　　　　Xiǎo kǎchē shàng zhuāng mǎn le huòwù.
　　　　　　The little truck is fully loaded.

182

【卡片】　　kǎpiàn　　card
例：他收集了大量资料卡片。
Tā shōují le dàliàng zīliào kǎpiàn.
He has gathered a large amount of data on cards.

qiǎ

1. 被夹在当中,活动不了 wedge; get stuck
例句：鱼刺卡在嗓子里了。
Yúcì qiǎ zài sǎngzi li le.
A fish bone is stuck in his throat.
2. 把人或财物截留、阻挡 stop; block
例句：她对不必要花的钱卡得很紧。
Tā duì bú bìyào huā de qián qiǎ de hěn jǐn.
She is very tight with money which need not be spent.
3. 张开手指紧紧卡住 press with part of the hand between the thumb and the index finger
4. 关卡 checkpost

词　语

【关卡】　　guānqiǎ　　checkpost
【卡住】　　qiǎ zhù　　press with hand
例：他用手卡住伤口不让血流出来。
Tā yòng shǒu qiǎ zhù shāngkǒu bú ràng xuě liú chūlái.
He pressed the wound with his hand in order to stop the bleeding.
【哨卡】　　shàoqiǎ　　sentry post
例：战士们在边防哨卡站岗执勤。

☞ **Chinese Multi-reading Characters without Tears** ☜

Zhànshì men zài biānfáng shàoqiǎ zhàn'gǎng zhíqín.
The soldiers are on sentry duty on the border.

练 习

在括号内填上正确拼音：

生日卡（　　）片　　边卡（　　）　　卡（　　）车
卡（　　）嗓子

歌 谣

今天刚刚满十八，	Jīntiān gānggāng mǎn shí bā,
收到一堆生日卡，	shōu dào yì duī shēngrì kǎ,
妈妈做鱼爸烧肉，	māma zuò yú bà shāo ròu,
卡路里充足全吃下，	kǎlùlǐ chōngzú quán chī xià,
边吃边笑真开心，	biān chī biān xiào zhēn kāixīn,
不料却被鱼刺卡。	bú liào què bèi yúcì qiǎ.

看　kān/kàn

kān

1. 呵护照料 look after; take care of; tend
   例句：她一个人看三台织布机。
   　　　Tā yíge rén kān sān tái zhībùjī.
   　　　She minds three machines all by herself.

2. 监视，看押 keep under surveillance; keep an eye on

汉语多音字学习手册

词 语

| 【看护】 | kānhù | nurse |

例:医院允许家属看护病人。
Yīyuàn yúnxǔ jiāshǔ kānhù bìngrén.
Family members are allowed to nurse the sick in the hospital.

【看家】	kān jiā	housesitting; mind the house
【看守】	kānshǒu	watch; guard
【看守所】	kānshǒusuǒ	detention house

例:他被拘留,关进了看守所。
Tā bèi jūliú, guānjìn le kānshǒusuǒ.
He was detained and lock up in detention house.

kàn

1. 用眼睛看人或物 look at people or object; watch
   例句:昨天我去看了一场电影。
   Zuótiān wǒ qù kànle yì chǎng diànyǐng.
   I went to see a movie yesterday.
2. 观察和判断,对待 observe and judge; think
   例句:你看这个办法好不好?
   Nǐ kàn zhègè bànfǎ hǎo bù hǎo?
   What do you think of this idea?
3. 诊治或被诊治 treat a patient or consult a doctor
4. 照顾,访问 look after; visit; call on
5. 预见到变化或提醒注意 foresee a charge of situation; or call attention to
   例句:1) 看火车都快开了,快上车吧。

185

Chinese Multi-reading Characters without Tears

    Kàn huǒchē dōu kuài kāi le, kuài shàng chē ba。
    The train is about to depart, let's get on board now.
2) 慢点儿走,看摔着!
    Màn diǎnr zǒu, kàn shuāi zhe!
    Walk slowly, mind you don't fall.

6. 用在动词或动词结构后面,表示试一试（used after reduplicated verb or a verb phrases）, try and see (what happens)

词　语

【吃吃看】　　chīchi kàn　　just taste this
【穿穿看】　　chuānchuan kàn　　try on and see
　　　　　　　例:衣服做好了,你穿穿看。
　　　　　　　Yīfu zuòhǎo le, nǐ chuānchuan kàn。
　　　　　　　The clothes is made ready, please try it on.
【观看】　　　guānkàn　　watch; see
【好看】　　　hǎokàn　　good-looking
　　　　　　　例:她长得很好看。
　　　　　　　Tā zhǎngde hěn hǎokàn。
　　　　　　　She is good-looking.
【看病】　　　kàn bìng　　see or consult a doctor
　　　　　　　例:老钱身体健壮,很少去看病。
　　　　　　　Lǎo Qián shēntǐ jiànzhuàng, hěnshǎo qù kàn bìng。
　　　　　　　Lao Qian is in a very good health, he rarely goes to see a doctor.
【看不起】　　kànbuqǐ　　look down upon; despise; scorn
【看待】　　　kàndài　　regard; treat; look upon

汉语多音字学习手册

【看得见】　　kàndejiàn　　be able to see
例：你看得见远处那块牌子上的字吗？
Nǐ kàndejiàn yuǎnchù nà kuài páizi shàng de zì ma?
Can you identify the characters on that distant sign?
【看电视】　　kàn diànshì　　watch TV
【看法】　　kànfǎ　　view; way of looking at a thing
【看急诊】　　kàn jízhěn　　to (to hospital) for emergency treatment
【看见】　　kànjiàn　　see; catch sight of
【看来】　　kànlái　　it seems; it looks as if
【看书】　　kàn shū　　read a book
【看透】　　kàn tòu　　see through
例：我终于看透了他这个人的本质。
Wǒ zhōngyú kàn tòu le tā zhè gè rén de běnzhì.
I've finally seen him in his true colors.
【看望】　　kànwàng　　visit; see; call on
【看作】　　kànzuò　　regard as; look upon as
例：他把朋友的孩子看作自己的儿子，疼爱备至。
Tā bǎ péngyou de háizi kànzuò zìjǐ de érzi, téng'ài bèizhì.
He regard friend's kid as his own and dotes on him.
【照看】　　zhàokàn　　attend to; look after; keep an eye on
例：她又照看孩子又做饭，忙得很。
Tā yòu zhàokàn háizi yòu zuò fàn, mángdehěn.
She was kept busy all the time by baby-sitting and cooking.

· 187 ·

Chinese Multi-reading Characters without Tears

练 习

熟读下列词语,辨别"看(kān)"和"看(kàn)"的不同:

看(kān)家狗　　　看(kàn)不见　　　看(kān)门人
看(kàn)杂志　　　看(kàn)风景　　　雾里看(kàn)花
看(kān)家本领　　看(kān)守内阁

歌 谣

老张看书出了名,　　Lǎo Zhāng kàn shū chūle míng,
把书看成他的命。　　bǎ shū kànchéng tā de mìng.
在家看管几架书,　　Zài jiā kānguǎn jǐ jià shū,
谁想借书都不行。　　shuí xiǎng jiè shū dōu bù xíng.
谁知他的看家狗,　　Shuí zhī tā de kānjiā gǒu,
叼走书本跑不停。　　diāo zǒu shūběn pǎo bu tíng.
老张追狗追不上,　　Lǎo Zhāng zhuī gǒu zhuī bu shàng,
看着书架泪淋淋。　　Kàn zhe shūjià lèi línlín.

空　kōng/kòng

kōng

1. 里面没有东西 empty; hollow
   例句:房子里的东西被他搬空了。
   　　　Fángzi li de dōngxi bèi tā bānkōng le.
   　　　He moved everything and left the house empty.
2. 天空 sky; air
3. 没有任何结果 in vain; fruitless

词　语

【碧空】　　　bìkōng　　　blue sky
【空洞】　　　kōngdòng　　empty; hollow; devoid of content
【空泛】　　　kōngfàn　　　vague and general
　　　　例:他的发言内容空泛,没人爱听。
　　　　Tā de fāyán nèiróng kōngfàn, méirén ài tīng.
　　　　His speech is devoid of content, so everyone find it dull.
【空话】　　　kōnghuà　　　empty talk; idle talk
【空军】　　　kōngjūn　　　air force
【空忙】　　　kōng máng　　make fruitless efforts
【空跑】　　　kōng pǎo　　　make a wasted trip; make a journey for nothing
【空气】　　　kōngqì　　　　air
　　　　例:森林里的空气特别新鲜。
　　　　Sēnlín li de kōngqì tèbié xīnxiān.
　　　　Air in the forests is particularly fresh.
【空前】　　　kōngqián　　　unprecedented
【空调】　　　kōngtiáo　　　air conditioner
【空虚】　　　kōngxū　　　　void; devoid of meaning
【落空】　　　luòkōng　　　come to nothing, fail
　　　　例:大家本来满怀希望,结果因为价格问题,计划都落空了。
　　　　Dàjiā běnlái mǎnhuái xīwàng, jiéguǒ yīnwéi jiàgé wèntí, jìhuà dōu luòkōng le.
　　　　We have come full of hope, but our plan turned out to be a failure due to price problem.

☞ Chinese Multi-reading Characters without Tears ☜

【扑空】　　pūkōng　　fail to get or achieve what one wants
　　　　　　例:我以为这次能找到他,但还是扑了个空。
　　　　　　Wǒ yǐwéi zhècì néng zhǎodào tā, dàn háishì pū le gè kōng.
　　　　　　I thought I could find him this time but missed him again.

【晴空】　　qíngkōng　　clear sky
　　　　　　例:晴空万里,正是旅游的好时光。
　　　　　　Qíngkōng wànlǐ, zhèng shì lǚyóu de hǎo shíguāng.
　　　　　　The sky is clear and boundless, just wonderful for travelling.

【天空】　　tiānkōng　　sky

kòng

1. 腾出空间来 leave empty or blank
　　例句:1) 前面的两排座位空出来,让给孩子们。
　　　　　Qiánmian de liǎng pái zuòwèi kòng chūlái, rànggěi háizimen.
　　　　　The front two row of seats were left vacant for children.
　　　　2) 文章开头要空出两格。
　　　　　Wénzhāng kāitóu yào kòng chū liǎng gé.
　　　　　Leave two blank spaces at the beginning of the essay.

2. 没有用起来或缺少东西 unoccupied or vacant:
　　例句:这一节车厢空得很。
　　　　　Zhè yì jié chēxiāng kòng de hěn.
　　　　　There're many vacant seats in the carriage.

3. 没有占用的时间或地方 unoccupied time or space:

汉语多音字学习手册

词　语

【抽空儿】　chōu kòngr　　manage to find time
例:请你抽空儿到我家来玩儿。
Qǐng nǐ chōu kòngr dào wǒ jiā lái wánr.
Do find time to come and visit us.

【空白】　kòngbái　　blank space
例:他的发明填补了电子技术在这方面的空白。
Tā de fāmíng tiánbǔ le diànzǐ jìshù zài zhè fāngmiàn de kòngbái.
His invention filled the gaps in electronic technology in this field.

【空地】　kòngdì　　vacant lot; open space

【空额】　kòng'é　　vacancy

【空缺】　kòngquē　　vacant position; vacancy
例:装配车间还有十个空缺,需要招工。
Zhuāngpèi chējiān háiyǒu shí ge kòngquē, xūyào zhāo gōng.
Assembly shop has ten vacancies to be filled.

【填空】　tián kòng　　fill a vacant position; fill in the blanks

【空子】　kòngzi　　gap; opening
例:1) 他这次又是钻了制度不完善的空子。
Tā zhè cì yòu shì zuānle zhìdù bù wánshàn de kòngzi.
He exploited an advantage of imperfections of the system again.
2) 因为个子小,他找了个空子挤进去了。

· 191 ·

☞ *Chinese Multi-reading Characters without Tears* ☜

Yīnwéi gèzi xiǎo, tā zhǎole ge kòngzi jǐ jìnqù le.
Being small, he found a gap and squeezed in.

练 习

请在下列短文的括号内填上拼音：

双休日的第一天，小琴一家都有空（　　）儿，吃完早饭就来到公园。这里的空（　　）气很新鲜，游人也不多。他们找了一个空（　　）着的长椅坐下来休息。小琴见到一个游人把空（　　）饮料瓶扔在地上，赶紧去捡起来，扔进空（　　）垃圾桶里。小琴的妈妈笑着夸她：你来公园不光是玩儿，还能抽空（　　）儿做好事。

歌 谣

村南有片空草场，	Cūn nán yǒu piàn kòng cǎochǎng,
小张有空来放羊。	Xiǎo Zhāng yǒu kòng lái fàng yáng.
羊儿吃草肚不空，	Yáng er chī cǎo dù bù kōng,
只只长得肥又壮。	zhīzhī zhǎngde féi yòu zhuàng.
一夜圈门没拴好，	Yí yè juànmén méi shuān hǎo,
空了羊圈跑了羊。	kōngle yángjuàn pǎole yáng.

拉 lā/lá/lǎ

lā

1. 用力朝自己方向移动，或用车载　pull; transport by vehicle
   例句：他把孩子拉到自己身边。
   　　　Tā bǎ háizi lā dào zìjǐ shēnbiān.

· 192 ·

He dragged his kid to his side.
2. 演奏乐器 play certain musical instruments
3. 拖长 drag out
4. 拉扯,帮助 drag in; help
5. 拉拢,招揽 draw in; solicit
6. 排泄 empty the bowels
7. 拉丁字母 Latin

例句:很少有人懂拉丁文。
Hěnshǎo yǒu rén dǒng Lādīng wén。
A few people understand the Latin language.

词 语

【拉长】　　lācháng　　drag it long
【拉车】　　lā chē　　pull a cart
【拉扯】　　lāchě　　take great pains to bring up
例:母亲辛辛苦苦地把儿子拉扯大。
Mǔqīn xīnxīnkǔkǔ de bǎ érzi lāchě dà。
The mother has taken great pains to bring her son up.
【拉肚子】　lādùzi　　suffer from diarrhea
【拉关系】　lā guānxì　try to establish a relationship with somebody
【拉货】　　lā huò　　carry goods
【拉开】　　lākāi　　space out
例:一看见熟人他们就拉开了距离。
Yí kànjiàn shúrén tāmen jiù lākāi le jùlí。
They keep a distance from each other when they see another acquaintance.

☞ *Chinese Multi-reading Characters without Tears* ☜

【拉拉队】　　lālāduì　　cheering squad
　　　　　　例:拉拉队在为自己的队员加油。
　　　　　　Lālāduì zài wèi zìjǐ de duìyuán jiāyóu.
　　　　　　The cheering squad are cheering their players on.

【拉拢】　　　lālǒng　　win over
　　　　　　例:为拉拢顾客,商店又打出降价的招牌。
　　　　　　Wèi lālǒng gùkè, shāngdiàn yòu dǎchū jiàngjià de zhāopái.
　　　　　　In order to win over customers, the shop has a big sale again.

【拉生意】　　lā shēngyì　　canvass business orders
　　　　　　例:他替公司到处去拉生意。
　　　　　　Tā tì gōngsī dàochù qù lā shēngyì.
　　　　　　He goes everywhere to canvass business orders for the company.

【拉手风琴】　lā shǒufēngqín　　play the accordion

【拉锁】　　　lāsuǒ　　zipper
　　　　　　例:他的上衣拉锁坏了。
　　　　　　Tā de shàngyī lāsuǒ huài le.
　　　　　　The zipper of his jacket is broken.

【拉小提琴】　lā xiǎotíqín　　play the violin
　　　　　　例:他又会弹钢琴又会拉小提琴。
　　　　　　Tā yòu huì tán gāngqín yòu huì lā xiǎotíqín.
　　　　　　He can play both the piano and the violin.

lá

割　cut
例句:手上拉了一个口子。
　　　Shǒu shang lá le yígè kǒuzi.

His hand was cut.

lǎ
见下 see below

词 语

【半拉】 bǎnlǎ 半个 half
例句:桌上还有半拉苹果。
Zhuō shang hái yǒu bànlǎ píngguǒ。
There is still half an apple on the table.

练 习

判断括号内的拼音是否正确:

1. 他拉(lá)开门走了出去。
2. 她的衣服被拉(lā)破了。
3. 我吃剩下半拉(lǎ)馒头。
4. 他从五岁就开始学拉(lá)小提琴。

歌 谣:

上班开车去拉货,	Shàngbān kāi chē qù lā huò,
回家厨房把饭做。	huíjiā chúfáng bǎ fàn zuò。
一不小心拉了手,	Yí bù xiǎoxīn lá le shǒu,
鲜血染红半拉锅。	xiānxuě rǎn hóng bànlǎ guō。
拉开抽屉找点药,	Lā kāi chōutì zhǎo diǎnr yào,

· 195 ·

☞ **Chinese Multi-reading Characters without Tears** ☜

空空如也无所获。　　kōng kōng rú yě wú suǒ huò。

落　là/lào/luò

là

1. 遗漏，东西忘记拿走 leave out; forget to bring
   例句:1) 这句话落了一个字。
      Zhè jù huà là le yí gè zì。
      A word is missed out in this sentence.
   2) 我把书落在他家了。
      Wǒ bǎ shū là zài tā jiā le。
      I forgot my book at his home.
2. 因为跟不上前边的人,走在了后面 lag behind
   例句:他走得慢,被落下十多米。
      Tā zǒu de màn, bèi là xià shíduōmǐ。
      He was slow and fell more than ten metres behind.

┌─────────┐
│ 词　　语 │
└─────────┘

【丢三落四】　diū sān là sì　　forgetful

lào

下降,停留,得到,归属 descend; stay; gain; go back

┌─────────┐
│ 词　　语 │
└─────────┘

【落不是】　lào búshì　　be said not good

· 196 ·

例:忙了一天,不但没有人说好,还落了不是。
Máng le yì tiān, búdàn méiyǒu rén shuō hǎo, hái lào le búshì。
I had been busy for the whole day, but no one said I was good. Instead, someone said something bad about me.

【落汗】　lào hàn　　cool off
例:外面这么热,快进屋休息一会儿落落汗。
Wàimiàn zhème rè, kuài jìn wū xiūxi yìhuǐr lào lào hàn。
It is too hot outside. Come into the room to cool off.

【落价】　lào jià　　lower the price
【落枕】　lào zhěn　　have a stiff neck
例:晚上睡觉时落枕了。
Wǎnshang shuìjiào shí lào zhěn le。
I got a stiff neck last night.

【没着没落】　méizháoméilào　　upset
例:孩子没回来,大人心里没着没落的。
Háizi méi huílái, dàrén xīnlǐ méizháoméilào de。
The child has not been back. His parents are upset about him.

luò
1. 下来,下降 fall; go down
2. 衰败 decline
3. 留在后边 stay behind
4. 停留,停留的地方 stay; whereabouts
5. 归属,得到 fall onto; rest with
   例句:家务事全落在她一个人身上。

Chinese Multi-reading Characters without Tears

Jiāwùshì quán luò zài tā yíge rén shēn shang.
The housework all fall onto her alone.

词 语

【低落】　dīluò　　low
例：因为考试成绩不好，他情绪低落。
Yīnwèi kǎoshì chéngjì bùhǎo, tā qíngxù dīluò.
He was in a low mood because he didn't do a good job of the examination.

【堕落】　duòluò　　sink low
例：他已经堕落成一个吸毒犯。
Tā yǐjīng duòluò chéng yíge xīdúfàn.
He has degenerated into a drug taker.

【角落】　jiǎoluò　　corner
例：把报纸都放在房间的角落里。
Bǎ bàozhǐ dōu fàng zài fángjiān de jiǎoluò lǐ.
Leave all the newspapers in the corner of the room.

【落成】　luòchéng　　completion
例：办公楼落成典礼今天举行。
Bàngōnglóu luòchéng diǎnlǐ jīntiān jǔxíng.
The inauguration ceremony of the office tower is going to be held today.

【落地灯】　luòdì dēng　　floor lamp

【落后】　luòhòu　　fall behind
例：骄傲使人落后。
Jiāo'ào shǐ rén luòhòu.
Arrogance will make you fall behind the others.

【落户】　　luòhù　　　settle
例：他打算在南方落户。
Tā dǎsuàn zài nánfāng luòhù。
He plans to settle down in the south.

【落脚】　　luò jiǎo　　stay
例：每次路过北京，他都到我家落落脚。
Měicì lùguò Běijīng, tā dōu dào wǒjiā luò luò jiǎo。
Every time when he passes through Beijing, he will come to my home and stay for a while.

【落空】　　luòkōng　　come to nothing
例：因为住院，他的计划全落空了。
Yīnwèi zhùyuàn, tā de jìhuà quán luòkōng le。
His plan came to nothing because he was hospitalised.

【落泪】　　luò lèi　　shed one's tears
例：听完这个故事，大家都落泪了。
Tīng wán zhè ge gùshì, dàjiā dōu luòlèi le。
All the people shed tears when they heard the story.

【落日】　　luòrì　　　sunset
【落山】　　luò shān　　go down
例：太阳已经落山了。
Tàiyáng yǐjīng luòshān le。
The sun has set.

【落伍】　　luò wǔ　　drop out
例：你不努力就会落伍。
Nǐ bù nǔlì jiù huì luò wǔ。
You will be dropped out if you don't work hard.

【落选】　　luò xuǎn　　fail to be chosen
例：竞选工会主席时，他落选了。

· 199 ·

Jìngxuǎn gōnghuì zhǔxí shí, tā luòxuǎn le。
He failed to be chosen as the chairman of the workers' union.

【落叶】　luò yè　　falling leaves
【失落】　shīluò　　lost
例:退休后无事可做,他感到很失落。
Tuìxiū hòu wú shì kě zuò, tā gǎndào hěn shīluò。
He felt so lost because he had nothing to do after he retired.

【衰落】　shuāiluò　　decline
例:旧的朝代衰落了。
Jiù de cháodài shuāiluò le。
The old dynasty has declined.

【下落】　xiàluò　　whereabouts
例:至今也没有她的下落。
Zhìjīn yě méiyǒu tā de xiàluò。
We still don't know her whereabouts.

【着落】　zháoluò　　reach
例:你的工作有着落了吗?
Nǐ de gōngzuò yǒu zháoluò le ma?
Have you got a job?

【坐落】　zuòluò　　locate
例:学校坐落在山脚下。
Xuéxiào zuòluò zài shān jiǎo xià。
The school is located at the foot of the mountain.

汉语多音字学习手册

练 习

在括号内填上正确拼音：

1. 她就坐在一个角落（　）里。
2. 因为一直没有结果,心里没着没落（　）的。
3. 他这人常常丢三落（　）四。
4. 这次他又落（　）选了。
5. 最近大家的情绪很低落（　）。

歌 谣

请他进屋落落脚,　　Qǐng tā jìn wū luò luò jiǎo,
休息一会落落汗。　　xiūxi yí huìr lào lào hàn。
东西放在角落里,　　Dōngxi fàng zài jiǎoluò lǐ,
临走把它全忘记。　　lín zǒu bǎ tā quán wàngjì。
丢三落四出了名,　　Diū sān là sì chū le míng,
他还自慰没关系。　　tā hái zì wèi méiguānxi。

乐　lè/yuè

lè

1. 快乐 happy
2. 笑 laugh
   例句:她乐得眼泪都出来了。
   　　 Tā lè dé yǎnlèi dōu chūlái le。
   　　 She laughed so much she cried.
3. 乐于 be happy to

· 201 ·

Chinese Multi-reading Characters without Tears

> 词　语

【欢乐】　　huānlè　　happy
【快乐】　　kuàilè　　happy
　　　　　　例：祝你生日快乐。
　　　　　　Zhù nǐ shēngrì kuàilè.
　　　　　　Happy birthday to you.
【乐观】　　lèguān　　optimistic
　　　　　　例：他从来都很乐观开朗。
　　　　　　Tā cónglái dōu hěn lèguān kāilǎng.
　　　　　　He is always optimistic.
【乐趣】　　lèqù　　pleasure
【乐于】　　lèyú　　be happy to
　　　　　　例：他很乐于帮助别人。
　　　　　　Tā hěn lèyú bāngzhù biérén.
　　　　　　He is happy to help others.

yuè
音乐 music

> 词　语

【民乐】　　mínyuè　　folk music
【音乐】　　yīnyuè　　music
【音乐厅】　yīnyuètīng　concert hall
　　　　　　例：中央乐团正在音乐厅演出。
　　　　　　Zhōngyāng yuètuán zhèngzài yīnyuètīng yǎnchū.
　　　　　　The National Philharmonic Orchestra is performing at

汉语多音字学习手册

the concert hall.

【乐器】　　yuèqì　　musical instrument
【乐团】　　yuètuán　　philharmonic society

练　习

改正拼音中的错误：

1. 音乐(lè)给大家带来了快乐(yuè)。
2. 只有乐(yuè)观的人才会享受生活的乐(yuè)趣。
3. 他把大家全逗乐(yuè)了。
4. 你会弹哪种乐(lè)器？

歌　谣

假期生活有乐(lè)趣，　　Jiàqī shēnghuó yǒu lèqù,
跟着老师学乐(yuè)器。　gēn zhe lǎoshī xué yuèqì.
音乐(yuè)带来无穷乐(lè)，Yīnyuè dài lái wú qióng lè,
学得整天乐(lè)呵呵。　　xué de zhěng tiān lè hē hē.

了　le/liǎo

le

助词 auxiliary

1. 表示动作或变化的完成 show the completion of an action or a change

   例句：1) 我今天晚了三分钟。
   　　　 Wǒ jīntiān wǎn le sān fēnzhōng.

· 203 ·

I was three minutes late today.

2) 小王已经下班了。

Xiǎo Wáng yǐjīng xià bān le。

Xiao Wang has already finished his work.

3) 我吃了饭就去。

Wǒ chī le fàn jiù qù。

I will go when I have had my meal.

2. 表示情况变化 show a change and a new situation

例句:1) 天就要下雨了。

Tiān jiùyào xià yǔ le。

It's going to rain.

2) 春天了,花都开了。

Chūntiān le, huā dōu kāi le。

It's spring. Flowers are all in bloom.

3) 我现在会开车了。

Wǒ xiànzài huì kāi chē le。

I can drive now.

liǎo

1. 完,结束 finish
2. 放在动词后,跟"得","不"连用,表示可能或不可能 show possibility or impossibility with "de" or "bu" after a verb

例句:明天你八点来得了吗?

Míngtiān nǐ bā diǎn lái de liǎo ma?

Can you come at eight tomorrow?

3. 明白,懂得 understand

汉语多音字学习手册

词 语

【吃不了】 chī bu liǎo　　cannot finish eating
【了结】　 liǎo jié　　bring to an end
【了解】　 liǎojiě　　know
　　　　　例：你们了解他的过去吗？
　　　　　Nǐmen liǎojiě tā de guòqù ma?
　　　　　Do you know his past experience?
【了却】　 liǎoquè　　settle
　　　　　例：还是早点儿了却这桩心事吧。
　　　　　Hái shì zǎo diǎnr liǎoquè zhè zhuāng xīnshì ba.
　　　　　Let's take the load off our minds as soon as possible.
【没完没了】méi wán méi liǎo　　endless
【明了】　 míngliǎo　　clear
【拿得了】 ná de liǎo　　can carry

练 习

改正拼音中的错误：

1. 我吃不了(le)这么多菜了(liǎo)。
2. 他一说话总是没完没了(le)的。
3. 我写完信了(liǎo)。
4. 我们都不了(le)解事情的经过。

歌 谣

　　学了钢琴学唱歌，　　　Xué le gāngqín xué chàng gē,

☞ *Chinese Multi-reading Characters without Tears* ☜

上了一课又一课。　　shàng le yí kè yòu yí kè。
盼来周末画素描，　　Pàn lái zhōumò huà sùmiáo，
没完没了怎么好？　　méi wán méi liǎo zěnme hǎo？
父母望儿快成才，　　Fùmǔ wàng ér kuài chéng cái，
哪管孩子受不了。　　nǎ guǎn háizi shòu bù liǎo。

léi
见下 see below

┌─────────┐
│ 词　语 │
└─────────┘

【果实累累】　guǒshí léiléi　接连成串　fruit growing in close clusters
　　　　　　例：桃儿熟了，树上果实累累。
　　　　　　Táor shóu le, shùshang guǒshí léiléi。
　　　　　　Peaches are hanging heavy on the trees.

【累赘】　　léizhuì　多余，麻烦　burden
　　　　　　例：1）行李太多了，成了累赘。
　　　　　　　　Xíngli tài duō le, chéngle léizhuì。
　　　　　　　　Too much luggage is a nuisance.
　　　　　　　2）他不仅帮不上大家的忙，还是大家的累赘。
　　　　　　　　Tā bùjǐn bāngbúshàng dàjiā de máng, háishì
　　　　　　　　dàjiā de léizhuì。
　　　　　　　　He is of no help but a burden to everyone.

lěi

1. 积累 accumulate; pile up
2. 多次,连续 time and again; continuous; repeated
3. 牵涉,牵连 involve (in trouble); implicate; tie up with

词 语

【积累】 jīlěi　accumulate
例:在校期间是积累知识的时期。
Zài xiào qījiān shì jīlěi zhīshì de shíqī.
School days are for accumulating knowledge.

【累计】 lěijì　add up
例:一个月下来,他累计学了一千多个生词。
Yí ge yuè xiàlái, tā lěijì xuéle yìqiān duō ge shēngcí.
After one month's study, the new words he grasped added up to over 1000.

【连累】 liánlěi　implicate; involve; get sb. into trouble
例:你们日子也不富裕,别连累你们了。
Nǐmen rìzi yě bú fùyù, bié liánlěi nǐmen le.
You are not well-off either, I don't want to add trouble to you.

【日积月累】 rì jī yuè lěi　accumulate over a long period

lèi

1. 疲劳,操劳 tired; weary; fatigued
例句:走了一天,实在是累极了。
Zǒu le yì tiān, shízài shì lèi jí le.
I was exhausted after a whole day's walk.

■ Chinese Multi-reading Characters without Tears ■

  I was exhausted after a whole day's walk.
2. 使疲劳 tire; wear out; atrain:
  例句:1) 我来替你,你歇一会儿吧,别累着你。
       Wǒ lái tì nǐ, nǐ xiē yí huìr ba, bié lèi zhe nǐ。
       Have a rest, let me take over, don't be overworked.
     2) 这个活儿谁也干不了,还得累你。
       Zhè ge huór shuí yě gànbùliǎo, hái děi lèi nǐ。
       Since no one else can do the job, I can only ask you to do me a favor again.

词　语

【劳累】　　láolèi　　tired; run-down; overworked
【累坏了】　lèihuàile　　tire out
【受累】　　shòu lèi　　be put to much trouble; be inconvenienced

练　习

请把下列短文中的拼音标上调号：

　　王小雪走过邻家的果园,看到春天枝头繁花似锦,秋天果实累累(leilei)。她想:我虽然没见过邻家人干活儿,也可以想见他们的劳累(lei)。她又想:我每天上学,积累(lei)知识,虽然也累(lei),但是将来也会结出累累(leilei)果实吧?

· 208 ·

汉语多音字学习手册

歌 谣

上山累,下山累,　　Shàng shān lèi, xià shān lèi,
带的背包是累赘。　　dài de bēibāo shì léizhuì。
端起水壶喝口水,　　Duānqǐ shuǐhú hē kǒu shuǐ,
唱支歌儿忘了累。　　chàng zhī gē'er wàngle lèi。

俩 liǎ/liǎng

liǎ

1. 两个 two
  例句:我从筐里拿了俩鸡蛋。
  　　　Wǒ cóng kuāng lǐ ná le liǎ jīdàn。
  　　　I took two eggs from the basket.
2. 不太多,几个 few
  例句:就这么俩人,晚会恐怕开不成了。
  　　　Jiù zhème liǎ rén, wǎnhuì kǒngpà kāi bu chéng le。
  　　　There are too few people. I'm afraid the party won't be held.

词 语

【你们俩】　　nǐmen liǎ　　you two

liǎng

见下 see below

· 209 ·

Chinese Multi-reading Characters without Tears

【伎俩】　　jìliǎng　不正当的手段　trick; ruse
例:我们早已识破他的骗人伎俩。
Wǒmen zǎo yǐ shí pò tā de piàn rén jìliǎng。
We already saw through his deceit.

练 习

下列注音是否正确:

　　他们俩(tāmen liǎng)　　　伎俩(jì liǎ)

凉　liáng/liàng

liáng

1. 温度较低 cool; cold
   例句:这儿的水很凉。
   Zhèr de shuǐ hěn liáng。
   The water here is cold.
2. 表示灰心或失望 discouraged; disappointed
   例句:他的话让我们心都凉了。
   Tā de huà ràng wǒmen xīn dōu liáng le。
   We are all disappointed at what he said.

【冰凉】　　bīngliáng　　ice-cold

【凉菜】　　liángcài　　cold dishes
例：你要吃什么凉菜？
Nǐ yào chī shénme liángcài?
What cold dishes do you want to eat?

【凉快】　　liángkuai　　cool
例：快坐到树下凉快凉快。
Kuài zuò dào shù xià liángkuai liángkuai。
Come and sit in the shade of the tree and cool off.

liàng

把热的东西放一会儿，让温度降下来 make cool
例句：饭太烫了，凉一会儿再吃。
Fàn tài tàng le, liàng yíhuìr zài chī。
The food is too hot. Cool it before we eat it.

练 习

在括号内给"凉"注音：
1. 夏天我喜欢喝凉（　　）开水。
2. 我既不喜欢冰凉（　　）的，也不喜欢烫的。
3. 如果水刚开，我就凉（　　）凉（　　）了再喝。

量　liáng/liàng

liáng

1. 用尺、容器等来确定物品的长度、多少等 to calculate amount, length, weight, etc. with the litre measure or foot measure, etc.

☞ *Chinese Multi-reading Characters without Tears* ☜

例句：量一下这间屋子有多长。
Liáng yí xià zhè jiān wūzi yǒu duō cháng。
Please measure the length of the room.

2. 估算 to appraise; to estimate; to assess

词　语

【测量】	cèliáng	survey; measure; gauge
【量体温】	liáng tǐwēn	take sb.'s temperature
【估量】	gūliáng	to appraise; to estimate
【衡量】	héngliáng	weigh; measure; judge
【商量】	shāngliáng	to consult; to discuss
【思量】	sīliáng	to consider

liàng

1. 能容纳或禁受的限度 capacity for tolerance or for taking (food or drink)
2. 数量，数目 quantity; number
3. 衡量 weigh; measure; judge

词　语

【大量】　　dàliàng　　a large number; a great quantity
例：他为这次活动做了大量准备工作。
Tā wèi zhè cì huódòng zuòle dàliàng zhǔnbèi gōngzuò。
He has done much preparatory work for this activity.

【饭量】　　fànliàng　　appetite

· 212 ·

汉语多音字学习手册

【降雨量】　　jiàngyǔliàng　　rainfall
【尽量】　　　jǐnliàng　　to the best of one's ability; as far as possible
【酒量】　　　jiǔliàng　　capacity for liquor
　　　　　　　例:我的酒量小,不能再喝了。
　　　　　　　Wǒ de jiǔliàng xiǎo, bù néng zài hē le。
　　　　　　　I am not a good drinker, so I can't drink any more.
【力量】　　　lìliàng　　physical strength; power; potency
【量力而行】　liànglì érxíng　　do what one is capable of
【能量】　　　néngliàng　　energy; capabilities
【少量】　　　shǎoliàng　　a small amount; a little; a few
【数量】　　　shùliàng　　quantity
【蓄水量】　　xù shuǐ liàng　　storage capacity
　　　　　　　例:这个水库的蓄水量是三亿立方米。
　　　　　　　Zhè gè shuǐkù de xùshuǐliàng shì sānyì lìfāngmǐ。
　　　　　　　This reservoir has a storage capacity of 300 million cubic metres.
【质量】　　　zhìliàng　　quality
　　　　　　　例:只有产品质量好,在市场上才能有竞争力。
　　　　　　　Zhǐyǒu chǎnpǐn zhìliàng hǎo, zài shìchǎng shàng cáinéng yǒu jìngzhēng lì。
　　　　　　　Only products of high quality are qualified for market competitive power.
【重量】　　　zhòngliàng　　weight

· 213 ·

☞ Chinese Multi-reading Characters without Tears ☜

练　习

请改正下列词语中的拼音错误：

1. 要做衣服，先量(liàng)尺寸。
2. 老范的饭量(liáng)小。
3. 据我估量(liàng)，他的个子比你高。
4. 这里的用人原则是量(liàng)才使用。

歌　谣

我有多高妈妈量，	Wǒ yǒu duōgāo māma liáng,
用笔画在门框上。	yòng bǐ huà zài ménkuàng shang。
过了半月再量量，	Guò le bànyuè zài liángliang,
没高多少也画上。	méi gāo duōshǎo yě huà shang。
我问妈妈笑什么？	Wǒ wèn māma xiào shénme?
妈妈说：	Māma shuō:
"没长身量长饭量。"	"Méi zhǎng shēnliàng zhǎng fànliàng。"

陆　liù/lù

liù

数字"六"的大写 capitalised six
例句：发票上写着拾陆元。
　　　Fāpiào shàng xiě zhe shí liù yuán。
　　　It says sixteen on the receipt.

lù

陆地 land

· 214 ·

例句:这里是水陆交通枢纽。
Zhè lǐ shì shuǐ lù jiāotōng shūniǔ。
Here is the transportation hub between water and land.

词语

【陆地】　　　lùdì　　　land
【陆军】　　　lùjūn　　　land force

练习

下面的"陆"分别读什么:伍拾陆(　　)元 陆(　　)路交通

露 lòu/lù

lòu:
1. 显现出来 reveal; betray; show
2. (在某一方面或某件事上)显示才能 manifest or display one's abilities or skills in a certain field

词语

【露脸】　　lòu liǎn　　be successful; become known; shine
【露面】　　lòu miàn　　show one's face; make an appearance
　　　　　例:几个月见不到他,今天又露面了。
　　　　　Jǐ ge yuè jiànbúdào tā, jīntiān yòu lòu miàn le。
　　　　　He hasn't showed up for a couple of months before today.

☞ **Chinese Multi-reading Characters without Tears** ☜

【露馅儿】　lòu xiànr　　let the cat out of the bag; give the game away; spill the beans

【露一手】　lòu yì shǒu　　make a show of one's abilities or skills; show off

例:今天聚餐,会做菜的小陈又要露一手了。
Jīntiān jùcān, huì zuò cài de Xiǎo Chén yòu yào lòu yì shǒu le。
Xiao Chen is going to make a show of his cooking skills on today's dinner.

lù

1. 凝结在花、草上的水珠 dew
2. 用花、叶、果子等制成的饮料 beverage distilled from flowers; fruit or leaves
3. 在房屋、帐篷的外面,没有遮挡 outside the house or tent with no shelter
4. 显露,表现 show; reveal

词　语

【暴露】　bàolù　　expose; reveal; lay bare

【表露】　biǎolù　　show; reveal

【果子露】　guǒzi lù　　fruit syrup

例:她很爱喝冰镇果子露。
Tā hěn ài hē bīngzhèn guǒzilù。
She loves iced fruit syrup.

【揭露】　jiēlù　　expose; unmask; ferret out

例:他的罪行终于被揭露出来。

· 216 ·

汉语多音字学习手册

Tā de zuìxíng zhōngyú bèi jiēlù chūlái.
His crime was exposed eventually.

【露骨】　　lùgǔ　　　thinly veiled; undisguised; barefaced
【露水】　　lùshuǐ　　dew
【露天】　　lùtiān　　in the open air; out doors
　　　　　例:不少人愿意到露天影院去看电影。
　　　　　Bùshǎo rén yuànyì dào lùtiān yǐngyuàn qù kàn diànyǐng.
　　　　　Many people would like to go to an outdoor movie.
【露营】　　lù yíng　　camp out; encamp; bivouac
【露珠】　　lùzhū　　　dewdrop
　　　　　例:秋天的早上,草叶上结了晶莹的露珠。
　　　　　Qiūtiān de zǎoshang, cǎoyè shàng jiéle jīngyíng de lùzhū.
　　　　　Grass glistened with crystal-clear dewdrops on autumn morning.
【玫瑰露】　méiguì lù　　rose syrup
【显露】　　xiǎnlù　　become visible; appear; manifest itself

练习

请辨别下列拼音的对或错:

　　太阳刚从东边露(lòu)出半个脸,露(lòu)营地帐篷里的小张就走了出来。草地上颗颗露(lù)珠闪着水晶一样的光亮,小张露(lòu)在外面的腿都被露(lù)水打湿了。今天中午聚餐,小张决心要露(lù)一手。他一心一意地寻找露(lù)在草地上的白蘑菇,想给大家炒来吃。不知不觉太阳已经爬上了树梢,露(lù)营的同伴们也都起来了。

· 217 ·

☞ **Chinese Multi-reading Characters without Tears** ☜

> 【歌 谣】
>
> | | |
> |---|---|
> | 草儿绿,花儿开。 | Cǎo ér lǜ, huā ér kāi, |
> | 太阳露出笑脸来。 | tàiyáng lùchū xiàoliǎn lái. |
> | 阳光一照露水收, | Yángguāng yí zhào lùshuǐ shōu, |
> | 露营人们起得快。 | lùyíng rénmen qǐde kuài. |
> | 露天地里做早操, | Lùtiān dì lǐ zuò zǎocāo, |
> | 身体健康乐开怀。 | shēntǐ jiànkāng lè kāi huái. |

率 lǜ/shuài

lǜ

两个相关数的比值 rate

例句:高血压在这个地区的发病率很高。

Gāoxuěyā zài zhè ge dìqū de fābìnglǜ hěn gāo.

The incidence of high-blood-pressure in this region is very high.

【词 语】

| 【比率】 | bǐlǜ | rate |
| 【效率】 | xiàolǜ | efficiency |

例:他的工作效率不高。

Tā de gōngzuò xiàolǜ bù gāo.

He doesn't work efficiently.

· 218 ·

shuài

1. 带领 lead

例句：下月总理将率代表团出访。

Xià yuè zǒnglǐ jiāng shuài dàibiǎotuán chūfǎng.

The Premier will lead a delegation to go abroad next month.

2. 不加思考，不慎重 rash
3. 直爽坦白 frank

词 语

【草率】　　cǎoshuài　　careless

例：婚姻不能草率对待。

Hūnyīn bù néng cǎoshuài duìdài.

Marriage cannot be taken lightly.

【轻率】　　qīngshuài　　hasty
【率领】　　shuàilǐng　　lead
【率先】　　shuàixiān　　take the lead in doing something
【坦率】　　tǎnshuài　　frank

例：他说话从来都很坦率。

Tā shuōhuà cónglái dōu hěn tǎnshuài.

He is always frank.

【直率】　　zhíshuài　　straight forward

练习

连线组词：

坦
频　　lǜ
效
轻
草　　shuài
比
直

没 méi/mò

méi

1. 表示领有,具有,存在的否定 not
2. 表示否定 not

   例句:1) 昨天我没去上课。

   Zuótiān wǒ méi qù shàng kè.

   I didn't go to class yesterday.

   2) 他们都没看过这部电影。

   Tāmen dōu méi kàn guò zhè bù diànyǐng.

   None of them has seen this film.

3. 不到,不够 less than

   例句:老李在我家住了没三天就走了。

   Lǎo Lǐ zài wǒ jiā zhù le méi sān tiān jiù zǒu le.

   Lao Li had hardly stayed at my house for three days before he left.

5. 不如 no better than
例句:我的汉语没你说得好。
Wǒ de Hànyǔ méi nǐ shuō de hǎo。
My Chinese is not as good as yours.

词 语

【没票】　　méi piào　　have no ticket
【没人】　　méi rén　　nobody
【没有】　　méiyǒu　　have not
例:我没有音乐会的票。
Wǒ méiyǒu yīnyuèhuì de piào。
I don't have the concert ticket.

mò

1. 下沉,沉没 sink; submerge
2. 漫过,高过 rise beyond
   例句:水没过了我的腰。
   Shuǐ mò guò le wǒ de yāo。
   The water is above my waist.
3. 隐藏 hide
4. 没收 confiscate
5. 一直到完 till the end

词 语

【沉没】　　chénmò　　sink

Chinese Multi-reading Characters without Tears

例：小船沉没在大海里了。
Xiǎo chuán chénmò zài dà hǎi lǐ le。
The boat sank in the sea.

【出没】　chūmò　　appear
【埋没】　máimò　　stifle
例：由于管理不好，人才都被埋没了。
Yóuyú guǎnlǐ bù hǎo, réncái dōu bèi máimò le。
Real talents were stifled due to the poor management.

【没齿不忘】 mò chǐ bú wàng　never forget to the end of one's life
例：你对我们的恩情，我们没齿不忘。
Nǐ duì wǒmen de ēnqíng, wǒmen mò chǐ bú wàng。
We'll never forget your kindness all the days of our lives.

【没收】　mòshōu　　confiscate
例：公司的财产被没收了。
Gōngsī de cáichǎn bèi mòshōu le。
The property of the company has been confiscated.

【没落】　mòluò　　decline
【淹没】　yānmò　　submerge; flood

练 习

在括号内填上拼音并解释意思：

1. 谁也没（　　）想到他会说汉语。
2. 河水把庄稼都淹没（　　）了。
3. 我们都没（　　）有她的地址。
4. 这里常有野兽出没（　　）。
5. 今天没（　　）昨天热。

模 mó/mú

mó

1. 规范,标准 rule; standard; criterion
2. 效仿 imitate; follow the example of
3. 不分明 be indistinct

词语

【规模】 guīmó scale; scope
例:这次运动会的规模很大。
Zhè cì yùndònghuì de guīmó hěn dà。
The scope of this sports meet is very extensive.

【模范】 mófàn an examplary person or thing
例:他是全国劳动模范。
Tā shì quánguó láodòng mófàn。
He was a national model worker.

【模仿】 mófǎng imitate; copy

【模糊】 móhū indistinct; blur
例:雨中的景色变得有些模糊了。
Yǔzhōng de jǐngsè biàn de yǒu xiē móhu le。
The scenery became vague in rain.

【模拟】 mónǐ imitate; simulate
例:这次进行的是模拟考试。
Zhè cì jìnxíng de shì mónǐ kǎoshì。
This is a simulated examination.

☞ **Chinese Multi-reading Characters without Tears** ☜

【模特儿】　mótèr　　model
　　　　　例:她参加了服装模特儿表演。
　　　　　Tā cānjiā le fúzhuāng mótèr biǎoyǎn。
　　　　　She became a participant in the fashion show.
【模型】　　móxíng　　model; mould

mú

1. 用来铸造或塑造某些物件的模型 a figure in clay or wax that is to be copied
2. 人的长相或打扮的样子,有时指趋势 looks; way or style of dressing; tendency

┌─────────────┐
│　词　　语　│
└─────────────┘

【模具】　　mújù　　die
　　　　　例:老吕在车床上装了先进的模具。
　　　　　Lǎo Lǚ zài chēchuáng shàng zhuāng le xiānjìn de mújù。
　　　　　Lao Lü fit a modern die on the lathe.
【模样】　　múyàng　　looks
　　　　　例:小明的模样跟她妈妈一样。
　　　　　Xiǎo míng de múyàng gēn tā māma yíyàng。
　　　　　Xiao ming is like her mother in appearance.
【模子】　　múzi　　model; mould

· 224 ·

练 习

请为下列词语中的"模"字注上拼音：
模（　）范　　规模（　）　　模（　）样
模（　）子　　模（　）仿

磨 mó/mò

mó

1. 摩擦，用磨料把物体磨光 rub; grind; polish
   例句：1) 走了八十里，他脚上磨起了泡。
   Zǒule bāshí lǐ, tā jiǎoshang mó qǐle pào.
   Covering a distance of 80 miles, his feet were blistered from rubbing.
   2) 俗话说：只要功夫深，铁杵磨成针。
   Súhuà shuō: Zhǐyào gōngfu shēn, tiěchǔ mó chéng zhēn.
   As the saying goes: "if you work at it hard enough, you can grind an iron rod into a needle."
2. 折磨 wear down; wear out
3. 消耗时间 dawdle; waste time

词 语

【磨蹭】　mócèng　　move slowly; dawdle
例：别磨蹭了，快点儿走吧。
Bié mócèng le, kuàidiǎnr zǒu ba.
Stop dawdling and get going.

225

☞ Chinese Multi-reading Characters without Tears ☜

【磨刀】　　mó dāo　　sharpening one's sword
【磨练】　　móliàn　　temper or steel oneself; put oneself through the mill
【磨损】　　mósǔn　　wear and tear
【折磨】　　zhémó　　wear down; wear out
　　　　例:这场病把他折磨得瘦多了。
　　　　Zhè chǎng bìng bǎ tā zhémó de shòu duō le。
　　　　The illness has worn him down to a mere shadow of his former self.

mò

1. 研碎粮食的工具 mill; millstones
2. 用磨磨碎粮食 grind; mill
   例句:他每天磨出鲜豆浆去卖。
   Tā měitiān mòchū xiān dòujiāng qù mài。
   Everyday he makes soya-bean milk to sell.
3. 不好意思 feel embarrassed; be put out

┌─────────┐
│ 词　语 │
└─────────┘

【电磨】　　diànmò　　electric mill
　　　　例:现在人们都用电磨了。
　　　　Xiànzài rénmen dōu yòng diànmò le。
　　　　Nowadays people all use electric mill.
【磨不开】　mòbukāi　　afraid of offending sb. or impairing personal relations
　　　　例:我想找他借点儿钱,又磨不开面子。

· 226 ·

汉语多音字学习手册

Wǒ xiǎng zhǎo tā jiè diǎnr qián, yòu mòbùkāi miànzi.
I hesitated to borrow money from him for the fear of losing face.

【磨坊】　　mòfáng　　　mill
【磨面】　　mò miàn　　　mill flour
【石磨】　　shímò　　　　millstones

练　习

请在下列语句的拼音上,标注调号:

1. 麦子磨(mo)成面粉,黄豆磨(mo)成豆浆。
2. 他老是找人要烟抽,也真磨(mo)得开。
3. 老刘干事儿总是磨(mo)磨蹭蹭的。
4. 菜刀钝了,要磨(mo)一磨才好用。
5. 小赵第一次锄地,手上磨(mo)起了泡。

歌　谣

老吴套牛去磨面,	Lǎo Wú tào niú qù mò miàn,
谁知牛的性子慢。	shuí zhī niú de xìngzi màn。
磨磨蹭蹭大半天,	Mómó cèngcèng dà bàntiān,
一袋麦子剩一半。	yí dài màizi shèng yí bàn。
老吴鞭打老黄牛,	Lǎo Wú biān dǎ lǎo huángniú,
牛性一发磨不转。	niú xìng yì fā mò bú zhuàn。
磨得老吴没脾气,	Mó de Lǎo Wú méi píqì,
背上面麦把家还。	bēishàng miànmài bǎ jiā huán。

· 227 ·

✍ **Chinese Multi-reading Characters without Tears** ✍

难 nán / nàn

nán

1. 做起来不容易的 difficult; uneasy
   例句:你家真难找。
      Nǐ jiā zhēn nán zhǎo.
      It is hard to find your home.
2. 使感到困难 put somebody into a difficult position
   例句:教授提的问题难住了所有人。
      Jiàoshòu tí de wèntí nán zhù le suǒyǒu rén.
      No one could answer the professor's questions.
3. 不好 bad
4. 副词,加强反问语气（adv.) stress the tone of a rhetorical question

词 语

【困难】　kùnnán　difficulty
　　　　例:有困难就找巡警。
　　　　　Yǒu kùnnán jiù zhǎo xúnjǐng.
　　　　　If you have any difficulties, go to the patrol police.
【难办】　nán bàn　difficult to do
【难道】　nándào　Could it be said that...
　　　　例:难道你没看见"请勿吸烟"四个字吗?
　　　　　Nándào nǐ méi kànjiàn "Qǐng wù xīyān" sì ge zì ma?
　　　　　Could it be said that you didn't see the four Chinese words "No Smoking"?

汉语多音字学习手册

【难得】　nándé　　　hard to get
例:机会难得,最好别错过。
Jīhuì nándé, zuìhǎo bié cuòguò。
It is rare to have this opportunity. Don't miss it.

【难过】　nánguò　　sad
【难看】　nán kàn　　ugly
【难免】　nánmiǎn　　hard to avoid
例:刚开始工作时难免没有经验。
Gāng kāishǐ gōngzuò shí nánmiǎn méiyǒu jīngyàn。
It is normal that you have just started work and have no experience.

【难听】　nán tīng　　unplesant to listen
例:这首歌太难听了。
Zhè shǒu gē tài nán tīng le。
The song is too unplesant to listen to.

【为难】　wéinán　　feel awkward
例:他又想出国又不放心孩子,感到很为难。
Tā yòu xiǎng chūguó yòu bú fàngxīn háizi, gǎndào hěn wéinán。
He feels awkward that he wants to go abroad and is worried about his child at home.

nàn
1. 不幸的遭遇,灾难 disaster; calamity
2. 质问 blame

229

Chinese Multi-reading Characters without Tears

词　语

【避难】　　bì nàn　　take refuge
【空难】　　kōngnàn　　air crash
例:在这次空难事件中,机上人员全部遇难。
Zài zhè cì kōngnàn shìjiàn zhōng, jī shàng rényuán quánbù yùnàn.
All the people on the plane died in this air crash.
【苦难】　　kǔnàn　　suffering
【难民】　　nànmín　　refugee
例:大批难民涌入邻国。
Dàpī nànmín yōngrù lín'guó.
A large crowd of refugees poured into the neighbouring countries.
【难友】　　nànyǒu　　friends made in the hard times
【遇难】　　yù nàn　　die
【灾难】　　zāinàn　　disaster
例:地震给人们带来巨大的灾难。
Dìzhèn gěi rénmen dàilái jùdà de zāinàn.
The earthquake has brought an enormous disaster to the people.
【责难】　　zénàn　　blame
例:这种行为受到大家的责难。
Zhè zhǒng xíngwéi shòudào dàjiā de zénàn.
This behaviour was condemned by everyone.

汉语多音字学习手册

判断下列拼音中"难"的对错:

1. 汉语说难也不难。Hànyǔ shuō nàn yě bù nàn。
2. 受到非难才是难对付的事。Shòu dào fēinàn cái shì nán duìfù de shì。
3. 虽然别人话难听,脸难看,还是难不住他。Suīrán biérén huà nàntīng, liǎn nànkàn, háishìnán bú zhù tā。
4. 灾难过后,难民数量大增,给国家带来很大困难。Zāinàn guòhòu, nánmín shùliàng dà zēng, gěi guójiā dài lái hěn dà kùnnàn。

呢 ne/ní

ne

1. 助词,用在疑问句的句尾 particle, used at the end of a question
   例句:你喝茶,还是喝咖啡呢?
   Nǐ hē chá, háishì hē kāfēi ne?
   Do you drink tea or coffee?

2. 助词,用在陈述句的句尾,表示情况在继续 particle, used at the end of a declarative sentence to indicate the continuation of an action or a state
   例句:外面还在下雨呢。
   Wàimiàn hái zài xià yǔ ne。
   It's still raining outside.

· 231 ·

☞ Chinese Multi-reading Characters without Tears ☜

ní
一种纺织品 a textile

词 语

【毛呢】　　máoní　　heavy wollen cloth
【呢子】　　nízi　　wool coat or suit
　　　　例：天冷了,明天把呢子大衣穿上吧。
　　　　Tiān lěng le, míngtiān bǎ nízi dàyī chuān shàng ba。
　　　　It's getting cold. put on your woolen overcoat tomorrow.

练 习

1. 说出"呢"字的两种读音,并各举一个例子。
2. 熟读下列词语,辨别"呢(ní)"和"呢(ne)"的不同：
　　大衣呢(ní)　　呢(ní)绒绸缎　　正下雪呢(ne)
　　还没休息呢(ne)　先喝水呢(ne)　还是先吃饭呢(ne)。

 níng/nìng

níng
使安静 peaceful; tranquil

词 语

【安宁】　　ānníng　　peaceful

例：安宁舒适的环境使他忘了烦恼。
Ānníng shūshì de huánjìng shǐ tā wàng le fánnǎo.
Peaceful and confortable conditions helped him forget his troubles.

【宁静】　níngjìng　peaceful; quiet

nìng

在比较两方面得失后，选择的一种办法 expressing a choice

【宁可】　nìngkě　would rather
【宁肯】　nìngkěn　would rather
【宁愿】　nìngyuàn　would rather

例：与其到市场里挤来挤去，我宁愿安静地在家待着。
Yǔqí dào shìchǎng lǐ jǐ lái jǐ qù, wǒ nìngyuàn ānjìng de zài jiā dāi zhe.
I would rather stay quietly at home than go to the market to be jostled by the crowed.

练习

熟读下列词语：

　　宁肯(nìngkěn)　　宁可(nìngkě)　　宁愿(nìngyuàn)
　　安宁(ānníng)　　坐卧不宁(zuò wò bù níng)
　　十分宁静(shífēn níngjìng)

Chinese Multi-reading Characters without Tears

歌 谣

宝宝名字叫小平，　　Bǎobǎo míngzi jiào Xiǎo Píng,
一会儿也不肯安宁。　　yí huìr yě bù kěn ānníng。
刚刚笑完又大哭，　　Gānggāng xiào wán yòu dà kū,
宁可叫你睡不成。　　nìngkě jiào nǐ shuì bù chéng。
小平宁愿听故事，　　Xiǎo Píng nìngyuàn tīng gùshì,
讲个故事他来听。　　jiǎng ge gùshì tā lái tīng,
还没讲完五句话，　　Hái méi jiǎng wán wǔ jù huà,
安安宁宁入梦中。　　ān ān níng níng rù mèng zhōng。

片　piān/piàn

piān
1. 指某些平而薄的东西 something thin and flat
2. 专指电影 a term for a roll of film

词 语

【唱片】　chàngpiān　phonograph (or gramophone) record; disc
例：我买了三张激光唱片。
Wǒ mǎi le sān zhāng jīguāng chàngpiān。
I've bought three compact discs.

【动画片】　dònghuàpiān　animated cartoon (or drawing); cartoon

汉语多音字学习手册

| 【片子】 | piānzi | a roll of film |

例：他给电影院送片子去了。
Tā gěi diànyǐngyuàn sòng piānzi qù le。
He has gone to deliver a roll of film to the cinema.

【相片儿】　xiàngpiānr　photo
【影片】　　yǐngpiān　　film; movie

piàn

1. 又薄又平的小东西,有时称作片儿 a thin flat piece cut from something, also pronounced as "pianr"
2. 从大的地区中划分小块 to divide an area into small ones
3. 把肉切成薄片 to cut (meat) into slices with a knife
4. 零碎的,很短的 fragmentary or brief
5. 量词 measure word

例句：楼里响起一片脚步声。
Lóulǐ xiǎngqǐ yí piàn jiǎobù shēng。
The corridor resounded with a patter of steps.

词　语

【底片】　dǐpiàn　　photographic plate; negative
【分片】　fēn piàn　divide an area into smaller ones

例：我们打扫办公室是分片负责。
Wǒmen dǎsǎo bàngōngshì shì fēnpiàn fùzé。
We cleaned the office by dividing up the work.

【卡片】　kǎpiàn　　card
【名片】　míngpiàn　visiting card

例：我们初次见面,互相交换了名片。

· 235 ·

☞ **Chinese Multi-reading Characters without Tears** ☜

Wǒmen chūcì jiànmiàn, hùxiāng jiāohuàn le míngpiàn.
It was the first time we saw each other, so we changed our cards.

【片刻】　piànkè　　a short while
例：他很忙，呆了片刻就走了。
Tā hěn máng, dāi le piànkè jiù zǒu le.
He was very busy, so he only stayed a short while before he left.

【片面】　piànmiàn　　unilateral; one-sided
【切片】　qiē piàn　　to cut into slices; section (of organic tissues)
【肉片】　ròupiàn　　sliced meat
【碎片】　suìpiàn　　small pieces
例：他把纸撕成碎片。
Tā bǎ zhǐ sī chéng suì piàn.
He teared a sheet of paper to pieces.

【药片】　yàopiàn　　(medicinal) tablet
【一片药】　yí piàn yào　　a tablet (of medicine)
【照片】　zhàopiàn　　photograph; picture
【这片草地】　zhè piàn cǎodì　　this grassland; this lawn
【纸片】　zhǐpiàn　　scraps of paper

练 习

请在下列词语中拼音错误的后面标上(－)号：

鱼片(piān)　　名片(piàn)　　一片(piān)水
几张相片(piàn)　　片(piān)羊肉　　彩色动画片(piàn)

漂 piāo/piǎo/piào

piāo

1. 在水表面不动或顺着风向、水流方向移动 stay or move on the surface of water; move in the air

    例句:1) 河上漂着一只船。

    Hé shàng piāo zhe yì zhī chuán。

    A boat is floating on the river.

    2) 破碎的冰块儿顺着河漂向远方。

    Pòsuì de bīngkuàir shùn zhe hé piāo xiàng yuǎn fāng。

    Broken ice floated far down the river.

2. 工作或学习不踏实 (of style of work) superficial

词　语

【浮漂】　　fúpiāo　　superficial

例:小于学习很浮漂,不像小李那样踏实。

Xiǎo Yú xuéxí hěn fúpiāo, bú xiàng Xiǎo Lǐ nàyàng tāshi。

Xiao Yu is a superficial learner who is not as steadfast as Xiao Li in his study.

【漂泊】　　piāobó　　lead a wandering life

例:他结束了飘泊的生活,在北京安了家。

Tā jiéshù le piāobó de shēnghuó, zài Běijīng ān le jiā。

He stopped his wandering life and settled in Beijing.

【漂浮】　　piāofú　　float

【鱼漂】　　yúpiāo　　cork on a fishing line

Chinese Multi-reading Characters without Tears

piǎo
1. 把纺织品变成白色 bleach
2. 用水清洗 wash with clean water to remove soap, dirt, etc.
   例句:用洗衣粉洗过的衣服,应该多漂几遍。
   　　　Yòng xǐyīfěn xǐ guò de yīfu, yīnggāi duō piǎo jǐ biàn.
   　　　Give a good rinse the clothes washed with washing powder.

词　语

【漂白】　　　piǎobái　　bleach
【漂白粉】　　piǎobáifěn　　bleaching powder
【漂洗】　　　piǎoxǐ　　rinse

piào
见下 see below

词　语

【漂亮】　　　piàoliang　好看,出色　handsome; beautiful
例:1) 你这条裙子真漂亮。
　　　　Nǐ zhè tiáo qúnzi zhēn piàoliang.
　　　　Your skirt is really beautiful.
　　2) 你干得真漂亮。
　　　　Nǐ gàn de zhēn piàoliang.
　　　　You have done it beautifully.

· 238 ·

汉语多音字学习手册

练　习

请给下面短文中的"漂"字,标出拼音:

　　我们坐的船顺着河漂(　　)了三天,才靠在一个小渔村边。大家下了船,发现衣服脏得不像样,都动手漂(　　)洗起来。渔村的小学生们放学了,穿着漂(　　)亮的衣服,像小鸟一样飞回各自的家。

歌　谣

1. 我是漂亮小女孩,　　　Wǒ shì piàoliang xiǎo nǔháir,
　　叠个纸船漂起来。　　　dié ge zhǐ chuán piāo qǐlái。
　　漂过大河漂过海,　　　Piāo guò dà hé piāo guò hǎi,
　　漂给美国小女孩。　　　piāo gěi Měiguó xiǎo nǔháir。

2. 手绢脏了要漂净,　　　Shǒujuàn zāng le yào piǎojìng,
　　讲究卫生不得病。　　　jiǎngjiu wèishēng bù dé bìng。
　　使劲漂呀使劲洗,　　　Shǐjìn piǎo ya shǐjìn xǐ,
　　看谁今天得优胜。　　　kàn shuí jīntiān dé yōushèng。

铺　pū/pù

pū

1. 把东西展开或摊平 spread; extend; unfold

　　例句:他们在一片荒野里,铺出一条平坦大道。
　　　　Tāmen zài yí piàn huāngyělǐ, pūchū yì tiáo píngtǎn dàdào。
　　　　They've paved a smooth road in the wildness.

· 239 ·

2. 过分讲究排场 much too extravagant

词　语

【铺床】　　pū chuáng　　make bed
【铺垫】　　pūdiàn　　bedding
　　例:1) 床上没有铺垫,怎么睡?
　　　　　Chuángshàng méiyǒu pūdiàn, zěnme shuì?
　　　　　How can one sleep on this bed without bedding on?
　　　2) 因为前面没有铺垫,读者看到这儿感到很突然。
　　　　　Yīnwéi qiánmiàn méiyǒu pūdiàn, dúzhě kàndào zhèr gǎndào hěn tūrán。
　　　　　With no foreshadowing at all, it just took readers by surprise.
【铺盖】　　pūgài　　bedding; bedclothes
　　例:他被老板辞退了,只好卷起铺盖走了。
　　　　Tā bèi lǎobǎn cítuì le, zhǐhǎo juǎnqǐ pūgài zǒu le。
　　　　Being fired, he has to pack up luggage roll and leave.
【铺盖卷儿】　pūgàijuǎnr　　luggage roll; bedroll
【铺路】　　pū lù　　pave a road
【铺张】　　pūzhāng　　extravagant
　　例:他们的婚礼很简单,一点儿也不铺张。
　　　　Tāmen de hūnlǐ hěn jiǎndān, yìdiǎnr yě bù pūzhāng。
　　　　Their wedding is rather simple, not extravagant at all.

pù
1. 商店 shop; store
2. 用木板搭起的床 plank bed

词 语

【床铺】 chuángpù　　bed
例：他没有床铺，只好在地上睡。
Tā méiyǒu chuángpù, zhǐhǎo zài dì shang shuì.
With no bed, he has to sleep on the floor.

【当铺】 dàngpù　　pawnshop
【饭铺】 fànpù　　small restaurant; eating house
【铺子】 pùzi　　shop; store
【卧铺】 wòpù　　sleeping berth
【药铺】 yàopù　　drug store
【杂货铺】 záhuòpù　　grocery store
例：他在胡同里开了一家杂货铺。
Tā zài hútòng li kāile yì jiā záhuòpù.
He opened a grocery store in the alley.

练 习

阅读下面短文，辨别"铺(pū)"和"铺(pù)"的不同：

　　有些小饭铺(pù)的老板为了省钱，不为服务员准备宿舍。白天的饭桌，晚上就是床铺(pù)。服务员把自己的铺(pū)盖铺(pū)在饭桌上，第二天卷成铺(pū)盖卷儿，继续开门营业。

· 241 ·

☞ Chinese Multi-reading Characters without Tears ☜

歌　谣

南边有个小酒铺，　　　Nánbiān yǒu ge xiǎo jiǔpù,
门前没有好道路。　　　ménqián méiyǒu hǎo dàolù。
雨天泥泞不好走，　　　Yǔtiān nínìng bù hǎo zǒu,
酒铺没人来光顾。　　　jiǔpù méi rén lái guānggù。
老板出钱把路铺，　　　Lǎobǎn chū qián bǎ lù pū,
从此不怕风和雨，　　　cóngcǐ bú pà fēng hé yǔ,
人人光顾小酒铺。　　　rén rén guānggù xiǎo jiǔpù。

切　qiē/qiè

qiē
用刀把东西分成很多块 cut

词　语

【切除】　qiēchú　　cut away
【切断】　qiēduàn　　cut off
【切开】　qiēkāi　　cut open
例：把西瓜切开，看看怎么样。
Bǎ xīguā qiē kāi, kàn kan zěnmeyàng。
Cut the watermelon open and see how it is.

qiè
1. 符合 correspond to
2. 贴近，挨近 be close to

汉语多音字学习手册

3. 急迫,殷切 eager; anxious
4. 一定,务必 be sure to
例句:你切不可随便相信他的话。
　　　Nǐ qiè bù kě suíbiàn xiāngxìn tā de huà.
　　　Be sure that you do not believe him easily.

词　语

【关切】　　guānqiè　　concern
　　　　　例:感谢大家对我的关切。
　　　　　Gǎnxiè dàjiā duì wǒ de guānqiè.
　　　　　Thank you everyone for your concern for me.
【急切】　　jíqiè　　　eager
【恳切】　　kěnqiè　　earnest
【迫切】　　pòqiè　　　anxious
　　　　　例:公司迫切需要招聘一位会计。
　　　　　Gōngsī pòqiè xūyào zhāopìn yí wèi kuàijì.
　　　　　The company needs an accountant urgently.
【切合】　　qièhé　　　suit
　　　　　例:他的建议比较切合实际。
　　　　　Tā de jiànyì bǐjiào qièhé shíjì.
　　　　　His suggestion is quite realistic.
【切身】　　qièshēn　　personal
　　　　　例:对于这一点我有切身体会。
　　　　　Duìyú zhè yì diǎn wǒ yǒu qièshēn tǐhuì.
　　　　　I have a personal experience about this.
【切实】　　qièshí　　　feasible

· 243 ·

❦ **Chinese Multi-reading Characters without Tears** ❦

【切题】　　qiètí　　relevant to the subject
　　　　　　例:你的文章没有切题。
　　　　　　Nǐ de wénzhāng méiyǒu qiètí.
　　　　　　Your essay is not relevant to the subject.
【亲切】　　qīnqiè　　cordial
【贴切】　　tiēqiè　　apt
【心切】　　xīn qiè　　eager
　　　　　　例:出差两个多月了,他现在思家心切。
　　　　　　Chūchāi liǎng ge duō yuè le, tā xiànzài sī jiā xīnqiè.
　　　　　　He has been away from home for over two months. Now he is very homesick.

练　习

在括号内填拼音:

1. 中午咱们吃点儿切(　　)面吧。
2. 搞研究很辛苦,对于这一点我有切(　　)身体会。
3. 把这块肥肉切(　　)掉。
4. 他恳切(　　)地要求大家提高服务水平。
5. 你的建议不切(　　)实际。
6. 战争切(　　)断了他们之间的联系。

塞　sāi/sài/sè

sāi
1. 东西填进空缺里 fill in; squeeze in
例句:箱子已经满了,什么也塞不进去了。

Xiāngzi yǐjīng mǎn le, shénme yě sāi bú jìnqù le.

The case is full. Nothing else can be squeezed in.

2. 塞子 stopper

词语

【耳塞】　　ěrsāi　　earplug

例：戴上耳塞,耳朵就不进水了。

Dài shàng ěrsāi, ěrduo jiù bú jìn shuǐ le.

Put in an earplug, and water will not get into your ear.

【加塞儿】　jiā sāir　　jump a queue

例：别加塞儿,到后面排队去。

Bié jiā sāir, dào hòumian páiduì qù.

Don't jump the queue. Go to the end to wait.

【木塞儿】　mù sāir　　wooden stopper

【瓶塞儿】　píng sāir　　cork

例：你把暖瓶塞儿放哪儿了？

Nǐ bǎ nuǎnpíng sāir fàng nǎr le?

Where have you left the cork to the themos?

【塞车】　　sāi chē　　traffic jam

【塞儿】　　sāir　　stopper

sài

重要战略位置 a place of strategic importance

☞ *Chinese Multi-reading Characters without Tears* ☜

词　语

【边塞】　　biānsài　　frontier fortress
【塞外】　　sàiwài　　beyond the Great Wall
　　　　　　例：塞外风景如画。
　　　　　　Sàiwài fēngjǐng rú huà。
　　　　　　The scenery beyond the Great Wall is as beautiful as a picture.
【要塞】　　yàosài　　hub
　　　　　　例：西安是通向西北的要塞。
　　　　　　Xī'ān shì tōngxiàng xīběi de yàosài。
　　　　　　Xi'an is the hub to the northwest.

sè
意思和"塞"(sāi)相同。Same meaning as "塞"(sāi)见下 see below

词　语

【闭塞】　　bìsè　　stop up; unenlightened
　　　　　　例：居住在大山里的人消息很闭塞。
　　　　　　Jūzhù zài dàshān lǐ de rén xiāoxi hěn bìsè。
　　　　　　The people who live in the mountain area are ill-informed.
【堵塞】　　dǔsè　　block up
　　　　　　例：车在马路中间坏了，堵塞了交通。
　　　　　　Chē zài mǎlù zhōngjiān huài le, dǔsè le jiāotōng。
　　　　　　The car broke down in the road and blocked the traffic.

· 246 ·

【阻塞】　　zǔsè　　stop

练习

在括号内填上正确拼音：

1. 住在边塞（　　）的人们过去没有电视,消息很闭塞（　　）。
2. 妈妈塞（　　）给女儿一些钱,告诉她塞（　　）外生活比较艰苦,让她多保重。
3. 上下班高峰时交通堵塞（　　）,各种车辆塞（　　）满了街道。
4. 加塞儿（　　）的人太多,所以队伍总是这么长。

色　sè/shǎi

sè
1. 颜色 colour
2. 脸上的神情 facial expression
3. 种类,质量 kind; quality
   例句:各色各样的化妆品让人眼花缭乱。
   Gè sè gè yàng de huàzhuāngpǐn ràng rén yǎnhuā liáoluàn.
   Different kinds of cosmetics are dazzling.
4. 情景,景象 scene
5. 指妇女漂亮的容貌 woman's looks

词语

【彩色】　　cǎisè　　colourful

☞ *Chinese Multi-reading Characters without Tears* ☜

【成色】　　chéngsè　　quality
例:这种料子成色好,所以卖得快。
Zhè zhǒng liàozi chéngsè hǎo, suǒyǐ mài de kuài。
This material is of good quality, so it sells well.

【红色】　　hóngsè　　red

【湖光山色】　hú guāng shān sè　　the natural beauty of lakes and mountains

【货色】　　huòsè　　goods; trash

【景色】　　jǐngsè　　scenery
例:郊外的景色优美,空气新鲜。
Jiāowài de jǐngsè yōuměi, kōngqì xīnxiān。
The surburb is beautiful and has fresh air.

【脸色】　　liǎnsè　　expression
例:你的脸色不太好,是不是不舒服?
Nǐ de liǎnsè bù tài hǎo, shì bú shì bù shūfu?
You don't look good. Are you unwell?

【色盲】　　sèmáng　　colour blindness
例:经医生检查,他是色盲。
Jīng yīshēng jiǎnchá, tā shì sèmáng。
The doctor's diagnosis is that he is colour blind.

【神色】　　shénsè　　expression

【眼色】　　yǎnsè　　wink
例:他给我使了个眼色,让我先走。
Tā gěi wǒ shǐ le ge yǎnsè, ràng wǒ xiān zǒu。
He winked at me to go first.

【颜色】　　yánsè　　colours
例:树上挂着各种颜色的小灯笼。
Shù shang guà zhe gè zhǒng yánsè de xiǎo dēnglong。

· 248 ·

汉语多音字学习手册

Small colourful lanterns are hanging in the trees.

【夜色】　yèsè　　the light of night
例：山城的夜色格外迷人。
Shānchéng de yèsè géwài mírén.
The night light in this mountain city is very charming.

【姿色】　zīsè　　good looks
例：她虽然不如年轻时那么漂亮，但还有几分姿色。
Tā suīrán bùrú niánqīng shí nàme piàoliang, dàn hái yǒu jǐ fēn zīsè.
Though she is not as beautiful as when she was young, she still looks good.

shǎi

颜色 colour

词　语

【变色儿】　biàn shǎir　　change the colours
【掉色儿】　diào shǎir　　fade out
例：掉色儿的衣服要单洗。
Diào shǎir de yīfu yào dān xǐ.
The clothes in which the colours run must be washed separately.

· 249 ·

Chinese Multi-reading Characters without Tears

练 习

选择正确拼音填空(sè,shǎi)：
景色(　) 神色(　) 色(　)彩 掉色(　)儿

扇 shān/shàn

shān
1. 指摇扇子的动作 wave a fan to speed up the circulation of air
2. 用手掌打 slap

词 语

【扇耳光】　shān ěrguāng　　slap sb. on his face
例：她气愤极了,扇了他一个耳光。
Tā qìfèn jí le, shānle tā yíge ěrguāng.
She was so angry that she slaped him on the face.

【扇风】　shān fēng　　fan the winds; stir up trouble
【扇扇子】　shān shànzi　　fan oneself ; use a fan
例：天太热,他使劲扇着扇子。
Tiān tài rè, tā shǐjìn shānzhe shànzi.
It's too hot, he fanned himself ferociously.

shàn
1. 扇子 fan
2. 指扇子形状的东西 a sliding; leaf
3. 量词 measure word

· 250 ·

汉语多音字学习手册

> **词　语**

【电扇】　　diànshàn　　electric fan
例：尽管有了空调，人们还是需要电扇。
Jǐnguǎn yǒule kōngtiáo, rénmen háishì xūyào diànshàn.
Electric fan is still needed in spite of having air-conditioner.

【隔扇】　　géshàn　　partition screen
例：他用隔扇把房间从中间隔开。
Tā yòng géshàn bǎ fángjiān cóng zhōngjiān gé kāi.
He divided the room into two, using a partition screen.

【两扇窗子】　liǎng shàn chuāngzi　　two windows
例：打开两扇窗子，屋里亮多了。
Dǎ kāi liǎng shàn chuāngzi, wū li liàng duō le.
With two windows open, the room is much brighter.

【门扇】　　ménshàn　　door leaf
【扇子】　　shànzi　　a fan
【一扇门】　　yí shàn mén　　a leaf of door
【折扇】　　zhéshàn　　folding fan

> **练　习**

请选择正确的拼音填入括号内：

1. 屋里蚊子很多,他扇(　　)动报纸,想把蚊子赶出去。
   (shàng shān shàn shèn)
2. 他在电扇(　　)柜台前转来转去,最后买了一台落地扇
   (　　)。(shān shàng shàn shǎn)

251

Chinese Multi-reading Characters without Tears

3. 整个房间只有两扇（　　　）窗户，太少了。(shēng shàng shàn shān)
4. 今年春节要多吃点儿，他买了半扇（　　　）猪。(shàng shān shàn)

歌　谣

弟弟热，受不了，	Dìdi rè, shòubùliǎo,
汗水滴滴往下掉。	hànshuǐ dī dī wàng xià diào。
妈妈忙把扇子摇，	Māma máng bǎ shànzi yáo,
弟弟抬头问妈妈：	dìdi tái tóu wèn māma:
越扇越热怎么好？	Yuè shān yuè rè zěnme hǎo?
妈妈听了微微笑：	Māma tīng le wēiwēi xiào:
电扇要是热，	Diànshàn yàoshì rè,
明天换空调。	míngtiān huàn kōngtiáo。

折　shé/zhē/zhé

shé

1. 长条的东西断了 break
   例句：四条桌子腿折了两条。
   　　　Sì tiáo zhuōzi tuǐ shé le liǎng tiáo.
   　　　Two of the four legs of the table were broken.
2. 赔钱 lose money in business

词 语

【折本】　shé běnr　　lose money in business
例：我做的是折本买卖。
Wǒ zuò de shì shé běnr mǎimài.
My business is losing money.

zhē

1. 翻转 roll over
2. 来回倒 pour back and forth between two containers：
例句：用两个碗折一折水就凉了。
Yòng liǎng ge wǎn zhē yì zhē shuǐ jiù liáng le.
Pour the water from one bowl to another, then it will cool down.

词 语

【折跟头】　zhē gēntou
　　　　　　turn a somersault; loop the loop
【折腾】　　zhēteng　　do sth. over and over again
例：折腾了一天也没办成事。
Zhēteng le yì tiān yě méi bàn chéng shì.
I have tried it over and over again, but still haven't got it.

zhé

1. 断开，弄断 break; snap

253

Chinese Multi-reading Characters without Tears

2. 弯曲,转变方向 bend; twist
3. 折合,折扣 convert into; discount
4. 折叠,用纸叠的册子 fold; folder

词语

【存折】　　cúnzhé　　bankbook
例:存折上的钱不多了。
Cúnzhé shàng de qián bù duō le。
There is not much money left in the bankbook.

【挫折】　　cuōzhé　　setbacks
例:在研究工作中会经常遇到挫折。
Zài yánjiū gōngzuò zhōng huì jīngcháng yùdào cuōzhé。
One gets setbacks very often in the reseach.

【打折】　　dǎzhé　　cut off the price
例:这儿的商品都打九折了。
Zhèr de shāngpǐn dōu dǎ jiǔ zhé le。
All the commodities here are on 10% discount.

【对折】　　duìzhé　　50% discount; fold (a sheet of paper, etc.) in two

【骨折】　　gǔzhé　　fracture
例:他不小心摔成了骨折。
Tā bù xiǎoxīn shuāi chéng le gǔzhé。
He fell down and sustained fractures.

【曲折】　　qūzhé　　twists and turns
例:他的一生很曲折。
Tā de yì shēng hěn qūzhé。
His life was full of twists and turns.

汉语多音字学习手册

【折叠】　　zhédié　　fold
例：这把折叠椅携带很方便。
Zhè bǎ zhédié yǐ xiédài hěn fāngbiàn。
This folding chair is very convenient to take.

【折合】　　zhéhé　　convert into
例：一美元大约折合八块多人民币。
Yì Měiyuán dàyuē zhéhé bā kuài duō Rénmínbì。
One US dollar is over RMB eight yuan.

【折价】　　zhé jià　　convert into money
【折旧】　　zhéjiù　　depreciation
【折扣】　　zhékòu　　discount
【折扇】　　zhéshàn　　folding fan
例：下棋时他手里总拿一把折扇。
Xià qí shí tā shǒu lǐ zǒng ná yìbǎ zhéshàn。
He holds a folding fan in his hand when he plays chess.

【折纸】　　zhézhǐ　　paper folding
【折中】　　zhézhōng　　compromise
例：我们最后想出一个折中的办法。
Wǒmen zuìhòu xiǎngchū yí ge zhézhōng de bànfǎ。
We finally figured out a compromise.

【转折】　　zhuǎnzhé　　a turn in the course of events

练　习

判断括号内的拼音是否正确：

1. 折(zhé)腾了半天也没找到他家。

2. 这些家具可以折(zhé)价卖给你。

3. 他把信对折(shé)起来了。

· 255 ·

4. 前面的路很曲折(zhē)。
5. 这个桌子折(zhé)了一条腿。

歌 谣

宝宝生来爱折腾，	Bǎobao shēng lái ài zhēteng,
站在桌上往下蹦。	zhàn zài zhuō shàng wǎng xià bèng.
妈妈让他玩儿折纸，	Māma ràng tā wánr zhé zhǐ,
又练动手又干净。	yòu liàn dòng shǒu yòu gānjìng.
宝宝才不管这些，	Bǎobao cái bù guǎn zhèxiē,
磕破脑袋摔折凳。	kē pò nǎodài shuāi shé dèng.

舍 shě/shè

shě
1. 放弃 give up; abandon
2. 财物上给予帮助 give arms; dispense charity

词 语

【割舍】　　gēshě　　part with
【舍不得】　shěbùdé　hate to part with or use
　　　　　例:他舍不得浪费一点儿时间。
　　　　　Tā shěbùdé làngfèi yì diǎnr shíjiān.
　　　　　He hates to waste time.
【舍弃】　　shěqì　　give up
　　　　　例:为了支持丈夫的工作,她舍弃了自己的专业。

汉语多音字学习手册

Wèile zhīchí zhàngfu de gōngzuò, tā shěqì le zìjǐ de zhuānyè.

She has given up what she studied in order to support her husband's work.

【施舍】　shīshě　　dispense charity

shè

房屋 house

词　语

【宿舍】　sùshè　　dormitory
【校舍】　xiàoshè　　schoolhouse

例：新盖的校舍很漂亮。

Xīn gài de xiàoshè hěn piàoliang.

The new schoolhouse is very beautiful.

练　习

给词语中的"舍"注音：

舍(　　)己为人　施舍(　　)　宿舍(　　)　舍(　　)弃

舍(　　)近求远　校舍(　　)　割舍(　　)　舍(　　)不得

谁　shéi/shuí

shéi

1. 疑问代词，指人 who

257

例句：谁是我们的老师？
　　　Shéi shì wǒmen de lǎoshī?
　　　Who is our teacher?
2. 表示没有一个人 nobody
　　例句：我谁也不认识。
　　　　　Wǒ shéi yě bú rènshi。
　　　　　I know nobody.
3. 疑问代词，虚指或任指 anybody：
　　例句：1) 今天有谁给我打电话吗？
　　　　　　Jīntiān yǒu shéi gěi wǒ dǎ diànhuà ma?
　　　　　　Was there anybody who called me today?
　　　　2) 谁回来得早谁就做饭。
　　　　　　Shéi huílai de zǎo shéi jiù zuò fàn。
　　　　　　The one who comes home first prepares the meal.

shuí

是"谁"的又一个读音 another pronunciation of shei。

练　习

熟读"谁"的两种读音。

汉语多音字学习手册

什 shén/shí

shén

见下 see below

词语

【什么】　shénme　　what; anything
　　　　例1:你什么时候到北京的?
　　　　　　Nǐ shénme shíhou dào Běijīng de?
　　　　　　When did you arrive in Beijng?
　　　　例2:我什么东西也不想吃。
　　　　　　Wǒ shénme dōngxi yě bù xiǎng chī.
　　　　　　I don't want to eat anything.

shí

1. "十"的书面语(多用于分数或倍数) ten (often see in raction or times)
2. 多种多样的 varied; assorted

词语

【家什】　jiāshí　　utensils, furniture, etc.
【什一】　shí yī(十分之一 shí fēn zhī yī)　　one tenth
【素什锦】　sùshíjǐn　　assorted vegetables
　　　　例:他不爱吃肉,爱吃素什锦。
　　　　　　Tā bú ài chī ròu, ài chī sùshíjǐn.
　　　　　　He prefers assorted vegetables to meat.

· 259 ·

☞ Chinese Multi-reading Characters without Tears ☜

练 习

改正拼音中的错误：

什么（shíme）　　家什（jiāshén）　　为什么（wèishíme）

省　shěng / xǐng

shěng

1. 节俭 economize
2. 免除，减掉 omit; leave out
3. 行政区划单位 province

词 语

【河北省】　Héběi shěng　　Hebei province
【节省】　　jiéshěng　　save
【省吃俭用】　shěng chī jiǎn yòng　　live frugally
【省得】　　shěngde　　so as to avoid
　　　　例：你最好写下来，省得忘了。
　　　　Nǐ zuìhǎo xiě xiàlái, shěngde wàng le.
　　　　You'd better write it down in case you forget it.
【省会】　　shěnghuì　　capital city
　　　　例：广东的省会是广州。
　　　　Guǎngdōng de shěnghuì shì Guǎngzhōu.
　　　　Guangzhou is the capital city of Guangdong province.
【省略】　　shěnglüè　　omit
　　　　例：这句话不能省略。

· 260 ·

Zhè jù huà bù néng shěnglüè。
This sentence can't be omitted.

【省钱】 shěng qián　　save money
例:为了省钱他一天只吃两顿饭。
Wèile shěng qián tā yì tiān zhǐ chī liǎng dùn fàn。
In order to save money, he only eats two meals a day.

【省事】 shěngshì　　save trouble

xǐng
1. 检查自己的思想行为 examine oneself critically
2. 看望,对长者的问候 visit
3. 清醒,明白 become conscious; be aware

词　语

【不省人事】 bù xǐng rén shì　　unconscious
例:从住院到现在,他一直不省人事。
Cóng zhù yuàn dào xiànzài, tā yìzhí bù xǐng rén shì。
He has been unconscious since the first day he was hospitalised.

【反省】 fǎnxǐng　　make a self-examination
例:一个人应该经常反省自己。
Yí gè rén yīnggāi jīngcháng fǎnxǐng zìjǐ。
One should often make a self-examination.

【省亲】 xǐngqīn　　pay a visit to one's parents or elders
例:这是他二十年来第一次回家乡省亲。
Zhè shì tā èr shí nián lái dì yī cì huí jiāxiāng xǐngqīn。
This is his first visit to his parents in twenty years.

261

Chinese Multi-reading Characters without Tears

【省悟】　　xǐngwù　　become conscious

练 习

在括号内填上正确拼音：

省（　）钱　　节省（　）　　反省（　）　　山东省（　）
省（　）悟　　省（　）事　　不省（　）人事

歌 谣

如今回家去省亲，　　Rújīn huí jiā qù xǐngqīn,
省时省事真方便。　　shěng shí shěng shì zhēn fāngbian。
不用翻山又越岭，　　Bú yòng fān shān yòu yuè lǐng,
火车送我到屋前。　　huǒchē sòng wǒ dào wū qián。
迈进家门方省悟，　　Mài jìn jiā mén fāng xǐngwù,
现代生活比蜜甜。　　xiàndài shēnghuó bǐ mì tián。

似 shì/sì

shì

见下 see below

词 语

【似的】　　shìde　　助词,表示和某种事物或情况差不多　（anxiliary) as

例：她的脸色白得像纸似的。

Tā de liǎnsè bái de xiàng zhǐ shìde.
Her face is as white as a paper.

sì

1. 相像,相近 similar
2. 副词,仿佛 (adv.) seem
3. 表示超过 progress

例句:他的身体状况一天好似一天。

Tā de shēntǐ zhuàngkuàng yì tiān hǎo sì yì tiān.

His health is improving day by day.

词　语

【近似】　　jìnsì　　approximate

【类似】　　lèisì　　something like this

例:类似的例子已经举了很多。

Lèisì de lìzi yǐjīng jǔ le hěnduō.

Many examples like this have been given.

【似乎】　　sìhū　　seem

例:他似乎明白了我的意思。

Tā sìhū míngbái le wǒ de yìsi.

It seems that he understood what I meant.

【相似】　　xiāngsì　　similar

例:这两个字的读音很相似。

Zhè liǎng gè zì de dúyīn hěn xiāngsì.

The pronunciation of these two words is similar.

☞ Chinese Multi-reading Characters without Tears ☜

练 习

选择正确拼音填空(shì sì)：

1. 我说完话以后,他像没听见似(　　)的。
2. 今年的成绩好似(　　)去年。
3. 他们俩的经历比较相似(　　),都当过工人。
4. 今天似(　　)乎要下雨。

数　shǔ/shù/shuò

shǔ

1. 清点(数目) count

   例句：你去数一数,看今天来了多少人。

   　　　Nǐ qù shǔ yì shǔ, kàn jīntiān lái le duōshǎo rén。

   　　　Count and make sure of the number of people present.

2. 经过比较最突出 reconed as exceptionally (good, bad, etc.)：

   例句：老李在我们学校老师里数第一。

   　　　Lǎo Lǐ zài wǒmen xuéxiào lǐ shǔ dì-yī。

   　　　Lao Li is the best among the teachers in our school.

3. 责怪 reproach; blame：

【数落】　　shǔluo

　　　　　　scold sb. by enumerating his wrongdoings; enumerate

【数一数二】shǔ yī shǔ èr

　　　　　　count as one of the very best; rank very high

shù

1. 表示事物的多少 number; amount
2. 几个或大概的量 several; a few

词语

【多数】 duōshù majority; most
例:少数人应该服从多数人。
Shǎoshù rén yīnggāi fúcóng duōshù rén.
The minority is subordinate to the majority.

【人数】 rén shù the number of people
例:点点人数,看人到齐了没有?
Diǎn diǎn rénshù, kàn rén dàoqí le méiyǒu?
Count and see if everybody is here.

【少数】 shǎoshù a small number; few; minority
【数据】 shùjù data
【数量】 shùliàng quantity; amount
【数目】 shùmù number; amount
【数千块】 shù qiān kuài several thousands yuan
例:他每个月收入数千块钱。
Tā měi gè yuè shōurù shù qiān kuài qián.
He earns several thousands yuan a month.

【数十斤】 shù shí jīn several ten jin
【数学】 shùxué mathematics
【算数】 suàn shù count; hold; stand
例:他从来说话算数。
Tā cónglái shuōhuà suànshù.
He always means what he says.

265

☞ *Chinese Multi-reading Characters without Tears* ☜

【岁数】　　suìshù　　age; years
　　　　　例:您今年多大岁数了?
　　　　　Nín jīnnián duōdà suìshù le?
　　　　　How old are you?

shuò

(书面语)多次 frequently; repeatedly

【数见不鲜】　shuò jiàn bù xiǎn
　　　　　　　be a common accurrence; be nothing new

练习

请把下面句子注上拼音:
1. 这间教室里的人真多,数也数不清。
2. 他讲的课,多数学生都听懂了。
3. 小芳才两岁多,就会数数了。
4. 他在我们中间是数一数二的。

歌谣

王老五,挖白薯。　　　　Wáng Lǎo Wǔ, wā báishǔ,
挖出一堆数一数。　　　　wāchū yì duī shǔ yì shǔ。
一五一十数不清,　　　　Yī wǔ yī shí shǔ bù qīng,
拿来算盘记个数。　　　　nálái suànpán jì gè shù。

李四笑着告诉他： Lǐ Sì xiàozhe gàosù tā:
称称分量不用数。 chēngchēng fènliang bú yòng shǔ.

说 shuì/shuō

shuì

劝别人听从自己的意见 try to persuade

词　语

【游说】　yóushuì　　drum up support for a scheme or plan
例:他四处游说为自己拉选票。
Tā sì chù yóushuì wèi zìjǐ lā xuǎnpiào.
He went everywhere to drum up support for his election.

shuō

1. 用话语来表示意思,解释 say; speak
   例句:我一说你就明白了。
   Wǒ yì shuō nǐ jiù míngbai le.
   You will understand it when I say it.
2. 言论,见解 theory; teachings
   例句:学术界有此一说。
   Xuéshù jiè yǒu cǐ yì shuō.
   There is such a theory in the field of study of the academy.
3. 责怪,批评 scold
   例句:因为没交作业,老师说了他。

☞ Chinese Multi-reading Characters without Tears ☜

Yīnwéi méi jiāo zuòyè, lǎoshī shuō le tā.
The teacher gave him a talking-to because he didn't hand in his homework.
4. 介绍使人认识 introduce
5. 意思是 mean
   例句：老师说的是考试，不是练习。
   Lǎoshī shuō de shì kǎoshì, bú shì liànxí.
   The teacher meant the examination, not the exercises.

词　语

【说话】　　shuōhuà　　speak
【说媒】　　shuō méi　　act as a matchmaker
　　　　　例：他们俩很般配，你给说个媒。
　　　　　Tāmen liǎ hěn bānpèi, nǐ gěi shuō ge méi.
　　　　　They both match each other. Could you be their matchmaker?
【学说】　　xuéshuō　　theory

练　习

在括号内填入正确的拼音：
　　说（　）话　　学说（　　）　　游说（　　）

· 268 ·

宿 sù/xiǔ/xiù

sù
1. 夜晚睡觉，过夜 lodge for the night; stay overnight
2. 过去有的，年纪老的 long-standing; old
3. 人或事物最终的着落 a home to return to; a permanent home; a final settling place

词语

【归宿】　guīsù　　a home to return to
例：大海就是水的归宿。
Dà hǎi jiù shì shuǐ de guīsù。
All the water finds its way to the sea.

【寄宿】　jìsù　　lodge; (of students) board
【宿敌】　sùdí　　an old enemy
【宿舍】　sùshè　　hostel; dormitory
例：我的宿舍在楼上。
Wǒ de sùshè zài lóushàng。
My dormitory is upstairs.

【宿愿】　sùyuàn　　a long-standing wish
例：参观北京故宫是我的宿愿。
Cānguān Běijīng Gùgōng shì wǒ de sùyuàn。
Visiting the Forbidden City in Beijing is my long-standing wish.

【住宿】　zhùsù　　stay; get accommodation

269

xiǔ
量词，一夜即一宿 a measure word used for counting nights
例句：昨天晚上雨下了半宿。
　　　Zuótiān wǎnshang yǔ xià le bàn xiǔ.
　　　It rained till midnight yesterday.

xiù
中国古代把星群叫做宿 an ancient Chinese term for constellation

词语

【星宿】　　xīngxiù　　constellation

练习

请把下列词语中读"sù"的字标上＋号：
　　宿舍楼　　宿怨　　宿将　　住了一宿　　二十八(星)宿

挑 tiāo/tiǎo

tiāo
1. 选择，挑剔 choose; pick
2. 用肩膀扛扁担上挂的东西，或挑子 carry by a shoulder pole; shoulder pole
例句：他挑了两筐苹果去市场上卖。
　　　Tā tiāo le liǎng kuāng píngguǒ qù shìchǎng shàng mài.
　　　He carried two baskets of apples by a shoulder pole and

went to the market to sell them.
3. 量词 a measure word

词　语

【挑拣】　　tiāojiǎn　　pick and choose
【挑食】　　tiāoshí　　pick at food
例：这孩子吃饭挑食。
Zhè háizi chīfàn tiāoshí.
The kid picks at his food.
【挑水】　　tiāo shuǐ　　carry water by a shoulder pole
【挑剔】　　tiāotì　　be fastidious
例：她用挑剔的眼光打量镜子里的自己。
Tā yòng tiāotì de yǎnguāng dǎliàng jìngzi lǐ de zìjǐ.
She fastidiously looked at herself in the mirror.
【挑选】　　tiāoxuǎn　　choose
例：他给自己挑选了一件大衣。
Tā gěi zìjǐ tiāoxuǎn le yí jiàn dàyī.
He chose a coat for himself.
【挑子】　　tiāozi　　shoulder pole

tiǎo
1. 用细长的东西支起或拨动 push something up with a pole or stick; poke
2. 搬弄是非, 挑动 stir up; instigate

Chinese Multi-reading Characters without Tears

词语

【挑拨】 tiǎobō　sow discord
例：你不要相信她的挑拨。
Nǐ bú yào xiāngxìn tā de tiǎobō。
Don't fall for her instigation.

【挑刺】 tiǎo cì　pick the thorn

【挑开】 tiǎo kāi　lift
例：他伸手挑开了门帘。
Tā shēn shǒu tiǎo kāi le ménlián。
He lifted the curtain with one hand.

【挑衅】 tiǎoxìn　provoke

【挑战】 tiǎo zhàn　challenge
例：刚完成一项工程，又迎来新的挑战。
Gāng wánchéng yí xiàng gōngchéng, yòu yíng lái xīn de tiǎozhàn。
A project has just been completed, a new challenge arrives.

练习

在括号内填上正确的拼音：

1. 他喜欢迎接挑（　　）战。
2. 我挑（　　）开门帘走了进去。
3. 买东西时要认真挑（　　）选。
4. 农妇挑（　　）水上山。

汉语多音字学习手册

歌　谣

某女择偶好挑剔，　　Mǒu nǚ zé ǒu hào tiāotì,
挑三拣四难合意。　　tiāo sān jiǎn sì nán hé yì。
个头要够一米八，　　Gètóu yào gòu yì mǐ bā,
汽车房子买得起。　　qìchē fángzi mǎi de qǐ。
众多男士来挑战，　　Zhòngduō nánshì lái tiǎozhàn,
看谁最后得胜利。　　kàn shuí zuìhòu dé shènglì。

通　tōng / tòng

tōng

1. 没有堵住，能从中穿过 be able to go across or through
   例句：那条水管是通的。
   　　　Nà tiáo shuǐguǎn shì tōng de。
   　　　The pipe is not blocked.
2. 连接，互相来往 connect; communicate
3. 用工具把堵的地方捅开 open up or clear out by poking or jabbing
   例句：用通条通一通炉子。
   　　　Yòng tōngtiáo tōng yì tōng lúzi。
   　　　Poke the fire with a poker.
4. 传递消息，使知道 pass on (information, etc.); make sth. known
5. 懂得，知道 understand; know; grasp
6. 对某一方面很在行的人 a person who has a good command of sth.
7. 文字顺畅 (of writing) clear and coherent; smooth

· 273 ·

☞ *Chinese Multi-reading Characters without Tears* ☜

例句:这篇文章写得不通。
Zhè piān wénzhāng xiě de bù tōng.
This essay doesn't read smoothly.
8. 平常,一般 ordinary; common
9. 整个,全部 whole; entire; complete
10. 流通的货币 currency
11. 各种运输和邮电事业的总称 the general term for both transportation and post and telecommunication
12. 形容红 used to describe "red"
例句:外面太冷,她的脸被冻得通红。
Wàimiàn tài lěng, tā de liǎn bèi dòng de tōnghóng.
It was so cold outside that her face turned bright red.

词 语

【粗通】　　cūtōng　　have a rough idea; know a little
　　　　　例:他粗通日语。
　　　　　Tā cūtōng Rìyǔ.
　　　　　He knows a little Japanese.
【沟通】　　gōutōng　　link up
【互通有无】hù tōng yǒu wú　　Each supplies what the other needs
　　　　　例:两国之间可以互通有无。
　　　　　Liǎng guó zhījiān kěyǐ hù tōng yǒu wú.
　　　　　The two nations can supply each other's needs.
【精通】　　jīngtōng　　be proficient in; have a good command of
【交通】　　jiāotōng　　traffic; communications
【普通】　　pǔtōng　　ordinary; common
【通报】　　tōngbào　　circulate a notice

例：李先生受到通报表扬。
Lǐ xiānsheng shòudào tōngbào biǎoyáng.
Mr. Li was commended through a circular.

【通病】　　tōngbìng　　common failing; common fault
【通常】　　tōngcháng　　general; usual
例：中国人见面时的问候语通常是："你好"。
Zhōngguórén jiàn miàn shí de wènhòuyǔ tōngcháng shì: "Nǐ hǎo".
"Ni hao" is a common greeting which is used when Chinese people meet.

【通告】　　tōnggào　　give public notice
【通过】　　tōngguò　　pass through
【通货膨胀】tōnghuò péngzhàng　(of money) inflation
例：采取必要措施，制止通货膨胀。
Cǎiqǔ bìyào cuòshī, zhìzhǐ tōnghuò péngzhàng.
Adopt necessary measures to check inflation.

【通篇】　　tōng piān　　a full page
【通商】　　tōng shāng　　(of nations) have trade relations
【通俗】　　tōngsú　　popular; common
【通通】　　tōngtōng　　all; entirely; completely
例：你们通通出去。
Nǐmen tōngtōng chūqu.
Go out, all of you.

【通夜】　　tōngyè　　all night; the whole night; throughout the night
【通宵】　　tōngxiāo　　all night; the whole night
例：昨天他又加班干了一个通宵。
Zuótiān tā yòu jiā bān gàn le yí gè tōngxiāo.

275

Chinese Multi-reading Characters without Tears

Yesterday he worked all night long again.

【通讯】 tōngxùn communication; news reports
【通知】 tōngzhī notify; notice
【万事通】 wàn shì tōng know-all
例:老刘是个万事通。
Lǎo Liú shì gè wàn shì tōng.
Lao Liu is considerated as a know-all.
【英国通】 Yīngguó tōng an expert on Britain

tòng

1. 量词,用于动作 a measure word used for some action
   例句:1)敲过三通鼓以后,就开始唱戏。
   Qiāo guò sān tòng gǔ yǐhòu, jiù kāishǐ chàngxì.
   After the drum was beaten in three rolls, the play began with singing.
   2)因为没完成作业,老师说了他一通。
   Yīnwèi méi wánchéng zuòyè, lǎoshī shuō le tā yí tòng.
   The teacher gave him a scolding because he had not finished his assignments.
2. "通红"又读 tònghóng。"Tōnghóng" is also pronounced as "tònghóng"。

练习

1. 读下列词语,并弄清意思:
   通讯　　通读　　学通中外　　粗通文字
   双手通红　　普通人　　普通话

2. 在下列括号内的拼音上标上调号:
1) 在京剧开演前,先要敲一通(tong)鼓。
2) 他刚来北京,普通(tong)话说得不太好。
3) 老徐冬泳回来,脸色通(tong)红。
4) 山田先生是中国通(tong)。

歌 谣

小玉雪天在院中,	Xiǎo Yù xuě tiān zài yuàn zhōng,
两手冻得已通红。	liǎng shǒu dòng de yǐ tònghóng。
她在堆个大雪人,	Tā zài duī gè dà xuěrén,
通身雪白嘴唇红。	tōng shēn xuěbái zuǐchún hóng。
胡萝卜鼻子高高翘,	Húluóbo bízi gāogāo qiào,
手握通条真威风。	shǒu wò tōng tiáo zhēn wēifēng。

同　tóng/tòng

tóng

1. 一样,跟……一样 the same; alike
2. 一起做某事 together
3. 介词,与"跟"相同 (prep.) with
   例句:我有事要同你商量。
   　　　Wǒ yǒu shì yào tóng nǐ shāngliáng。
   　　　I have something to discuss with you.
4. 连词,跟"和"相同 (conj.) and; with
   例句:我同他是多年的朋友。
   　　　Wǒ tóng tā shì duō nián de péngyou。

277

☞ Chinese Multi-reading Characters without Tears ☜

He and I have been friends for years.

词　语

【共同】　　gòngtóng　　together
例：五一节是全世界劳动者共同的节日。
Wǔyī jié shì quán shìjiè láodòng zhě gòngtóng de jiérì.
May Day is a common festival for all the working people in the world.

【陪同】　　péitóng　　accompany
【同等】　　tóngděng　　on an equal basis
【同时】　　tóngshí　　at the same time
【同样】　　tóngyàng　　same
【同意】　　tóngyì　　agree
例：我同意你说的。
Wǒ tóngyì nǐ shuō de.
I agree with you.

【相同】　　xiāngtóng　　the same
例：你的方法和我的方法相同。
Nǐ de fāngfǎ hé wǒ de fāngfǎ xiāngtóng.
Our methods are the same.

tòng
见下 see below

· 278 ·

汉语多音字学习手册

词 语

【胡同】　　hútòng　　lane; alley
例：来北京不参观胡同,实在遗憾。
Lái Běijīng bù cānguān hútòng, shízài yíhàn.
It will be a shame if you don't visit the lanes while you are in Beijing.

练 习

给下列词语注音并造句：

相同　　共同　　胡同　　同伴

歌 谣

陪同老外到北京,　　Péitóng lǎo wài dào Běijīng,
先听京戏后吃鸭。　　xiān tīng jīngxì hòu chī yā.
饭店相同没兴趣,　　Fàndiàn xiāngtóng méi xìngqù,
专挑胡同来住下。　　zhuān tiāo hútòng lái zhù xià.
同他商量喝些啥,　　Tóng tā shāngliáng hē xiē shá,
不喝咖啡要喝茶。　　bù hē kāfēi yào hē chá.

为　wéi/wèi

wéi

1. 做 do; act
2. 当作,充当 act as; serve as

· 279 ·

☞ *Chinese Multi-reading Characters without Tears* ☜

例句:我们都拜王先生为老师。
　　Wǒmen dōu bài Wáng xiānsheng wéi lǎoshī.
　　We all have Mr. Wang as our teacher.

3. 变成 become
4. 是 to be
例句:两斤为一公斤。
　　Liǎng jīn wéi yì gōngjīn.
　　Two jin are one kilogram.
5. 介词,意思同"被"(跟"所"合用) prep. (goes with "suǒ")
例句:他的做法不为大家所理解。
　　Tā de zuòfǎ bù wéi dàjiā suǒ lǐjiě.
　　His behavior was not understood by the people.

词　语

【成为】　　chéngwéi　　become
例:经过十年的努力,他已成为工厂的技术骨干。
Jīngguò shí nián de nǔlì, tā yǐ chéngwéi gōngchǎng de jìshù gǔgàn.
He has become the factory's technical backbone through his ten years' effort.

【认为】　　rènwéi　　believe; think
【为难】　　wéinán　　feel embarrassed; make things difficult for
【为人】　　wéirén　　behave; behavior
【为止】　　wéizhǐ　　up to; till
例:到今天为止,已经有150人报名参加比赛了。
Dào jīntiān wéizhǐ, yǐjīng yǒu yìbǎi wǔshí rén bàomíng cānjiā bǐsài le.

汉语多音字学习手册

Up to now, 150 people have already entered their names for the competition.

【分为】 fēn wéi   be divided into
例:同学们被分为三个班。
Tóngxuémen bèi fēn wéi sān gè bān。
All the students were divided into three classes.

【以为】 yǐwéi   think
例:我们以为他不来了。
Wǒmen yǐwéi tā bù lái le。
We thought he would not come.

【作为】 zuòwéi   as

wèi

1. 介词,表示行为的对象,替(prep.) introduce the object of the action
例句:他为大家做了一顿丰盛的晚餐。
Tā wèi dàjiā zuò le yí dùn fēngshèng de wǎncān。
He cooked a sumptuous dinner for the people.

2. 介词,表示目的(prep.) tell the purpose
例句:让我们为健康干杯。
Ràng wǒmen wèi jiànkāng gānbēi。
Let's toast to everybody's health.

3. 因为 because, for

词 语

【为了】 wèile   for
例:为了买飞机票,他一早就出门了。

☞ *Chinese Multi-reading Characters without Tears* ☜

Wèile mǎi fēijī piào, tā yī zǎo jiù chū mén le.
He went out to buy the ticket early this morning.

【为什么】 wèishénme   why
例:你为什么不告诉我?
Nǐ wèishénme bú gàosù wǒ?
Why didn't you tell me?

【因为】 yīnwèi   because
例:因为最近比较忙,我没有给家里写信。
Yīnwèi zuìjìn bǐjiào máng, wǒ méiyǒu gěi jiāli xiě xìn.
I haven't written to my family because I have been quite busy recently.

练 习

在括号内填上拼音:

1. 你为(　)什么不早点儿来?
2. 为(　)了考个好大学,他每天学习到深夜。
3. 小王为(　)人很诚恳。
4. 她有幸成为(　)学校第一个女博士。
5. 让我们为(　)大家的健康干杯。

相　xiāng/xiàng

xiāng

1. 互相 each other; one another; mutually
2. 指一个人对另一个人的动作 indicating an action performed by one person toward another

3. 表示程度较高或条件适合 considerably; fairly; suitable; appropriate
4. 亲自挑选、亲自看 see for oneself (where sb. or sth. is to one's liking)

例句:这件衣服不错,可他就是相不中。
Zhè jiàn yīfu bú cuò, kě tā jiùshì xiāng bu zhòng.
It's a pretty nice garment, but he just doesn't like it.

词 语

【好言相劝】 hǎoyán xiāngquàn talk to people nicely; try to persuade sb.
例:他们互不相让,我只得好言相劝。
Tāmen hù bù xiāng ràng, wǒ zhǐdé hǎoyán xiāngquàn.
They each sticks to his own stand, I can do nothing but patch things up between them.

【互相】 hùxiāng each other; mutually
【实不相瞒】 shí bù xiāng mán to tell you the truth
【相处】 xiāngchǔ get along with
例:她的脾气比较怪,大家很难和她相处。
Tā de píqì bǐjiào guài, dàjiā hěn nán hé tā xiāngchǔ.
She is odd in temperament, people find it difficult to get along with her.

【相当】 xiāngdāng match; balance; fairly; quite; considerably
例:1) 他们两个人年龄相当,都是二十多岁。
Tāmen liǎng gè rén niánlíng xiāngdāng, dōushì èrshí duō suì.

Chinese Multi-reading Characters without Tears

They are about the same age of 20.
2) 今天来的人相当多。
　　Jīntiān láide rén xiāngdāng duō。
　　There are quite a lot of visitors today.

【相等】　xiāngděng　　be equal
【相对】　xiāngduì　　relative
例：最近物价相对稳定。
Zuìjìn wùjià xiāngduì wěndìng。
Prices have remained relatively stable recently.

【相反】　xiāngfǎn　　contrary; opposite
例：两个人的答案正相反。
Liǎng gè rén de dá'àn zhèng xiāngfǎn。
The answers given by the two are just opposite.

【相亲】　xiāng qīn　　size up a prospective mate in an arranged meeting
例：人家给小孙介绍了个男朋友，她要自己去相亲。
Rénjia gěi Xiǎo Sūn jièshào le gè nánpéngyou, tā yào zìjǐ qù xiāng qīn。
Someone introduced Xiao Sun a prospective boy friend and arranged a meeting for them so she'll go and see for herself.

【相识】　xiāngshí　　be acquainted with each other; an acquaintance
【相似】　xiāngsì　　resemble; be similar; be alike
【相同】　xiāngtóng　　identical; the same; alike
【相信】　xiāngxìn　　believe in; trust; be convinced
例：老王的话大家都相信。
Lǎo Wáng de huà dàjiā dōu xiāngxìn。

Everyone believes in Lao Wang's words.

xiàng
1. 外貌、外表 looks; appearance
2. 站立或坐的姿势 bearing; posture
3. 通过观察外表,判断事物的好坏 look at and appraise
4. 照相机和照片的俗称 camera and photograph
5. 曲艺的一种 a kind of folk art form
6. 官员名 an official rank
7. 生肖 any one of the names of 12 symbolic animals associated with a 12-year cycle

词 语

【可怜相】 kěliánxiàng pitiable appearance
例:他刚来的时候,面黄肌瘦,一副可怜相。
Tā gāng lái de shíhou, miànhuáng jīshòu, yí fù kěliánxiàng.
He was lean and haggard when he first came, wearing a pitiable look.

【首相】 shǒuxiàng prime minister

【属相】 shǔxiàng popular name for the 12 symbolic animals associated with a 12-year cycle

【相机】 xiàngjī camera

【相机行事】 xiàng jī xíng shì act as the occasion demands, so as one sees fit

【相貌】 xiàngmào facial features; looks; appearance
例:老刘相貌很平常,为人很善良。

Chinese Multi-reading Characters without Tears

Lǎo Liú xiàngmào hěn píngcháng, wéirén hěn shànliáng.
Lao Liu is ordinary-looking and kind-hearted.

【相面】 xiàng miàn　　tell sb's fortune by reading his face
例:不要信相面人编造的谎话。
Bú yào xìn xiàng miàn rén biānzào de huǎnghuà.
Don't take fortune teller's words seriously.

【相片】 xiàngpiān　　photo; snapshot
例:他用国产相机照的相片效果也不错。
Tā yòng guóchǎn xiàngjī zhào de xiàngpiān xiàoguǒ yě bú cuò.
The pictures taken by a home made camera also turned out to be good.

【相声】 xiàngsheng　　comic dialogue; cross talk
例:一段相声逗得大家哈哈大笑。
Yí duàn xiàngsheng dòude dàjiā hāhā dà xiào.
The performance of cross talk provoked roars of laughter from everyone.

【站相】 zhànxiàng　　standing posture
【长相】 zhǎngxiàng　　looks; appearance
【照相】 zhào xiàng　　take a picture; photograph
【真相】 zhēnxiàng　　truth; the actual state of affairs
【坐相】 zuòxiàng　　sitting posture
例:他平常散漫惯了,站没站相,坐没坐相。
Tā píngcháng sǎnmàn guàn le, zhàn méi zhànxiàng, zuò méi zuòxiàng.
Almost always slack and sloppy, it seems that he doesn't know how to stand or sit properly.

汉语多音字学习手册

练 习

请在拼音正确的语句后面标上(＋)号：

1. 他新买了一架照相(xiàng)机。
2. 老赵当过兽医,会相(xiàng)马。
3. 我说的这些话,她有点儿不相(xiàng)信。
4. 人的好坏,不能只看相(xiàng)貌。

歌 谣

老李平常爱照相,	Lǎo Lǐ píngcháng ài zhào xiàng,
背着相机到处逛。	bēizhe xiàngjī dàochù guàng。
山水美景相当好,	Shānshuǐ měi jǐng xiāngdāng hǎo,
拍张相片好收藏。	pāi zhāng xiàngpiān hǎo shōucáng。
有的地方相不中,	Yǒude dìfang xiāngbuzhòng,
相机一背算白忙。	xiàngjī yì bēi suàn bái máng。

削 xiāo/xuē

xiāo

用刀去掉东西的表皮 peel with a knife
例句:苹果最好削了皮再吃。

　　Píngguǒ zuìhǎo xiāo le pí zài chī。
　　Peel the apple before you eat it.

xuē

专用于合成词 pare; cut (for compound words)

☞ *Chinese Multi-reading Characters without Tears* ☜

词 语

【剥削】　　bōxuē　　exploit
【削减】　　xuējiǎn　　cut down
　　　　　例:公司今年削减了二十名员工。
　　　　　Gōngsī jīnnián xuējiǎn le èrshí míng yuángōng.
　　　　　The staff of the company was cut by twenty members this year.
【削弱】　　xuēruò　　weaken

练 习

根据拼音连线组词:

兴 xīng/xìng

xīng

1. 盛行,流行 prevail; become popular
   例句:现在不兴叫同志了。
   　　　Xiànzài bù xīng jiào tóngzhì le.
   　　　The form of address comrade is not so popular now.

· 288 ·

2. 开始,创办 start; begin
3. 起,起来 up
4. 也许 perhaps

词语

【复兴】　　　fùxīng　　　revive
【时兴】　　　shíxīng　　　be in fashion
【兴办】　　　xīngbàn　　　initiate
【兴奋】　　　xīngfèn　　　be excited
例:拿到录取通知书,他兴奋得一夜没睡着。
Ná dào lùqǔ tōngzhīshū, tā xīngfèn de yí yè méi shuìzháo。
He was so excited that he couldn't sleep after he had received the admission notice.
【兴建】　　　xīngjiàn　　　build
【兴修】　　　xīngxiū　　　start construction
例:冬季来临,各地都在兴修水利。
Dōngjì láilín, gè dì dōu zài xīngxiū shuǐlì。
Since winter is coming, the construction of irrigation works can be seen everywhere.
【兴许】　　　xīngxǔ　　　maybe

xìng

好的情绪,兴趣 mood; interest

☞ **Chinese Multi-reading Characters without Tears** ☜

词 语

【高兴】　　gāoxìng　　happy
【兴趣】　　xìngqù　　interest
　　　　　　例：我们都对足球感兴趣。
　　　　　　Wǒmen dōu duì zúqiú gǎn xìngqù.
　　　　　　All of us are interested in football.

练 习

读出下列词语：
　　高兴　兴趣　新兴　兴建　时兴　兴办　兴奋　兴许

歌 谣

终于盼来一周末，　　Zhōngyú pàn lái yì zhōumò,
没有高兴反难过。　　méiyǒu gāoxìng fǎn nánguò.
只对踢球感兴趣，　　Zhǐ duì tī qiú gǎn xìngqù,
被迫学琴烦恼多。　　bèipò xué qín fánnǎo duō.
兴许能够有一天，　　Xīngxǔ nénggòu yǒu yì tiān,
我来决定做什么。　　wǒ lái juédìng zuò shénme.

压　yā/yà

yā

1. 对物体施加向下的力量 push down; press
　例句：把纸压住，别让风吹跑了。

Bǎ zhǐ yā zhù, bié ràng fēng chuī pǎo le。
Weigh the paper down in case it will be blown off.
2. 得以控制,使平静 keep under control
例句:他尽力压住怒火,没有发作。
Tā jìnlì yā zhù nùhuǒ, méiyǒu fāzuò。
He tried very hard to keep his anger under control and didn't loose it.
3. 竭力限制 suppress
4. 靠近 approach
5. 放置不动 pigeonhole

词 语

【大兵压境】 dà bīng yā jìng　　a powerful army on the border
【积压】　　 jīyā　　shelve
　　　　　　 例:产品卖不出去,都积压在仓库里。
　　　　　　 Chǎnpǐn mài bù chūqù, dōu jīyā zài cāngkù lǐ。
　　　　　　 The products don't have a market and are overstocked.
【血压】　　 xuèyā　　blood pressure
【压服】　　 yāfú　　force somebody to submit
　　　　　　 例:要说服,不要压服。
　　　　　　 Yào shuōfú, búyào yāfú。
　　　　　　 Please talk him around, but do not force him.
【压力】　　 yālì　　pressure
　　　　　　 例:最近他的工作压力很大。
　　　　　　 Zuìjìn tā de gōngzuò yālì hěn dà。
　　　　　　 Recently he has had a very demanding job to do.
【压缩】　　 yāsuō　　compress

Chinese Multi-reading Characters without Tears

【压抑】　　yāyì　　depress
【压制】　　yāzhì　　suppress
【镇压】　　zhènyā　　put down

yà

词语

【压根儿】　yàgēnr　　from the start
例：我压根儿就不喜欢数学。
Wǒ yàgēnr jiù bù xǐhuān shùxué.
I basically don't like mathematics.

练习

给下列词语中的"压"注音：

高血压（　　）　　　压（　　）根儿
技压（　　）群芳　　压（　　）力

歌谣

少年肩上无压力，　　Shàonián jiān shàng wú yālì,
追求时髦与刺激。　　zhuīqiú shímáo yǔ cìjī.
压根儿不知愁滋味，　Yàgēnr bù zhī chóu zīwèi,
却装深沉称压抑。　　què zhuāng shēnchén chēng yāyì.
问他压抑何处来，　　Wèn tā yāyì hé chù lái,
他却对你笑嘻嘻。　　tā què duì nǐ xiào xīxī.

咽 yān/yàn/yè

yān

1. 口腔后部，通向呼吸道和消化道 back of oral cavity; respiratory tract and alimentary canal
2. 人们用来比喻形势险要的地方 a metaphor for strategic passages

词语

【咽喉】　　yānhóu　　pharynx and larynx; throat
【咽喉要道】　yānhóu yàodào　　strategic passage
例：八达岭古时是从北方进北京的咽喉要道。
Bādálǐng gǔ shí shì cóng běifāng jìn Běijīng de yānhóu yàodào.
Badaling was a strategic passage on the way from the northern part of the country to the city of Beijing in old times.

yàn

使嘴里的东西通过嗓子吞下去 move (food or drink) down the throat from the mouth
例句：1) 吃饭应该细嚼慢咽。
Chī fàn yīnggāi xìjiáo mànyàn.
Chew your food well before you swallow it.
2) 他见汪先生来了，把要说的话又咽了回去。
Tā jiàn Wāng xiānsheng lái le, bǎ yào shuō de huà yòu yàn le huíqù.

When he saw Mr. Wang coming he checked what he was about to say.

词语

【狼吞虎咽】　láng tūn hǔ yàn　　wolf down

yè
1. 受到阻碍后声音变得低沉 a voice, after being checked, becomes low and deep
2. 低声哭泣 uncontrolled short breath while weeping

词语

【哽咽】　gěngyè　　choke with sobs
例:她哽咽着说:"我不能离开他。"
Tā gěngyè zhe shuō: "Wǒ bù néng líkāi tā."
She sobbed: "I can't stay away from him."

【呜咽】　wūyè　　sob
例:屋里很安静,只听见他的呜咽声。
Wūli hěn ānjìng, zhǐ tīngjiàn tā de wūyè shēng.
Only his sobbing was heard in the still and quiet room.

练习

在括号内填上汉语拼音:
1. 这粒药太大,很难咽(　　)下去。

2. 大夫说他的病是咽(　　)喉炎。
3. 她止住哭泣,哽咽(　　)着说:"实在是太难过了。"
4. 周围一片白雪,风吹着竹林像是在呜咽(　　)。

要　yāo/yào

yāo
1. 请求 ask; request
2. 迫使,胁迫 press or urge to violent effort; impose or impress by force

【要求】　　yāoqiú　　ask; demand
例:老师要求学生把字写整齐。
Lǎoshī yāoqiú xuéshēng bǎ zì xiě zhěngqí。
The teacher asked the students to write the characters neatly.

【要挟】　　yāoxié　　coerce; put pressure on
例:敌人要挟他答应这些条件。
Dírén yāoxié tā dāyìng zhè xiē tiáojiàn。
The enemy put pressure on him to take these prerequisites.

yào
1. 有重大作用和意义的,重要的内容 important; (of content) important
2. 希望得到 feel a strong desire to have
例句:这本书我还要呢。
Zhè běn shū wǒ hái yào ne。

I want to keep this book.
3. 请求 ask or request
   例句:弟弟要我帮他写封信。
   Dìdi yào wǒ bāng tā xiě fēng xìn.
   My younger brother asked me to write a letter for him.
4. 应该,理所当然 should
   例句:前面路滑,大家要小心!
   Qiánmiàn lù huá, dàjiā yào xiǎoxīn!
   The road surface ahead is slippery. We should be careful not to slip.
5. 有需求 need; want; demand
   例句:到英国旅行十天要多少钱?
   Dào Yīngguó lǚxíng shí tiān yào duōshao qián?
   How much does a ten-day tour in Britain cost?
6. 将要发生 be going to; will; shall
   例句:天气要热了。
   Tiānqì yào rè le.
   It is getting hot.

词语

【必要】	bìyào	necessary; essential
【次要】	cìyào	less important; subordinate
【险要】	xiǎnyào	strategically located and difficult of access
【需要】	xūyào	need; want
【要点】	yàodiǎn	main points; essentials
【要害】	yàohài	vital part; crucial point

例:一句话抓住了问题的要害。

汉语多音字学习手册

Yí jù huà zhuā zhù le wèntí de yàohài。
Hit home with one remark.

【摘要】　zhāiyào　　make a summary; summary
【主要】　zhǔyào　　main; chief; principal
例:内容是主要的,形式是次要的。
Nèiróng shì zhǔyào de, xíngshì shì cìyào de。
Content should be regarded as superior to form.

练　习

阅读下列短文,在"要"字后面注上拼音:

　　眼看就要(　　)过儿童节了,老师要(　　)求小学生在过节这天,自己动手为家里多做一些家务事。并且要(　　)把主要(　　)的事写到日记里。小方想:我爸爸妈妈都上班,我提前把要(　　)买的菜都买好,到节日下午,为他们做一顿好饭。她还想:要(　　)是能做出四菜一汤,就把表哥也请来。

歌　谣

宝宝要乖不要闹,　　　Bǎobao yào guāi bú yào nào,
妈妈过来把你抱。　　　māma guòlái bǎ nǐ bào。
要吃给你小饼干,　　　Yào chī gěi nǐ xiǎo bǐnggān,
要喝牛奶早煮好。　　　yào hē niúnǎi zǎo zhǔ hǎo。
小眼闭上要求睡,　　　Xiǎo yǎn bì shàng yāoqiú shuì,
摇篮里面睡一觉。　　　yáolán lǐmiàn shuì yí jiào。

应 yīng/yìng

yīng

1. 理所当然 should
2. 同意去做，应声回答 agree (to do sth.); promise
   例句:1) 他应下了这批活儿。
        Tā yīng xià le zhè pī huór。
        He took on these jobs.
   2) 我们叫了她半天,她还是不应。
        Wǒmen jiào le tā bàntiān, tā háishì bù yīng。
        We called her for a long time, but she still didn't answer.
3. 本期的(只用于毕业生) this year's

词　语

【应该】　　yīnggāi　　should
　　　　例:只要是对大家有好处的事,我就应该去做。
　　　　Zhǐyào shì duì dàjiā yǒu hǎochù de shì, wǒ jiù yīnggāi qù zuò。
　　　　I should do what is good for everybody.

【应届】　　yīngjiè　　this year's
　　　　例:今年的应届毕业生有 300 人。
　　　　Jīnnián de yīngjiè bìyèshēng yǒu sānbǎi rén。
　　　　There are 300 graduating students this year.

【应许】　　yīngxǔ　　agree; permit

【应有尽有】　yīng yǒu jìn yǒu　　have everything that one could wish for

汉语多音字学习手册

yìng

1. 应声回答,答复 reply; answer
2. 迎合对方要求,接受 to meet one's demands; accept
   例句:老李对大家的要求是有求必应。
   Lǎo Lǐ duì dàjiā de yāoqiú shì yǒu qiú bì yìng.
   Lao Li is ready to grant whatever is requested.
3. 对付,对待 deal with; cope with
4. 适合,适应 suit; adapt to; conform to

词 语

【答应】 dāying   answer; reply
例:老李在隔壁答应了一声。
Lǎo Lǐ zài gébì dāying le yì shēng.
Lao Li answered from the next house.

【得心应手】 dé xīn yìng shǒu   handle with ease; be in one's element
例:她有多年当秘书的经验,干起来得心应手。
Tā yǒu duō nián dāng mìshū de jīngyàn, gàn qǐlái déxīn yìngshǒu.
She is a secretary with many years' experience so she is in her line when doing her job.

【反应】 fǎnyìng   response; reaction
例:吃了药以后,有什么不良反应吗?
Chīle yào yǐhòu, yǒu shénme bù liáng fǎnyìng ma?
Did you feel unwell after taking the medicine?

【适应】 shìyìng   suit; adapt to; conform to

· 299 ·

Chinese Multi-reading Characters without Tears

例:他到南方已经一年了,还不适应这儿的气候。
Tā dào nánfāng yǐjīng yì nián le, hái bú shìyìng zhèr de qìhòu。
He hasn't become accustomed to the southern climate though he has already been here for a year.

【相应】	xiāngyìng	corresponding; relevant
【响应】	xiǎngyìng	respond; answer
【应酬】	yìngchou	have social intercourse with

例:王先生这几天忙于应酬客人。
Wáng xiānsheng zhè jǐ tiān mángyú yìngchou kèrén。
Mr. Wang has been busy with his visitors these days.

【应付】	yìngfù	deal with; cope with
【应急】	yìngjí	meet an urgent need
【应考】	yìngkǎo	take (of sit for an entrance examination)
【应聘】	yìngpìn	accept an offer of employment
【应邀】	yìngyāo	at sb.'s invitation

例:他应邀去德国访问了。
Tā yìngyāo qù Déguó fǎngwèn le。
He was invited to visit Germany.

| 【应用】 | yìngyòng | apply; use |

练习

1. 请用"应该"、"应邀"各造一个句子。
2. 请在下列词语后的括号里,填上拼音:
    应邀访问(　　)　　不良反应(　　)　　应该解决(　　)
    应下一批活儿(　　)　没人答应(　　)　应有尽有(　　)

汉语多音字学习手册

歌　谣

太太高叫李先生，	Tàitai gāo jiào Lǐ xiānsheng,
隔壁没有人答应。	gébì méiyǒu rén dāying.
吃完晚饭应该在，	Chīwán wǎnfàn yīnggāi zài,
不知为何没反应。	bù zhī wèi hé méi fǎnyìng.
推门一看才明白，	Tuī mén yí kàn cái míngbai,
先生早进睡梦中。	xiānsheng zǎo jìn shuìmèng zhōng.

与　yǔ/yù

yǔ

1. 动词，给 give
   例句：信件已交与本人。
   Xìnjiàn yǐ jiāo yǔ běnrén.
   The letter has been delivered to the addressee.
2. 资助 offer
3. 跟，和 with
   例句：1) 他虽然不常出门，但与外界联系很多。
   Tā suīrán bù cháng chū mén, dàn yǔ wàijiè liánxì hěn duō.
   He has a wide contact with the outside world though he doesn't go out very often.
   2) 我与父母住在一起。
   Wǒ yǔ fùmǔ zhù zài yìqǐ.
   I live with my parents.

· 301 ·

※ Chinese Multi-reading Characters without Tears ※

词 语

【与己方便】 yǔ jǐ fāngbiàn　　make it convenient for oneself
【与人方便】 yǔ rén fāngbiàn　　make it convenient for others
【与人为善】 yǔ rén wéi shàn　　aim at helping others
【赠与】　　　zèngyǔ　　grant

yù

动词,参加,加入 be involved

词 语

【参与】　　cānyù　　take part in
　　　　　例:他曾经参与这个工程的设计工作。
　　　　　Tā céngjīng cānyù zhè gè gōngchéng de shèjì gōngzuò.
　　　　　He was involved in the design of this project.
【与会】　　yù huì　　present at a meeting

练 习

在括号内填上拼音:
　　1.我与(　　)老同学很久没有联系了。
　　2.总理接见了与(　　)会国代表。
　　3.你最好把信交与(　　)他本人。
　　4.我很高兴参与(　　)这次活动。

· 302 ·

汉语多音字学习手册

扎 zā/zhā/zhá

zā

用绳子等把东西捆起来 tie

例句:1) 他腰里扎了根皮带。

　　　Tā yāo lǐ zā le gēn pídài。

　　　He tied a belt around his waist.

　　2) 把头发扎起来。

　　　Bǎ tóufa zā qǐlái。

　　　Tie your hair up.

zhā

1. 尖的东西刺入 prick
2. 钻进去 plunge into

　　例句:他一头扎进了河里。

　　　　Tā yì tóu zhā jìn le hé lǐ。

　　　　He plunged into the river.

3. 军队在一个地方住下 station

词　语

【扎根】　　zhā gēn　　take root
【扎实】　　zhāshi　　solid
　　　　　　例:他的武术基本功不太扎实。
　　　　　　Tāde wǔshù jīběngōng bú tài zhāshi。
　　　　　　His basis in the martial arts is not solid.
【扎手】　　zhā shǒu　　prick the hand
　　　　　　例:上面有刺,小心扎手。

· 303 ·

☞ **Chinese Multi-reading Characters without Tears** ☜

Shàngmiàn yǒu cì, xiǎoxīn zhā shǒu。
There are thorns on it, take care not to prick your hands.

【扎眼】　zhāyǎn　dazzling
例:这个颜色太扎眼了。
Zhè gè yánsè tài zhāyǎn le。
This colour is unpleasant to the eyes.

【扎针】　zhā zhēn　have acupuncture treatment

【驻扎】　zhùzhā　station
例:部队驻扎在一个小村子里。
Bùduì zhùzhā zài yí gè xiǎo cūnzi lǐ。
The troops are stationed in a small village.

zhá
见下 see below

词语

【马扎】　mǎzhá　一种便于携带的坐具　a portable folding seat
例:他带着马扎,走到哪儿坐到哪儿。
Tā dàizhe mǎzhá, zǒu dào nǎr zuò dào nǎr。
He went everywhere with his folding seat so that he could sit down at any time.

【挣扎】　zhēngzhá　用力支撑　support oneself with strength; struggle
例:他在水里用力挣扎。
Tā zài shuǐ lǐ yònglì zhēngzhá。
He struggled in the water.

· 304 ·

汉语多音字学习手册

练 习

把正确拼音填在括号内:

1. 他提着马扎(　　)出门了。
2. 她被针扎(　　)了一下。
3. 她头上扎(　　)了块围巾。
4. 他挣扎(　　)了半天才站起来。

歌 谣

腰里扎着红绸带,　　Yāo lǐ zā zhe hóng chóu dài,
头上戴着五彩花。　　tóu shàng dài zhe wǔ cǎi huā。
身上穿着绸布裥,　　Shēn shàng chuān zhe chóu bù guà,
手里拿着小马扎。　　shǒu lǐ ná zhe xiǎo mǎzhá。
一头扎进人群里,　　Yì tóu zhā jìn rénqún lǐ,
不知到底要干啥?　　bù zhī dàodǐ yào gàn shá?

脏 zāng/zàng

zāng

不干净 dirty; filthy

例句:屋里真脏啊,打扫打扫吧。

Wūlǐ zhēn zāng a, dǎsǎo dǎsǎo ba。

The house is so dirty, let's give it a thorough cleaning.

· 305 ·

☞ *Chinese Multi-reading Characters without Tears* ☜

词 语

【脏话】　　zānghuà　　obscene or foul language
【脏衣服】　zāng yīfu　　dirty linen

zàng

人体内部的器官 internal organs of the body

词 语

【肾脏】　　shènzàng　　kidney
【五脏】　　wǔ zàng　　the five internal organs of the body
　　　　　　例：中医把心、肝、脾、肺、肾叫五脏。
　　　　　　Zhōngyī bǎ xīn、gān、pí、fèi、shèn jiào wǔzàng。
　　　　　　The heart, liver, spleen, lungs and kidneys are generally designated "the five internal organs" in traditional Chinese medical science.
【心脏】　　xīnzàng　　the heart

练 习

熟读下列词语：
　　心脏　肝脏　脾脏　脏话　脏东西　脏手　脏器

汉语多音字学习手册

歌 谣

1. 脏水果，不能吃， Zāng shuǐguǒ, bù néng chī,
   吃了就要坏肚子。 chīle jiùyào huài dùzi。
   脏话坏话我不说， Zānghuà huàihuà wǒ bù shuō,
   讲究文明有廉耻。 jiǎngjiu wénmíng yǒu liánchǐ。

2. 早睡早起身体好， Zǎo shuì zǎo qǐ shēntǐ hǎo,
   多晒太阳多做操。 duō shài tàiyang duō zuòcāo。
   保护心脏靠运动， Bǎohù xīnzàng kào yùndòng,
   内脏健康活到老。 nèizàng jiànkāng huó dào lǎo。

择 zé/zhái

zé
挑选 select

词 语

【选择】　　xuǎnzé　　choose
　　　　　例：你可以选择工作单位。
　　　　　Nǐ kěyǐ xuǎnzé gōngzuò dānwèi。
　　　　　You can choose a work unit.
【择偶】　　zé'ǒu　　choose one's spouse
【择优】　　zéyōu　　select the best
　　　　　例：学校根据学生成绩择优录取。
　　　　　Xuéxiào gēnjù xuésheng chéngjì zéyōu lùqǔ。

· 307 ·

※ Chinese Multi-reading Characters without Tears ※

The school enrolls only those who have outstanding scores.

zhái
挑选，只用于以下词语 select (only used in the following phrases)

词语

【择菜】　　zháicài　　trim vegetables for cooking
【择不开】　zháibukāi　be unable to undo
　　　　　　例：我择不开这团毛线。
　　　　　　Wǒ zháibukāi zhè tuán máoxiàn。
　　　　　　I can't unravel the tangled threads.

练习

判断括号内的拼音是否正确：

1. 他已经到了择(zhái)偶年龄。
2. 选择(zhái)学校应该根据自己的实际情况。
3. 他常常帮助妈妈择(zé)菜。
4. 不论什么学校都是择(zé)优录取。

歌谣

到了年龄要择偶，　　Dào le niánlíng yào zé ǒu,
请人帮忙当参谋。　　qǐng rén bāng máng dāng cānmóu。
头绪太多择不清，　　Tóuxù tài duō zháibuqīng,

人选不少需择优。　rénxuǎn bù shǎo xū zéyōu。
费尽心思难选择，　Fèi jìn xīnsi nán xuǎnzé，
不知该跟哪个走。　bù zhī gāi gēn nǎ gè zǒu。

占　zhān/zhàn

zhān

占卜 divine

词语

【占星术】　zhān xīng shù　astrology
例：他很迷信占星术。
Tā hěn míxìn zhān xīng shù。
He is fascinated by astrology.

zhàn

1. 用武力夺得 occupy
2. 居于某种地位；或在某种情形下 hold；make up

词语

【侵占】　qīnzhàn　seize
【占多数】　zhàn duōshù　constitute the majority
例：赞成这种意见的人占多数。
Zànchéng zhè zhǒng yìjiàn de rén zhàn duōshù。
The majority support this idea.

309

Chinese Multi-reading Characters without Tears

【占领】　　zhànlǐng　　capture
【占上风】　zhàn shàngfēng　gain the upper hand
　　　　　　例：我们队在比赛中占了上风。
　　　　　　Wǒmen duì zài bǐsài zhōng zhàn le shàngfēng.
　　　　　　We had the upper hand in the competition.
【占线】　　zhàn xiàn　　busy
　　　　　　例：电话占线，打不进去。
　　　　　　Diànhuà zhàn xiàn, dǎ bu jìnqù.
　　　　　　The telephone line is busy, you can't call.
【占优势】　zhàn yōushì　have the advantage

练习

改正拼音中声调的错误：

1. 因为去得早,他占了个好位子。
   Yīnwèi qù de zǎo, tā zhān le gè hǎo wèizi.
2. 巫师说自己能占卜未来。
   Wūshī shuō zìjǐ néng zhànbǔ wèilái.
3. 他们的产品在市场上占有百分之三十的席位。
   Tāmen de chǎnpǐn zài shìchǎng shàng zhānyǒu bǎi fēnzhī sānshí de xíwèi.

涨　zhǎng / zhàng

zhǎng

1. 水位提高,物价上扬 (of water, prices, etc.) rise
2. 情绪升高 (of feeling) rise

汉语多音字学习手册

词 语

【高涨】　　gāozhǎng　　rise; run high
　　　　　例:听了他的话,大家情绪高涨。
　　　　　Tīngle tā de huà, dàjiā qíngxù gāozhǎng.
　　　　　His speech filled everyone with enthusiasm.

【上涨】　　shàngzhǎng　　rise; go up
　　　　　例:进入雨季,河水不断上涨。
　　　　　Jìnrù yǔjì, héshuǐ bú duàn shàng zhǎng.
　　　　　The river keeps rising in rainy season.

【涨潮】　　zhǎng cháo　　rising tide; flood tide

【涨价】　　zhǎng jià　　rise in price

zhàng

1. (物体)变大 (of objects) grow bigger
   例句:豆子泡涨了。
   　　Dòuzi pào zhàng le.
   　　The beans swelled after being soaked.

2. (头部)充血 (of the head) be swelled by a rush of blood
   例句:他一同女士说话,脸就涨得通红。
   　　Tā yì tóng nǚshì shuōhuà, liǎn jiù zhàng de tōnghóng.
   　　He blushed every time a lady spoke to him.

词 语

【头昏脑涨】　tóuhūn nǎozhàng　　feel giddy (or dizzy); feel one's
　　　　　　head swimming

· 311 ·

☞ *Chinese Multi-reading Characters without Tears* ☜

例:他算了一上午数学题,算得头昏脑涨的。
Tā suàn le yí shàngwǔ shùxué tí, suàn de tóuhūn nǎozhàng de。
After doing mathematical exercises the whole morning, he felt his head swimming.

练 习

1. 下面各词语的拼音对吗?

水位上涨（shuǐwèi shàngzhǎng）

红头涨脸（hóngtóuzhàngliǎn）

米价上涨（mǐjià shàngzhǎng）

2. 读下面的小故事:

庙里的和尚对小王说:只要你真心信佛,对着菩萨像闭上眼睛念一百句"阿弥陀佛",睁开眼就会看见菩萨像比原来高三寸。小王照他说的,念佛念得头昏脑涨,睁开眼一看,那座菩萨像果然比原来涨高了一块。原来那座菩萨像放在一个坛子上,坛里放满黄豆,念佛的时候,和尚往坛里加水,黄豆被水泡涨以后,菩萨像被涨起的豆子慢慢顶起,升高了几寸。

着 zhāo/zháo/zhe/zhuó

zhāo

1. 下棋时走一步棋叫一着 a move in chess

例句:他走了一着好棋。

Tā zǒu le yì zhāo hǎo qí。

He made an excellent move.

· 312 ·

2. 比喻计谋或手段,同"招" stratagem or means in metaphor, the same as "zhāo"

词 语

【高着儿】　gāozhāor　　clever move; brilliant idea
【花着儿】　huāzhāor　　trick; game
【着数】　　zhāoshù　　trick; device
　　　　　　例:她的着数都用尽了。
　　　　　　Tā de zhāoshù dōu yòngjìn le。
　　　　　　She's at the end of her tether.

zháo

1. 感受,碰到,挨到 be affected by; touch
   例句:苹果太高,你摘不着。
   　　　Píngguǒ tài gāo, nǐ zhāi bu zháo。
   　　　The apples are so high up there that they are out of your reach.
2. 燃烧 be ignited; be lit
   例句:这个蜡烛为什么点不着了?
   　　　Zhègè làzhú wèishénme diǎn bù zháo le?
   　　　Why couldn't the candle be lit?
3. 在动词后,表示有了结果 used after verbs to express result

词 语

【猜着了】　cāi zháo le　　guess right

☞ *Chinese Multi-reading Characters without Tears* ☜

【上不着天，下不着地】 shàng bù zháo tiān, xià bù zháo dì　touch neither the sky nor the ground—be suspended in midair

【睡着了】 shuì zháo le　be asleep

【着火】 zháo huǒ　catch fire; be on fire
例：邻居家着火了，小王连忙去救火。
Línjū jiā zháo huǒ le, Xiǎo Wáng liánmáng qù jiùhuǒ.
The neighbour's house caught fire, and Xiao Wang went hurriedly to fight it.

【着急】 zháojí　feel worried

【着凉】 zháo liáng　catch cold; catch a chill
例：昨天我着了凉，今天就感冒了。
Zuótiān wǒ zháo le liáng, jīntiān jiù gǎnmào le.
I caught a chill yesterday, and today I have a cold.

【着迷】 zháomí　be fascinated

【找着了】 zhǎo zháo le　(sb. or sth.) be found
例：谁把报纸拿走了？我找了半天也没找着。
Shuí bǎ bàozhǐ ná zǒu le? Wǒ zhǎole bàntiān yě méi zhǎo zháo.
Who took the newspaper away? I have been looking for it for a long time, but have not found it yet.

zhe

助词，在动词后面，表示动作或状态的持续 (indicating an action in progress; used after a verb to form a preposition)

词语

【接着】 jiēzhe　follow; after that

· 314 ·

例：妈妈走后，我们又接着谈。
Māma zǒu hòu, wǒmen yòu jiēzhe tán.
After my mother left, we went on talking.

【沿着】 yánzhe along
【站着】 zhànzhe be standing
【坐着】 zuòzhe be sitting

例：他坐着看报。
Tā zuòzhe kàn bào.
He sat while reading newspaper.

zhuó

1. 接触 get in touch with; come into contact with
2. 穿上（衣服） wear; put on
3. （为别人）考虑 consider (the interests of sb. or sth.)
4. 下落 whereabouts

词 语

【穿着】 chuānzhuó dress
例：这位小姐的穿着很华丽。
zhè wèi xiǎojiě de chuānzhuó hěn huálì.
This young lady was gorgeously dressed.

【衣着】 yīzhuó clothing
【着陆】 zhuó lù land; touch down
例：那架飞机平稳地着陆了。
Nà jià fēijī píngwěn de zhuó lù le.
The plane landed smoothly.

【着落】 zhuóluò whereabouts

· 315 ·

☞ Chinese Multi-reading Characters without Tears ☜

例:联系了半年,工作还是没有着落。
Liánxì le bànnián, gōngzuò háishì méiyǒu zhuóluò.
He is still jobless after half a year's effort.

【着色】　zhuó sè　　put colour on
【着手】　zhuóshǒu　　put one's hand to; set about
例:那个问题他已经开始着手解决了。
Nàgè wèntí tā yǐjīng kāishǐ zhuóshǒu jiějué le.
He already started solving the problem.

【着想】　zhuóxiǎng　　consider (the interests of sb. or sth.)
例:他是为你着想才劝你戒烟的。
Tā shì wèi nǐ zhuóxiǎng cái quàn nǐ jiè yān de.
It was for your good that he advised you to give up smoking.

【着眼】　zhuóyǎn　　have sth. in mind; see (or view) from the angle of
例:教育是着眼于未来的事业。
Jiàoyù shì zhuóyǎn yú wèilái de shìyè.
Education is an undertaking of the mind for the future.

练 习

请判断下列拼音是否正确:

1. 她正唱着歌走过来。(Tā zhèng chàng zháo gē zǒu guòlài.)
2. 屋里太黑了,我摸不着。(Wū lǐ tài hēi le, wǒ mō bu zhe.)
3. 他到机场时,飞机刚着陆。(Tā dào jīchǎng shí, fēijī gāng zháo lù.)
4. 找不着小孟,他很着急。(Zhǎo bu zháo Xiǎo Mèng, tā hěn zhuójí.)

汉语多音字学习手册

> **歌谣**

1. 看着电视停了电,　　Kànzhe diànshì tíng le diàn,
   摸着黑来把蜡点,　　mō zhe hēi lái bǎ là diǎn,
   点了半天没点着,　　diǎn le bàn tiān méi diǎnzháo,
   原来火柴头掰断。　　yuánlái huǒcháitóu bāiduàn。
2. 小王传球给小姚,　　Xiǎo Wáng chán qiú gěi Xiǎo Yáo,
   小姚一慌没接着。　　Xiǎo Yáo yì huāng méi jiēzháo。
   小李着急来补位,　　Xiǎo Lǐ zháojí lái bǔ wèi,
   投中三分技术高。　　tóu zhòng sān fēn jìshù gāo。

正 zhēng / zhèng

zhēng

> **词语**

【正月】　zhēngyuè　the first month of Chinese lunar calendar
例:正月初二大家都出门拜年去了。
Zhēngyuè chū èr dàjiā dōu chū mén bàinián qù le。
Everyone goes to pay a New Year call on the second day of the first month.

zhèng

1. 与正常方向一致(跟"歪"、"偏"相对) straight
   例句:这张照片放得不正。
   Zhè zhāng zhàopiān fàng de bú zhèng。

· 317 ·

☞ *Chinese Multi-reading Characters without Tears* ☜

       The photo is not straight.
2. 主要的一面,好的一面 right side
3. 正直,合理合法 correct
4. 合乎规范,端正 regular
5. 纯正(指色、味) pure
   例句:这条鱼的味道不太正。
       Zhè tiáo yú de wèidào bú tài zhèng。
       The fish doesn't smell right.
6. 基本的,主要的(区别"副") main
7. 指失去电子的(跟"负"相对) positive
8. 动词,改正,纠错 (verb.) correct
9. 副词,恰巧,刚好 (adv.) just right
10. 表示动作在进行中 show the progress of a verb
   例句:他进来时,我正在打电话。
       Tā jìnlái shí, wǒ zhèngzài dǎ diànhuà。
       I was on the phone when he came in.

词　语

【改正】   gǎizhèng   correct
          例:请把错误改正过来。
          Qǐng bǎ cuòwù gǎizhèng guòlái。
          Please correct your mistakes.

【公正】   gōngzhèng   just
          例:法律作出了公正的判决。
          Fǎlù zuò chū le gōngzhèng de pànjué。
          The law has given a reasonable judgment.

【纠正】   jiūzhèng   redress

【正常】　　　　zhèngcháng　　regular
【正当】　　　　zhèngdàng　　proper
【正电】　　　　zhèngdiǎn　　positive electricity
【正好】　　　　zhènghǎo　　just right
　　　　　　　例：你来得正好。
　　　　　　　Nǐ lái de zhènghǎo.
　　　　　　　You have come at the right time.
【正极】　　　　zhèngjí　　positive electrode
【正教授】　　　zhèng jiàoshòu　　first professor
　　　　　　　例：我们系有正副教授共十名。
　　　　　　　Wǒmen xì yǒu zhèng fù jiàoshòu gòng shí míng.
　　　　　　　There are ten professors and associate professors in our department.
【正面】　　　　zhèngmiàn　　right side
　　　　　　　例：信的正面只写了两个字。
　　　　　　　Xìn de zhèngmiàn zhǐ xiě le liǎng gè zì.
　　　　　　　There are only two words written on the right side of the paper.
【正南】　　　　zhèng nán　　due south
【正确】　　　　zhèngquè　　correct
【正式】　　　　zhèngshì　　formal
　　　　　　　例：我已经正式通知他参加会议。
　　　　　　　Wǒ yǐjīng zhèngshì tōngzhī tā cānjiā huìyì.
　　　　　　　I have already officially informed him to attend the meeting.
【正是】　　　　zhèngshì　　just
　　　　　　　例：你说的正是我考虑的问题。
　　　　　　　Nǐ shuō de zhèng shì wǒ kǎolǜ de wèntí.

☞ Chinese Multi-reading Characters without Tears ☜

What you say is just what I was thinking about.

【正午】　　zhèngwǔ　　high noon

练　习

选择正确拼音填空：

1. 去年正（　　）月初一我们全家正（　　）好都在北京，父亲给大家做了一道味道纯正（　　）的四川菜。(zhēng zhèng)
2. 李先生是我们那儿惟一的正（　　）教授，我想请他帮我改正（　　）文章中的错误，找到他时，他正（　　）在休息。(zhēng zhèng)

歌　谣

正月初一往家赶，	Zhēngyuè chū yī wǎng jiā gǎn,
家家户户正团圆。	jiā jiā hù hù zhèng tuányuán。
饺子味道很纯正，	Jiǎozi wèidào hěn chúnzhèng,
乐得爷爷眉毛弯。	lède yéye méimao wān。
儿子当上正教授，	Erzi dāng shàng zhèng jiàoshòu,
孙子全班得第三。	sūnzi quán bān dé dì sān。
正好全家都到齐，	Zhènghǎo quán jiā dōu dào qí,
欢声笑语过好年。	huān shēng xiào yǔ guò hǎo nián。

挣　zhēng/zhèng

zhēng

见304页【挣扎】(zhēngzhá) see page 304 struggle

zhèng

1. 努力脱离约束 struggle to get free
2. 通过劳动得到 earn; make

词语

【挣开】　　zhèngkāi　　get rid of

【挣钱】　　zhèng qián　　earn money
　　　　　　例：他白天挣钱晚上学习。
　　　　　　Tā báitiān zhèng qián wǎnshang xuéxí。
　　　　　　He works in the daytime and studies at night.

【挣脱】　　zhèngtuō　　throw off
　　　　　　例：他从人群中挣脱出来。
　　　　　　Tā cóng rénqún zhōng zhèngtuō chūlái。
　　　　　　He found a way out of the crowd.

练习

选择正确拼音填空：
1. 他只想挣（　　）钱。(zhēng zhèng)
2. 挣（　　）扎了半天，他还是没站起来。(zhēng zhèng)
3. 他挣（　　）脱开绳子跑了出来。(zhēng zhèng)

歌谣

　　小王盼望能自立，　　Xiǎo Wáng pànwàng néng zìlì,
　　学业未成挣钱去。　　xuéyè wèi chéng zhèng qián qù。

Chinese Multi-reading Characters without Tears

挣脱束缚还自由， Zhèngtuō shùfù huán zìyóu,
方知一切不容易。 fāng zhī yíqiè bù róngyì.
吃苦受累且不说， Chī kǔ shòu lèi qiě bù shuō,
没有本领还受气。 méiyǒu běnlǐng hái shòu qì.
勉强挣扎一年多， Miǎnqiǎng zhēngzhá yì nián duō,
重返校园再学习。 chóng fǎn xiàoyuán zài xuéxí.

只 zhī/zhǐ

zhī

1. 独自一人的 single
2. 量词 a measure word

例句：他划着一只小船向我们驶来。
　　　Tā huá zhe yì zhī xiǎo chuán xiàng wǒmen shǐlái.
　　　He was rowing towards us.

【词　语】

【两只鞋】　liǎng zhī xié　　two shoes
【一只鸡】　yì zhī jī　　one chicken
【只身】　　zhīshēn　　by oneself

例：去年他只身一人去了西藏。
　　Qù nián tā zhī shēn yì rén qù le Xīzàng.
　　He went to Tibet alone last year.

zhǐ

1. 副词,表示限于某个范围 (adv.) show the scope of

2. 仅仅 only

例句：办公室里只他一个人。

Bàngōngshì lǐ zhǐ tā yí gè rén。

He is the only one in the office.

词语

【不只】　　bù zhǐ　　　not only

【只好】　　zhǐhǎo　　　have to

例：等了很久还不见他来，我只好先走了。

Děng le hěn jiǔ hái bú jiàn tā lái, wǒ zhǐhǎo xiān zǒu le。

I have been waiting for him for a long time, but he hasn't shown up yet. I must go now.

【只见其一，不见其二】　zhǐ jiàn qí yī, bú jiàn qí èr　　one cannot see the wood for the trees

【只要】　　zhǐyào　　　so long as

例：只要努力就能学好汉语。

Zhǐyào nǔlì jiù néng xué hǎo Hànyǔ。

You can learn Chinese well if you work hard.

【只有】　　zhǐyǒu　　　only have

练习

改正拼音中的错误：

只有(zhǐyǒu)　　船只(chuán zhǐ)　　只好(zhǐhǎo)

只身(zhǐshēn)　　不只(bùzhī)　　一只鸡(yì zhī jī)

只要(zhǐyào)　　只字不提(zhǐ zì bù tí)

☞ **Chinese Multi-reading Characters without Tears** ☜

中 zhōng/zhòng

zhōng

1. 跟四周任意一点的距离相等,中心 centre
2. 指中国 China
3. 在某个区域内,内部 in; among
4. 位置、等级处在与两端距离相等的位置 in the middle
5. 适合 fit for
6. 用在"在……中"句式里的动词后面,表示进行、持续状态 show the progress after averb in form"zài……zhōng"
   例句:汽车在行进中不能开门。
   　　　Qìchē zài xíngjìn zhōng bù néng kāi mén。
   　　　You can't open the door when the bus is still moving.

词语

【古今中外】　gǔ jīn zhōng wài　　at all times and in all countries
【集中】　　　jízhōng　　concentrate
【其中】　　　qízhōng　　among
　　　　例:学生们来自不同地方,其中北京人占百分之十。
　　　　Xuéshēngmen láizì bùtóng dìfang, qízhōng Běijīng rén zhàn bǎi fēn zhī shí。
　　　　The students come from different places. Among them, the Beijing students account for 10%.
【适中】　　　shìzhōng　　fit for
　　　　例:这个位置不远不近,对我很适中。
　　　　Zhè gè wèizhì bù yuǎn bú jìn, duì wǒ hěn shìzhōng。

The distance is good for me, it is neither too far nor too near.

| 【心中】 | xīnzhōng | in one's heart |
| 【正中】 | zhèngzhōng | the middle of |

例：屋子正中放着一张桌子。
Wūzi zhèngzhōng fàng zhe yì zhāng zhuōzi。
A table is right in the middle of the room.

【中餐】　　zhōngcān　　Chinese food

例：他一直不习惯吃中餐。
Tā yìzhí bù xíguàn chī zhōngcān。
He can't get used to Chinese food.

【中等】	zhōngděng	intermediate
【中年】	zhōngnián	middle aged
【中秋】	zhōngqiū	mid-autumn

例：中秋节是我国的传统节日。
Zhōngqiū jié shì wǒ guó de chuántǒng jiérì。
Mid-autumn Day is a traditional Chinese festival.

【中学】　　zhōngxué　　middle school

例：这所中学的教育质量很高。
Zhè suǒ zhōngxué de jiàoyù zhìliàng hěn gāo。
This middle school has a high educational standard.

【中央】	zhōngyāng	central
【中药】	zhōngyào	Chinese medicine
【中用】	zhōngyòng	good for use

例：新买的机器中看不中用。
Xīn mǎi de jīqì zhōng kàn bù zhōng yòng。
The new machine looks nice but is not good to use.

【中指】　　zhōngzhǐ　　middle finger

zhòng

1. 正好对上 fit exactly
2. 遭到 be hit by; suffer

词 语

【看中】 kànzhòng　　take a fancy to
例：我们都看中了这所房子。
Wǒmen dōu kànzhòng le zhè suǒ fángzi。
We have all taken a fancy to this house.

【考中】 kǎozhòng　　pass the examination
例：他考中了北京大学。
Tā kǎozhòng le Běijīng dàxué。
He has passed the entrance examination for Beijing University.

【中毒】 zhòng dú　　poisoning
例：吃了这种蘑菇,很多人中毒。
Chī le zhè zhǒng mógu, hěn duō rén zhòngdú。
Many people were poisoned by this kind of mushroom.

【中奖】 zhòng jiǎng　　get the winning number in a bond
【中伤】 zhòngshāng　　slander
【中选】 zhòng xuǎn　　be chosen

改正拼音中的错误：

1. 我们经理是个中(zhòng)年人。

2. 这次中(zhòng)奖的作品内容很丰富。
3. 书中(zhōng)夹着一片树叶。
4. 他看中(zhòng)的人一定不会错。

歌　谣

园园考中好学校，	Yuányuan kǎozhòng hǎo xuéxiào,
乐坏妈妈和姥姥。	lè huài māma hé lǎolao.
成天以他为中心，	Chéngtiān yǐ tā wéi zhōngxīn,
要啥给啥愿效劳。	yào shá gěi shá yuàn xiàoláo.
看中什么买什么，	Kànzhòng shénme mǎi shénme,
稍不中意就要闹。	shāo bú zhòngyì jiù yào nào.
初中眼看要结束，	Chūzhōng yǎn kàn yào jiéshù,
学习不断走下坡。	xuéxí bú duàn zǒu xià pō.
妈妈心中暗着急，	Māma xīnzhōng àn zháojí,
毕不了业怎么好？	bì bu liǎo yè zěnme hǎo?

种　zhǒng/zhòng

zhǒng

1. 表示类别 kind; sort; type
   例句：百货大楼的商品有上万种。
   Bǎihuò dàlóu de shāngpǐn yǒu shàng wàn zhǒng.
   There are commodities of more than 10,000 varieties in the department store.
2. 人种 race
3. 种子 seed

4. 物种的简称 seed; strain; breed

词 语

【白种人】 bái zhǒng rén　　white people; the white race
例:不管白种人还是黑种人,都应该有平等的权利。
Bùguǎn bái zhǒng rén háishì hēi zhǒng rén, dōu yīnggāi yǒu píngděng de quánlì.
All men have equal rights despite of their race, black or white.

【纯种】 chúnzhǒng　　purebred; thoroughbred
【各种】 gèzhǒng　　all kinds of; various kinds of
【黑种人】 hēi zhǒng rén　　black people; the black race
【黄种人】 huáng zhǒng rén　　yellow people; the yellow race
【良种】 liángzhǒng　　fine breed; improved variety
例:他养了两头良种奶牛。
Tā yǎngle liǎng tóu liángzhǒng nǎiniú.
He kept two cows of fine breed.

【品种】 pǐnzhǒng　　variety; breed; strain
【种鸡】 zhǒng jī　　chicken kept for covering
【种类】 zhǒnglèi　　kind; type
【种子】 zhǒngzi　　seed
【种族】 zhǒngzú　　race

zhòng

栽种 plant; grow; cultivate
例句:中国有一句俗话是:"种瓜得瓜,种豆得豆。"
Zhōngguó yǒu yí jù súhuà shì:"Zhòng guā dé guā, zhòng dòu

dé dòu。"

There is a saying in China: "plant melons and you get melons, sow beans and you get beans."

词 语

【种花】　　zhòng huā　　cultivate or grow flowers
【种田】　　zhòng tián　　till land; go in for farming
【种植】　　zhòngzhí　　plant; grow

练 习

请指出错误的拼音,并改正过来:

1. 老李是一辈子老老实实种(zhǒng)地的那种(zhǒng)人。
2. 他用买来的胡萝卜种(zhòng)种(zhòng)在地里,长出来的却是白萝卜。
3. 市场上的几万种(zhòng)商品,不知道哪种(zhòng)是伪劣商品。
4. 反对种(zhǒng)族歧视,在种(zhǒng)族间撒下和平的种(zhòng)子。

歌 谣

你拍一,我拍一,　　　　Nǐ pāi yī, wǒ pāi yī,
大妈买来良种鸡。　　　dàmā mǎilái liángzhǒng jī。
你拍二,我拍二,　　　　Nǐ pāi èr, wǒ pāi èr,
小花和我来做伴儿。　　xiǎohuā hé wǒ lái zuòbànr。

你拍三,我拍三,　　　Nǐ pāi sān, wǒ pāi sān,
种地之前要先翻。　　　zhòng dì zhīqián yào xiān fān。
你拍四,我拍四,　　　Nǐ pāi sì, wǒ pāi sì,
芒种以后割麦子。　　　mángzhòng yǐhòu gē màizi。
你拍五,我拍五,　　　Nǐ pāi wǔ, wǒ pāi wǔ,
两种面条一锅煮。　　　liǎng zhǒng miàntiáo yì guō zhǔ。

转　zhuǎn/zhuàn

zhuǎn

1. 变换方位、形势、情况等 to change direction, location, situation, condition, etc.
   例句:1) 他从北京经上海转去东京了。
   　　　Tā cóng Běijīng jīng Shànghǎi zhuǎn qù Dōngjīng le。
   　　　He has left Beijing for Tokyo via Shanghai.
   　　2) 明天的天气是多云转阴。
   　　　Míngtiān de tiānqì shì duōyún zhuǎn yīn。
   　　　It will change from cloudy to overcast tomorrow.
2. 把一方的意见、东西等交给另一方 to move or shift ideas, letters, articles, etc. from one place or person to another
3. 形容人炫耀自己的学识故意说古文 to describe sb. who parades his learning in classical Chinese on purpose

【词　语】

【好转】　　hǎozhuǎn　　take a turn for the better; improve
【逆转】　　nìzhuǎn　　　take a turn for the worse; reverse

【扭转】　niǔzhuǎn　　turn back; reverse
例:新厂长到任半年,扭转了亏损局面。
Xīn chǎngzhǎng dàorèn bàn nián, niǔzhuǎn le kuīsǔn júmiàn。
The new director of the factory put an end to the situation of unfavourable balance after arriving at his post for half a year.

【转告】　zhuǎngào　　pass on (word)
例:我已经把你的意见转告李先生了。
Wǒ yǐjīng bǎ nǐde yìjiàn zhuǎngào Lǐ xiānsheng le。
I've passed on your ideas to Mr Li.

【转换】　zhuǎnhuàn　　change; transform
【转交】　zhuǎnjiāo　　pass on; transmit
【转借】　zhuǎnjiè　　lend what one has borrowed (to sb. else)
【转让】　zhuǎnràng　　transfer the ownership of; make over
【转身】　zhuǎn shēn　　(of a person) turn round

zhuàn

1. 旋转 to revolve; to rotate; to spin
2. 围绕某个东西移动 to move round sth.

词　语

【连轴转】　lián zhóu zhuàn　　work day and night; work round the clock
例:这几天车间活儿忙,工人都在连轴转。
Zhè jǐ tiān chējiān huór máng, gōngrén dōu zài liánzhóuzhuàn。

The workers have been busy these days in the workshop, and therefore have been working round the clock.

【转动】 zhuàndòng   turn; revolve; rotate
例:火车的车轮飞快地转动着。
Huǒchē de chēlún fēikuài de zhuàndòng zhe。
The wheels of the train turned at full speed.

【转来转去】 zhuàn lái zhuàn qù   to stroll back and forth
例:她在商场的柜台前转来转去。
Tā zài shāngchǎng de guìtái qián zhuàn lái zhuàn qù。
She strolled back and forth in front of the store counter.

【转圈】 zhuàn quān   to move round sth.
【转速】 zhuànsù   rotational speed
【转椅】 zhuànyǐ   swivel chair

练 习

请为下列词语的"转"字注上拼音:

旋转(　)　转(　)圈　转(　)交　转(　)椅
转(　)口　周转(　)　转(　)速　扭转(　)

歌 谣

小转椅,转呀转,　　　Xiǎo zhuànyǐ, zhuàn ya zhuàn,
抬头看蓝天,　　　　　tái tóu kàn lántiān,
天上白云都在转。　　　tiān shàng báiyún dōu zài zhuàn.
低头看草地,　　　　　Dī tóu kàn cǎodì,
地上红花也在转。　　　dì shàng hónghuā yě zài zhuàn.

转身看看小伙伴，　　Zhuǎn shēn kànkan xiǎo huǒbàn,
伙伴高兴红了脸。　　huǒbàn gāoxìng hóng le liǎn。

作　zuō/zuò

zuō
手工业工场 workshop

词语

【作坊】　zuōfang　　workshop
例：这家工厂是由一个手工作坊发展起来的。
Zhè jiā gōngchǎng shì yóu yí gè shǒugōng zuōfang fāzhǎn qǐlái de。
The factory developed from a workshop.

zuò
1. 起来 rise
2. 从事某项活动 do; make
3. 写作 write; compose
4. 文学艺术创作成品 works
5. 当成 regard as

词语

【创作】　chuàngzuò　　create
【当作】　dāngzuò　　take as

Chinese Multi-reading Characters without Tears

【动作】　　dòngzuò　　act
【工作】　　gōngzuò　　work
　　　　　　例：对待工作要认真负责。
　　　　　　Duìdài gōngzuò yào rènzhēn fùzé。
　　　　　　Be responsible for your work.
【合作】　　hézuò　　cooperate
　　　　　　例：我们合作得很愉快。
　　　　　　Wǒmen hézuò de hěn yúkuài。
　　　　　　We cooperated well.
【杰作】　　jiézuò　　masterpiece
【一鼓作气】　yì gǔ zuò qì　　press on to finish without letup
　　　　　　例：他们一鼓作气，完成了全月的工作量。
　　　　　　Tāmen yì gǔ zuò qì, wánchéng le quán yuè de gōngzuò liàng。
　　　　　　They finished the whole month's work at one go.
【振作】　　zhènzuò　　be stir oneself
【作废】　　zuò fèi　　become invalid
　　　　　　例：明天这张票就作废了。
　　　　　　Míngtiān zhè zhāng piào jiù zuò fèi le。
　　　　　　Tomorrow the ticket will no longer be valid.
【作家】　　zuòjiā　　writer
【作品】　　zuòpǐn　　works
　　　　　　例：他的作品很受欢迎。
　　　　　　Tā de zuòpǐn hěn shòu huānyíng。
　　　　　　His works are very popular.
【作曲】　　zuò qǔ　　compose music
　　　　　　例：他既会作词又会作曲。
　　　　　　Tā jì huì zuò cí yòu huì zuò qǔ。

汉语多音字学习手册

He can write both words and music.

【作为】 zuòwéi as

例：他把跑步作为锻炼身体的手段。
Tā bǎ pǎobù zuòwéi duànliàn shēntǐ de shǒuduàn.
He runs to stay healthy.

【作用】 zuòyòng function

练 习

在括号内填上拼音：

这些雕塑作（　　）品都是他在小作（　　）坊里完成的。和他一起工作（　　）的人都是作（　　）为学生在向他学习。大家很高兴能有机会亲眼看到一个杰作（　　）的诞生过程。

歌 谣

作坊虽小出成绩，　　Zuōfang suī xiǎo chū chéngjì,
件件作品有新意。　　jiàn jiàn zuòpǐn yǒu xīn yì。
疑是名家之妙手，　　Yí shì míngjiā zhī miàoshǒu,
作者年仅二十七。　　zuòzhě nián jǐn èr shí qī。
勤奋工作无捷径，　　Qínfèn gōngzuò wú jiéjìng,
敢让世界都称奇。　　gǎn ràng shìjiè dōu chēngqí。

第二部分

阿 ā/ē

ā

1. 前缀,民间为了表示亲昵,在排行或姓、小名前加"阿" prefix. show intimate before a name or a nickname

【阿宝】　　Abǎo
【阿大】　　Adà

2. 前缀,用在某些亲属称谓的前面 prefix. put before some addresses of relatives

【阿婆】　　Apó　　Granny
【阿姨】　　Ayí　　Aunt

ē

奉承,偏袒 fawn on
【刚直不阿】gāng zhí bù ē　　upright and never stooping to flattery
【阿谀】　　ēyú　　fawn on

吧 bā/ba

bā

1. 象声词 onom

【吧嗒】　　bādā　　onom
　　　　　　例:他听见吧嗒一声,门关了。
　　　　　　Tā tīngjiàn bādā yìshēng, mén guān le.
　　　　　　He heard that the door clicked up.

339

2. 小酒店 bar
【酒吧】　　jiǔbā　　bar

ba

助词 part.

1. 在句末表示商量、建议、要求（indicating a suggestion, a request or a mild command）
   例句：我们走吧。
   　　　Wǒmen zǒu ba。
   　　　Let's go.

2. 在句末表示同意或许可（indicating consent or approval）
   例句：就这样吧。
   　　　Jiù zhè yàng ba。
   　　　Let's do it this way.

3. 在句末表示疑问，带有估计的意思（forming a leading question which asks for confirmation of a supposition）
   例句：今天不会下雨吧？
   　　　Jīntiān bú huì xià yǔ ba？
   　　　It won't rain today, will it?

伯　bāi/bó

bāi

丈夫的哥哥 husband's elder brother; brother-in-law
【大伯子】　　dà bāizi　　brother-in-law

bó

父亲的哥哥，或尊称与父亲同辈的男人 father's elder brother,

uncle
1. 伯父 father elder brother; uncle
【伯伯】　　bóbo　　father's elder brother

2. 封建社会皇帝五等爵位的第三等 earl; count
【伯爵】　　bójué　　earl; count

膀 bǎng/pāng/páng

bǎng

1. 肩部 shoulder
【膀大腰圆】 bǎng dà yāo yuán　　broad-shouldered and solidly-built; hefty; husky
【肩膀】　　jiānbǎng　　shoulder

2. 鸟类的翅膀 wing (of a bird)
【翅膀】　　chìbǎng　　wing

pāng
身体浮肿 swelling
例句：她全身膀肿。
　　　Tā quán shēn pāngzhǒng.
　　　Her whole body swells.

páng
膀胱 bladder
【膀胱】　　pángguāng　　bladder

☞ *Chinese Multi-reading Characters without Tears* ☜

炮 bāo/páo/pào

bāo

一种在旺火上迅速炒(牛、羊肉片)的烹调法 a way of cooking, quick-fry

例句:老陈特别爱吃炮牛肉。

  Lǎo Chén tèbié ài chī bāo niúròu。

  Quick-fried beef is Lao Chen's favorite.

páo

加工制作中药的一种方法 prepare herbal medicine by roasting or parching

【炮制】 páozhì the process of preparing Chinese medicine, as by parching, roasting, baking, steaming, soaking, simmering, etc.

例:1) 这家中药店在炮制药材方面经验丰富。

  Zhè jiā zhōngyàodiàn zài páozhì yàocái fāngmian jīngyàn fēngfù。

  This Chinese Pharmacy has rich experience in preparing Chinese medicine.

 2) 经过东拼西凑,他终于炮制出一个所谓的计划。

  Jīngguò dōng pīn xī còu, tā zhōngyú páozhì chū yí gè suǒwèi de jìhuà。

  Finally he scraped together a so-called plan.

pào

1. 重型射击武器 cannon; heavy artillery piece

【高射炮】　gāoshèpào　　antiaircraft gun
【礼炮】　lǐpào　　salvo;（gun）salute
【炮弹】　pàodàn　　（artillery）shell; old cannon ball

2. 爆竹 firecracker
【鞭炮】　biānpào　　firecracker; a string of small firecrackers

3. 为爆破土石而在凿眼里装炸药后引爆,叫放炮 set a large blast of powder in the rocks

秘　bì/mì

bì
音译用字
【秘鲁】　Bìlǔ　　Peru

mì
不公开的 secret
【秘方】　mìfāng　　secret recipe
【秘密】　mìmì　　secret; confidential
【神秘】　shénmì　　mysterious

辟　bì/pì

bì
1. 书面语,皇帝（written language）monarch; sovereign
【复辟】　fùbì　　restore a dethroned monarch; stage a comeback

2. 驱除 ward off; keep away
【辟邪】　　bì xié　　exorcise evil spirit

pì
1. 开创 open up (territory, land, etc.); break (ground)
【开辟】　　kāipì　　open up; start

2. 深透 penitrating; incisive
【精辟】　　jīngpì　　penetrating; incisive

3. 驳斥或排除 refute; repudiate
【辟谣】　　pì yáo　　refute a rumour; deny a rumour

扁　biǎn/piān

biǎn
较薄的物体 flat
【扁担】　　biǎndàn　　carrying pole; shoulder pole
【扁圆】　　biǎnyuán　　oblate

piān
小船 small boat
【扁舟】　　piānzhōu　　small boat; skiff

侧 cè/zè/zhāi

cè

1. 旁侧 side

| 【侧门】 | cèmén | side door; side entrance |
| 【侧重】 | cèzhòng | lay special emphasis on |

2. 向一边歪 incline to one side

| 【侧耳】 | cè'ěr | incline the ear; strain one's ears |
| 【侧身】 | cèshēn | turn or move sideways |

zè

意思同"仄"字, interchangeable with "仄" in the following two meanings
1. 窄 narrow
2. 古时"四声"除了平声以外的声调 oblique tones as distinct from the level tone inclassical Chinese pronunciation

zhāi

方言,歪斜,不正 (dialect) tilt; slant

| 【侧歪】 | zhāiwāi | slant |

查 chá/zhā

chá

1. 检验 check; examine

| 【查禁】 | chájìn | ban; prohibit; suppress |
| 【抽查】 | chōuchá | carry out selective examinations; make spot checks; spot-check |

· 345 ·

☞ *Chinese Multi-reading Characters without Tears* ☜

【检查】　　jiǎnchá　　check; examine

2. 调查 look into; investigate
【调查】　　diàochá　　investigate; look into

3. 翻阅 look up; consult
【查字典】　　chá zìdiǎn　　look up a word in the dictionary; consult a dictionary

zhā
1. 中国的姓 a Chinese surname
2. 一种植物或它的果实 see below
【山查】　　shānzhā　　(Chinese) hawthorn

单 chán / dān / Shàn

chán
过去匈奴君主的称号 see below
【单于】　　chányú　　the title of the chief of the Xiong nu

dān
1. 一个(跟"双"相对) one; single
【单人床】　　dān rén chuáng　　single bed

2. 奇数 odd
【单数】　　dānshù　　odd number; singular number in grammar

3. 独自一个, 只 only; alone

· 346 ·

例句：我单给他要了一碗面。
　　　　Wǒ dān gěi tā yào le yì wǎn miàn.
　　　　I asked a bowl of noodle only for him.

【单独】　　　dāndú　　　alone by oneself; on one's own; independent
【单身】　　　dānshēn　　unmarried; live alone; not with one's family

4. 简单, 薄弱 simple; weak
【单薄】　　　dānbó　　　thin; weak; insubstantial
【单调】　　　dāndiào　　monotonous; dull; drab
【简单】　　　jiǎndān　　simple

5. 各种单子 sheet; bill; list
【被单】　　　bèidān　　　(bed) sheet
【菜单】　　　càidān　　　menu
【名单】　　　míngdān　　name list

Shàn
地名, 姓 name of place; surname
【单县】　　　Shàn xiàn　　county of Shan

倡　chāng / chàng

chāng
以演奏乐器和唱歌舞蹈为职业的人（written language）singer, dancer or musician
【倡优】　　　chāngyōu　　singers, dancers or entertainers

· 347 ·

☞ *Chinese Multi-reading Characters without Tears* ☜

chàng
创造,发动 initiate; advocate
【倡导】　　chàngdǎo　　initiate; propose
【提倡】　　tíchàng　　advocate; encourage

吵 chāo/chǎo

chāo
许多人一起乱说话 see below
【吵吵】　　chāochao　　make a row; kick up a racket
例:你们别瞎吵吵了。
Nǐmen bié xiā chāochao le。
Don't make such a row.

chǎo
1. 声音杂乱,打扰别人 make a noise
例句:说话声把孩子吵醒了。
Shuōhuà shēng bǎ háizi chǎo xǐng le。
The voice of talk has waken the bady.
2. 争吵 quarrel; wrangle
【吵架】　　chǎojià　　quarrel; have a row
【争吵】　　zhēngchǎo　　quarrel; wrangle; squabble

车 chē/jū

chē
1. 在地上行走带轮子的工具 vehicle

【火车】　　　huǒchē　　　train
【汽车】　　　qìchē　　　car
【自行车】　　zìxíngchē　　bicycle

2. 利用轮轴旋转的工具和机器 wheeled machine or instrument
【车间】　　　chējiān　　　workshop
【纺车】　　　fǎngchē　　　spinning wheel

jū
象棋中代表战车的棋子 chariot, one of the pieces in Chinese chess

尺　chě/chǐ

chě
中国民族音乐过去记音的一个符号，相当于现代简谱上"2" a note of the scale in gongchepu(工尺谱), corresponding to 2 in numbered musical notation

chǐ
1. 中国长度单位 a unit of length (1/3 of a metre)
【尺寸】　　　chǐcùn　　　size; measurement
【尺度】　　　chǐdù　　　yardstick; criterion
【英尺】　　　yīngchǐ　　　foot (a measure)

2. 量长度、画图的工具 ruler
【尺子】　　　chǐzi　　　ruler
【卷尺】　　　juǎnchǐ　　　tape measure; band tape

3. 类似尺的东西 an instrument in the shape of a ruler
【镇尺】　　zhènchǐ　　paperweight

乘　chéng/shèng

chéng

1. 坐交通工具出行 ride
【乘出租车】　chéng chūzūchē　　take a taxi
【乘客】　　　chéngkè　　passenger
【乘坐】　　　chéngzuò　　ride; take

2. 利用机会 take advantage of; avail oneself of
【乘机】　　chéngjī　　seize the opportunity
【乘势】　　chéngshì　　take advantage of a favourable situation

3. 数学中的运算方法 multiply
【乘法】　　chéngfǎ　　multiplication

shèng

1. 指史书 historical records; annals
【史乘】　　shǐshèng　　history; annals

2. 古代把四匹马拉的一辆车叫一乘 a war chariot drawn by four horses。

臭 chòu/xiù

chòu

1. 难闻的气味 smelly; foul; stinking
 【臭味】 chòuwèi stink; foul smell; offensive
 【铜臭】 tóngchòu the stink of money, profits-before-everything mentality

2. 惹人讨厌的 disgusting; disgraceful
 【臭毛病】 chòu máobìng bad habit

3. 笨拙,不高明 lousy
 【臭棋】 chòu qí a lousy chess move or game

4. 凶狠地 severely
 【臭骂】 chòu mà a tongue-lashing

xiù

1. 气味 odour; smell
 【乳臭未干】 rǔxiù wèi gān still smell of one's mother's milk—young and inexperienced; be wet behind the ears

2. 同"嗅",即闻气味 interchangeable with "嗅", to smell

刺 cī/cì

cī

象声词 onomatope

【刺啦】　　cīlā
　　　　　例:他的衣服刺啦一声撕破了。
　　　　　Tā de yīfu cīlā yì shēng sī pò le。
　　　　　His clothes tore with a ripping sound.

【刺溜】　　cīliū
　　　　　例:他不小心刺溜一下滑倒了。
　　　　　Tā bù xiǎoxīn cīliù yí xià huá dǎo le。
　　　　　He fell with the sound of slipping.

cì

1. 用尖的东西扎进物体 thorn; splinter
　　例句:他不小心被刺伤了。
　　　　Tā bù xiǎoxīn bèi cì shāng le。
　　　　He was not careful and was hurt by the thorn.

2. 刺激 irritate; stimulate
【刺耳】　　cì'ěr　　　hurt the ear
【刺激】　　cìjī　　　stimulate

3. 暗杀 assassinate
【刺杀】　　cìshā　　　assassinate
【遇刺】　　yùcì　　　be assassinated

4. 讥刺 criticize
【讽刺】　　fěngcì　　satirize

· 352 ·

5. 顶端很尖,像针一样 something sharp, like a needle
【刺儿】　　cìr　　thorn

6. 赛跑快到终点时用力向前冲 dash
【冲刺】　　chōngcì　　dash

答　dā/dá

dā
1. 答复,专用于一些词 see below
【答应】　　dāying　　answer; reply; respond
【答理】　　dāli　　acknowledge (sb's greeting, etc.); response; answer

2. 象声词 onom.
【滴答】　　dīdā　　tick; ticktack; ticktock

dá
1. 答复 answer; reply; respond
【答案】　　dá'àn　　answer; solution; key
【回答】　　huídá　　answer; reply; response

2. 接受别人的好处,回报别人 return (a visit, etc.); reciprocate
【报答】　　bàodá　　repay; requite
【答谢】　　dáxiè　　express appreciation (for sb.'s kindness or hospitality); acknowledge

待 dāi/dài

dāi

停留 stay
例句：他待在家里。
　　　Tā dāi zài jiā lǐ.
　　　He stayed at home.
【待会儿】　dāihuǐr　　in a moment

dài

1. 对待 treat; deal with
【待遇】　dàiyù　　treatment; reception
【对待】　duìdài　　treat; approach; handle

2. 接待 entertain
【接待】　jiēdài　　receive; admit
【招待】　zhāodài　　entertain; serve

3. 等 wait
【待业】　dàiyè　　job-waiting; unemployed
【等待】　děngdài　　wait; await
【有待解决】　yǒu dài jiějué　　remain to be solved

石 dàn/shí

dàn
量词,十斗等于一石 a unit of dry measure for grain (=1 hectolitre)

shí
1. 地壳中的坚硬物质 stone; rock
【石头】　　shítou　　　stone; rock
【石碑】　　shíbēi　　　stone tablet, stele
【石刻】　　shíkè　　　carved stone, stone inscription
【玉石】　　yùshí　　　jade

2. 指石刻 stone inscription
【金石】　　jīnshí　　　stone inscription

肚 dǔ/dù

dǔ
可作食品用的动物的胃 tripe
【肚子】　　dǔzi　　　tripe
【猪肚】　　zhūdǔ　　　pork tripe

dù
1. 腹部 belly; abdomen; stomach
【肚子】　　dùzi　　　belly; abdomen

2. 物体圆而突出的部分 a belly-shaped thing

· 355 ·

【腿肚子】　　tuǐdùzi　　calf (of a leg)

度 dù/duó

dù

1. 表示程度 degree of intensity
【长度】　　chángdù　　length
【高度】　　gāodù　　altitude; height

2. 量词,表示温度、角度等 a unit of measurement for angles, temperature, etc.; degree
【摄氏36度】　shèshì sānshíliù dù　　36℃
【45度角】　　sìshíwǔ dù jiǎo　　an angle of 45 degrees

3. 限度 limit; extent
【过度】　　guòdù　　over-
【适度】　　shìdù　　appropriate measure; moderate degree

4. 人的气质 personal quality
【风度】　　fēngdù　　elegant manner
【气度】　　qìdù　　boldness of vision and large-mindedness
【态度】　　tàidù　　manner; attitude

5. 考虑或计较 consideration
【置之度外】　zhìzhīdùwài　　give no thought

6. 量词,次 measure word, occasion; time
【一年一度】　yìnián yídù　　once a year

【再度】　　　zàidù　　　once more

7. 量词,千瓦/小时 measure word, kilowatt / hour
8. (指时间)用,过 spend; pass
   【欢度】　　　huāndù　　　spend joyfully
   【虚度】　　　xūdù　　　waste time

9. 行为标准 code of conduct
   【制度】　　　zhìdù　　　system; institution

duó

猜测,估计 surmise; estimate
【揣度】　　　chuǎiduó　　　estimate
【推度】　　　tuīduó　　　infer; conjecture; guess

否 fǒu/pǐ

fǒu

1. 表示否定 deny; negate
   【否定】　　　fǒudìng　　　negate; deny
   【否认】　　　fǒurèn　　　deny; repudiate
   【否则】　　　fǒuzé　　　otherwise; if not

2. 表示疑问(used with 是,能,可,etc.) whether or not
   【可否】　　　kěfǒu　　　whether or not
   【是否】　　　shìfǒu　　　yes or not; whether or not

· 357 ·

pǐ

1. 坏的, 恶劣 bad; wicked; evil

【否极泰来】 pǐjítàilái   out of the depth of misfortune comes bliss; the extreme of adversity is the beginning of prosperity

2. (给予)低的评价 censure

【臧否】 zāngpǐ   (written language) pass judgment (on people)

服 fú/fù

fú

1. 服装 clothes

【服装】 fúzhuāng   dress; garment; costume
【礼服】 lǐfú   ceremonial robe or dress; full dress; formal dress
【衣服】 yīfú   clothing; clothes

2. 吃(药) take (medicine)

【服药】 fú yào   take medicine
【内服】 nèifú   (of medicine) to be taken orally

3. 承担责任, serve

【服务】 fúwù   give service to; serve
【服刑】 fú xíng   serve a sentence

4. 服从 be convinced; obey

【服从】 fúcóng   obey; be subordinated to

【服气】　　fúqì　　be convinced
【说服】　　shuōfú　　persuade; convince; bring round
【信服】　　xìnfú　　believe and admire

5. 适应,愉快 be accustomed to; be well
【水土不服】　shuǐ tǔ bù fú　　not accustomed to the climate
【舒服】　　shūfu　　comfortable; be well

fù
量词,用于中药 m.(for Chinese medicine) dose
【一服药】　　yí fù yào　　a dose of medicine

咖 gā/kā

gā
一种调味品 see below
【咖喱】　　gālì　　curry

kā
一种植物种子的粉末制成的饮料 see below
【咖啡】　　kāfēi　　coffee

胳 gā/gē/gé

gā
腋窝的通称 see below
【胳肢窝】　　gāzhiwō　　armpit

· 359 ·

gē
手臂 see below
【胳膊】　　gēbo　　arm

gé
用手指挠别人身上,使发痒 see below
【胳肢】　　gézhi　　tickle sb.

钢 gāng/gàng

gāng
一种合金 steel
【钢材】　　gāngcái　　steel products
【钢铁】　　gāngtiě　　iron and steel; steel

gàng
1. 把刀放在布或石头上磨 sharpen; whet; strop
【钢菜刀】　　gàng càidāo　　sharpen a kitchen knife

2. 在刀类的刃口上加钢,以使它更锋利 sharpen a knife by reinforcing the edge or retempering.

搁 gē/gé

gē
1. 放 put
　　例句:1) 箱子搁在哪儿?

· 360 ·

Xiāngzi gē zài nǎr?
Where shall I put on the suitcase?
2）菜里再搁点儿盐。
Cài lǐ zài gē diǎnr yán。
Put some more salt in the dish.

2. 搁置,延误 put aside; leave over; shelve
【耽搁】　　dāngē　　stop over; stay
【搁置】　　gēzhì　　shelve; lay aside; pigeonhole

gé
经受 bear; stand; endure
【搁不住】　　gé bu zhù　　cannot stand

骨　gū/gǔ

gū
1. 没开放的花 see below
【骨朵儿】　　gūduor　　flower bud

2. 滚动 roll
【骨碌】　　gūlu　　roll

gǔ
1. 骨头 bone
【刺骨】　　cì gǔ　　cut to the bone; piercing
【骨头】　　gǔtou　　bone

2. 物体内部的架子 skeleton; framework

【骨架】 gǔjià skeleton; framework

3. 气质, 气概 character; spirit
【骨气】 gǔqì strength of character

估 gū/gù

gū
估量, 猜测 estimate; appraise
【低估】 dīgū underestimate; underrate
【估计】 gūjì estimate; appraise

gù
出卖的旧衣服 see below
【估衣】 gùyī secondhand clothes or clothes badly tailored and of poor material

过 guò/guo

guò
1. 从一点(时间或地点)到另外一点, 经过 cross; pass; spend
【过程】 guòchéng course; process
【过河】 guò hé cross the river
【过来】 guòlái come over; come up
【过年】 guò nián celebrate the New Year or the Spring Festival; spend the New Year or the Sring Festival

汉语多音字学习手册

2. 使物品经过处理 undergo a process; go through; go over
【过秤】　　guòchèng　　weigh(on the steelyard)
【过滤】　　guòlǜ　　filter; filtrate

3. 超过了一定限度 exceed; go beyond
【过分】　　guòfèn　　excessive; undue; over
【过期】　　guò qī　　exceed the time limit; be overdue

4. 过错 fault; mistake
【改过】　　gǎi guò　　correct one's errors
【过错】　　guòcuò　　fault; mistake

guo

1. 在动词后面,表示动作完毕（used after a verb to indicate the completion of an action）
   例句:他吃过饭了。
   　　　Tā chī guo fàn le。
   　　　He has eaten.

2. 在动词后面,表示曾经发生（used after a verb of an adjective to indicate a past action of state）
   例句:我看过这个电影。
   　　　Wǒ kàn guo zhè ge diànyǐng。
   　　　I've seen this movie.

咳　hài/ké

hài

叹词,表示感伤、懊悔或诧异（indicating sadness, regret or sur-

☞ *Chinese Multi-reading Characters without Tears* ☜

prise）

例句:1）咳,我真糊涂！
      Hài, wǒ zhēn hútu!
      Damn it! How stupid I was!

2）咳,真有这种怪事儿？
      Hài, zhēn yǒu zhè zhǒng guài shìr?
      What! That's really strange!

ké

咳嗽 cough

【咳嗽】 késou   cough

巷 hàng / xiàng

hàng

采矿掘出的坑道 see below

【巷道】 hàngdào   tunnel

xiàng

较窄的胡同 lane; alley

【街头巷尾】 jiē tóu xiàng wěi   streets and lanes

号 háo / hào

háo

1. 大声喊叫 howl; yell

【号叫】 háojiào   howl

· 364 ·

【呼号】　　hūháo　　wail

2. 哭嚎 wail

【哀号】　　āiháo　　cry piteously
【号哭】　　háokū　　wail

hào

1. 名字 name

【年号】　　niánhào　　reigh title
【商号】　　shānghào　　firm
【外号】　　wàihào　　nickname

2. 标识,信号 mark; sign

【暗号】　　ànhào　　secret sign
【符号】　　fúhào　　mark
【记号】　　jìhào　　mark
【问号】　　wènhào　　question mark

3. 表示顺序,等级 size

【挂号】　　guàhào　　register
【号码】　　hàomǎ　　size, number
【型号】　　xínghào　　model
【中号】　　zhōnghào　　medium size

4. 指某种人 refer to a kind of people

【病号】　　bìnghào　　patient
【伤号】　　shānghào　　the wounded

5. 放在数字后面表示日期、次序 date；number
   例句：五月三号是他的生日。
   　　　Wǔ yuè sān hào shì tā de shēngrì.
   　　　He was born on the third of May.
6. 量词 a measure word
   例句：他们工厂有一千多号人。
   　　　Tāmen gōngchǎng yǒu yìqiān duō hào rén.
   　　　There are over one thousand people in their factory.
7. 西式喇叭 brass wind instrument
【大号】　　　dàhào　　　tuba；bass horn
【号手】　　　hàoshǒu　　trumpeter；bugler
【圆号】　　　yuánhào　　French horn

8. 号令 order
【起床号】　　qǐ chuáng hào　　reveille

喝 hē/hè

hē
通过嘴咽下去流食或液体 drink
【喝酒】　　　hē jiǔ　　drink wine
【喝水】　　　hē shuǐ　　drink water

hè
大声呼喊 say or call in a loud voice
【喝彩】　　　hècǎi　　acclaim；cheer
【吆喝】　　　yāohè　　cry out

哼 hēng/hng

hēng

1. 鼻子哼出声音 groan; snort
   例句:尽管很疼,他也没有哼一声。
   　　　Jǐnguǎn hěn téng, tā yě méiyǒu hēng yìshēng。
   　　　Although it's painful, he didn't groan any more.
2. 低声吟唱 hum; croon
   【哼唱】　　hēngchàng　　hum

hng

不满意或不相信的声音(expressing disapproval of suspicion) humph

糊 hū/hú/hù

hū

1. 用糊状物涂抹 plaster
   【糊上】　　hūshang　　plaster up

2. 形容黑、暗 see below
   【黑糊糊】　　hēihūhū　　black; blackened; rather dark

hú

1. 用糨糊一类把纸或布粘起来 stick with paste; paste
   【糊信封】　　hú xìnfēng　　paste an envelope

2. 食品被火烤焦 (of food) burnt
【饭糊了】　　Fàn hú le.　　The rice is burnt.

3. 对事理认识不请 muddled; confused; bewildered
【糊涂】　　hútu　　muddle-headed; confused; bewildered

hù
1. 粥一样的食物 paste
【烂糊】　　lànhù　　(of food) mashed; pulpy

2. 蒙骗, kid; deceive
【糊弄】　　hùnong　　kid; fool; deceive

化　huā/huà

huā
用去,消费,同"花" spend; expend
【化钱】　　huā qián　　spend money; cost money

huà
1. 变化,使某人或某物发生变化 change; turn; transform
【变化】　　biànhuà　　change; vary
【化妆】　　huàzhuāng　　make up; disguise oneself

2. 使受影响 convert; influence
【教化】　　jiàohuà　　enlighten by education

3. 受热后变成液体 melt; dissolve

· 368 ·

【融化】　rónghuà　melt; thaw

4. 焚烧 burn up
【火化】　huǒhuà　cremation

5. 指化学 short for chemistry
【化肥】　huàféi　chemical fertilizer
【化学】　huàxué　chemistry

6. 后缀,表示变化 (verb suffix)-ize;-ify
【机械化】　jīxièhuà　mechanize
【绿化】　lǜhuà　make (a place)green by planting trees, folwers, etc; afforest

济 jǐ/jì

jǐ

人多的样子 see below
【济济一堂】　jǐjǐ yìtáng　gather together under the same roof
【人才济济】　réncái jǐjǐ　an abundance of capable people; a galaxy of talent

jì

1. 渡河 cross a river
【同舟共济】　tóng zhōu gòng jì　cross a river in the same boat — pull together in times of trouble

2. 救济 aid; relieve; help

【救济】　　　jiùjì　　　extend relief to; relieve the distress of

3. 有利于 be of help; benefit
【无济于事】　wújìyúshì　　not help matters; of no avail

家　jiā/jia/jie

jiā

1. 家庭,住的房子 family; household; home
【回家】　　　huíjiā　　　go home
【家庭】　　　jiātíng　　　family
　　　　　　　例句:你家有几口人?
　　　　　　　　　Nǐ jiā yǒu jǐ kǒu rén?
　　　　　　　　　How many people are there in your family?

2. 指从事一种职业的人 a person of family engaged in a certain trade
【船家】　　　chuánjiā　　boatman
【行家】　　　hángjiā　　　expert; connoisseur

3. 在一种或几种工作有成就的人 a specialist in a certain field
【画家】　　　huàjiā　　　painter; artist
【科学家】　　kēxuéjiā　　scientist

4. 学术派别 a school of thought; school
【儒家】　　　rújiā　　　the Confucian school
【一家之言】　yì jiā zhī yán　　a distinctive doctrine or theory; an original system of thought

5. 人们饲养的 domestic; tame
【家畜】　　jiāchù　　domestic animal; livestock

6. 量词 m.(for families of business establishments)
【一家商店】　yìjiā shāngdiàn　　one shop

jia
后缀,表示属于某一种人(suffix used after certain nouns to indicate a specified kind or class of people)
【女人家】　　nǚrénjia　　women

jie
某些副词的后缀,同"价"(added to certain adverbs as a suffix)
【整天家忙】　zhěngtiānjiemáng　　be busy all day long

夹　jiā/jiá

jiā

1. 双方都加压力 press from both sides
例句:关门的时候,他的手指不小心被夹了一下。
　　Guān mén de shíhou, tā de shǒuzhǐ bù xiǎoxīn bèi jiā le yí xià。
　　He got his fingers jambed in the closing door.
【夹菜】　　jiā cài　　pick up food with chopsticks

2. 胳膊肘部用力,使腋下的东西不致掉下去 carry something under one's arm

☞ Chinese Multi-reading Characters without Tears ☜

例句：他进来的时候，胳膊下边夹着那两幅画。
Tā jìnlai de shíhou, gēbo xiàbiān jiā zhe nà liǎng fú huà.
He was carrying two pictures under his arm when he came in.
【夹着书】　　jiā zhe shū　　carry books under one's arm

3. 在两者中间 place in between
例句：书里夹着一片树叶。
Shū lǐ jiā zhe yí piàn shùyè.
A leaf is in between the leaves of the book.
【夹层】　　jiācéng　　mezzanine

4. 夹杂，搀和 mix; mingle
【夹杂】　　jiāzá　　be mixed up with
例：他说话时白话夹杂着文言。
Tā shuōhuà shí báihuà jiāzá zhe wényán.
He mixes up modern and classic Chinese when he speaks.

5. 夹子 clip
【文件夹子】　　wénjiànjiāzi　　folder

jiá
两层的衣被 lined jacket or blanket
【夹袄】　　jiá'ǎo　　lined jacket
【夹被】　　jiábèi　　lined blanket

· 372 ·

汉语多音字学习手册

价 jià/jie

jià

1. 价钱 price
【价格】　　jiàgé　　　price
【物价】　　wùjià　　　(commodity)price

2. 价值 value
【等价】　　děngjià　　of equal value; equal in value
【价值】　　jiàzhí　　　value; worth

jie

1. 助词,用在否定副词后面起强调作用(added to negative adverbs to form an emphatic statement)
【别价】　　biéjie　　　no
【不价】　　bùjie　　　no

2. 某些副词的后缀(added to certain adverbs as a suffix)
【整天价忙】　zhěngtiānjiemáng　　be busy all day long

角 jiǎo/jué

jiǎo

1. 动物头上坚硬的凸出部分 horn
【牛角】　　niújiǎo　　ox horn

2. 角落 corner

【角落】　　jiǎoluò　　　corner; nook
【墙角】　　qiángjiǎo　　a corner formed by two walls

3. 从一点引出的两条射线形成的 angle
【角度】　　jiǎodù　　　angle; point of view
【直角】　　zhíjiǎo　　　right angle

4. 中国货币单位 a fractional unit of money in China
【一角钱】　yìjiǎo qián　one jiao(ten fen)

jué
1. 角色 role; part; character
【主角儿】　zhǔjuér　　　leading role, lead

2. 演员 actor or actress
【名角儿】　míngjuér　　a famous actor or actress

3. 比赛,争斗 wrestle; contend
【角斗】　　juédòu　　　wrestle
【角逐】　　juézhú　　　contend; tussle; enter into rivalry

3. 古代五音之一,相当于现代简谱的"3" a note of the ancient Chinese five-tonescale, corresponding to 3 in numbered musical notation.

节 jiē/jié

jiē
紧要时机 see below
【节骨眼儿】 jiēguyǎnr　　critical juncture; vital link

jié
1. 一些分段的物体各段相连的地方 joint; node; knot
【关节】 guānjié　　joint

2. 量词 m. section; length
【两节课】 liǎngjiékè　　two classes; two periods
【一节电池】 yìjiédiànchí　　one electric cell

3. 节日和节气 festival; red-letter day; holiday
【春节】 chūnjié　　Spring Festival
【过节】 guòjié　　celebrate a festival
【中秋节】 zhōngqiūjié　　the Mid-Autumn Festival

4. 节省, 克制 economize; save
【节约】 jiéyuē　　practise thrift; economize; save

5. 事项 item
【礼节】 lǐjié　　courtesy; etiquette; protocol; ceremony
【细节】 xìjié　　details; part culars

6. 气节 moral integrity; chastity
【气节】 qìjié　　moral; integtity

· 375 ·

桔 jié/jú

jié

一种植物 see below

【桔梗】　　jiégěng　　the root of balloonflower

jú

"橘"的通俗写法 a popular form for "橘 ju"

【桔子】　　júzi　　tangerine

解 jiě/jiè/xiè

jiě

1. 分解开 separate; divide

【分解】　　fēnjiě　　separate
【解剖】　　jiěpōu　　dissect

2. 把结打开 untie; undo

【解开】　　jiěkāi　　untie; undo

3. 解除职务等 allay; dispel; dismiss

【解放】　　jiěfàng　　liberate; emancipate; liberation
【解恨】　　jiěhèn　　vent one's hatred; have one's hatred slaked
【解渴】　　jiěkě　　quench one's thirst

4. 解释 explain; interpret; solve

汉语多音字学习手册

【辨解】　biànjiě　　provide an explanation; try to defend oneself
【解释】　jiěshì　　explain; expound; interpret

5.懂,明白 understand; comprehend
【理解】　lǐjiě　　understand; comprehend
【了解】　liǎojiě　　understand; comprehend; find out; acquaint oneself with

jiè
押送 send under guard
【押解】　yājiè　　send (a criminal or captive) under escort; escort

xiè
手段,本领 see below
【解数】　xièshù　　skill; art; competence

据 jū/jù

jū
见下 see below

【拮据】　jiéjū　　缺钱 in straitened circumstances; short of money; hard up

jù
1.占领,据为己有 occupy; seize

· 377 ·

☞ Chinese Multi-reading Characters without Tears ☜

【占据】　　zhànjù　　occupy; hold

2. 凭着, 依靠 rely on; depend on
【据点】　　jùdiǎn　　strongpoint; fortified point; stronghold

3. 依照 according to; on the grounds of
【据说】　　jùshuō　　it is said; they say; allegedly
【根据】　　gēnjù　　on the basis of; according to
【依据】　　yījù　　form a basis for action

4. 可以用来做证明的 evidence; certificate
【根据】　　gēnjù　　basis; grounds
【凭据】　　píngjù　　evidence; proof
【依据】　　yījù　　basis; foundation
【证据】　　zhèngjù　　evidence; proof; testimony

郎　láng/làng

láng

1. 中国古代一种官名 an official title in imperial times
【侍郎】　　shìláng　　shilang

2. 对某种人的称谓 (used in forming nouns designating certain classes of persons)
【货郎】　　huòláng　　itinerant pedlar; street vendor
【女郎】　　nǚláng　　a young woman; maiden; girl

3. 妇女称呼丈夫或情人 (used by a woman in addressing her hus-

band or lover)my darling
【郎君】　　lángjūn　　(used in addressing one's husband) you
【新郎】　　xīnláng　　bridegroom

làng
一种昆虫 see below
【屎壳郎】　　shǐkélàng　　dung beetle

哩 lī/lǐ/li

lī
零散的样子 see below
【哩哩啦啦】　　līlīlālā　　scattered; sporadic

lǐ
旧时对英里的一种写法。old form for "mile"

li
方言助词 same as "呢" ("ne"), confined to use in declarative sentences

令 lǐng/lìng

lǐng
量词,由英语 ream 的音译而来,原张的纸五百张为一令 m. ream of paper

lìng
1. 下令 order; command

☞ Chinese Multi-reading Characters without Tears ☜

【法令】　　fǎlìng　　　laws and decrees
【指令】　　zhǐlìng　　 order; instruction

2. 令 cause sb. to
　　例句:这个消息令人激动。
　　　　Zhège xiāoxī lìng rén jīdòng。
　　　　The news made them exciting.

3. 时节 season
【时令】　　shílìng　　 season
【夏令】　　xiàlìng　　 summertime

4. 用在和对方有亲属关系的人的敬辞 your (used before certain relationship terms when referring to a member of a friend's family)
【令尊】　　lìngzūn　　your father

弄　lòng / nòng

lòng

方言,小巷 lane; alley; alleyway
【里弄】　　lǐlòng　　 lanes and alleys
【弄堂】　　lòngtáng　　lane; alley; alleyway

nòng

1. 拿着玩,耍弄 play with; fool with
【摆弄】　　bǎinòng　　 move back and forth; fiddle with
【耍弄】　　shuǎnòng　　make fun of; make a fool of; deceive
【捉弄】　　zhuōnòng　　tease; make fun or a fool of; play pranks on

汉语多音字学习手册

2. 做,办,干 do; manage; handle
【弄饭】 nòng fàn   prepare a meal; cook
【弄假成真】 nòngjiǎ chéngzhēn   what was make-believe has become reality

3. 想办法取 get; fetch
【弄来】 nònglái   get; fetch
【弄清】 nòngqīng   make clear; clarify; gain a clear idea of; understand fully

绿 lù/lǜ

lù

用于绿林、绿营 see below
【绿林】 lùlín   the greenwood-brigands; outlaws

lǜ

像夏天的草的颜色 green
【绿化】 lǜhuà   make (a place) green by planting trees, flowers, etc.; afforest
【绿色】 lǜsè   green colour

论 lún/lùn

lún

用于古书名 title of the classic
【论语】 Lúnyǔ   Analects of Confucius

· 381 ·

☞ **Chinese Multi-reading Characters without Tears** ☜

lùn

1. 分析和说明道理的有关文章或话 discuss; view; opinion

【辩论】　　biànlùn　　debate
【结论】　　jiélùn　　　conclusion
【理论】　　lǐlùn　　　 theory
【论文】　　lùnwén　　thesis
【讨论】　　tǎolùn　　 discuss

2. 理论 theory

【进化论】　jìnhuàlùn　　the theory of evolution
【相对论】　xiāngduìlùn　the theory of relativity

3. 对待, 评定 regard; consider; determine

例句: 晚到一分钟也按迟到论。
Wǎn dào yìfēn zhōng yě àn chídào lùn。
You will be considered as not being punctual even if only one minute late.

【相提并论】xiāngtíbìnglùn　mention in the same breath

4. 依照一种单位或类别 by; in terms of

例句: 加工这种产品是论件计价。
Jiāgōng zhè zhǒng chǎnpǐn shì lùn jiàn jì jià。
The processing of this product is charged by each.

摩 mā/mó

mā

用手按住并不断地移动 see below

【摩挲】　　　māsā　　　gently stroke; smooth sth. out with one's hands

mó
1. 摩擦,触及 rub; scrape; touch
【按摩】　　　ànmó　　　massage
【摩擦】　　　mócā　　　rub; friction; clash(between two parties)
【摩天楼】　　mótiānlóu　　skyscraper

2. 研究讨论 mull over; study
【揣摩】　　　chuǎimó　　try to fathom; try to figure out
【观摩】　　　guānmó　　inspect and learn from each other's work; view and emulate

3. 英译音 see below
【摩登】　　　módēng　　modern

吗 má/mǎ/ma

má
方言,什么 dial. what
【干吗】　　　gànmá　　do what

mǎ
药名 see below
【吗啡】　　　mǎfēi　　morphine

ma

助词,表示疑问（used at the end of a question）

例句:你知道吗?

Nǐzhīdào ma?

Do you know?

脉 mài/mò

mài

1. 指血管 arteries and veins

【动脉】　　dòngmài　　artery

【脉络】　　màiluò　　general name for arteries and veins

2. 脉搏 pulse

【命脉】　　mìngmài　　lifeline; lifeblood

【切脉】　　qiēmài　　feel the pulse

3. 像血管一样连贯成系统的东西 sth. linking up to form a blood-vessel-like network

【脉冲】　　màichōng　　pulse

【山脉】　　shānmài　　mountain range; mountain chain

mò

无声地用眼神或行动表示情意 see below

【脉脉】　　mòmò　　affectionate; loving; amorous

　　　　　　例:他含情脉脉地注视着她。

　　　　　　Tā hánqíng mòmò de zhùshì zhe tā.

　　　　　　He looked attentively at her with loving eyes.

猫　māo/máo

māo

1. 一种哺乳动物,善捕鼠 cat
【小花猫】　xiǎo huā māo　kitten

2. 藏起来 hide oneself
【藏猫猫】　cángmāomao　play hide-and-seek

máo

弯腰 see below
【猫腰】　máoyāo　arch one's back

哪　nǎ/na/né/něi

nǎ

疑问代词:什么、哪个 which; what
【哪儿】　nǎr　where; whichever; any that
【哪位】　nǎwèi　which one

na

助词,放在句尾,和"啊"的意思一样（used in the same way as "啊 a", only after words ending with consonant "n"）
例句:我真困哪!
　　　Wǒ zhēn kùn na!
　　　I'm so sleepy!

né

神话中的神名 see below

【哪吒】　　Nézhā　　a divine warrior in Chinese fairy tales

něi

口语里常用此代替"nǎ" a variant pronunciation for "哪 nǎ" in colloquial speech

呐　nà/na/nè

nà

1. 大声叫喊 see below

【呐喊】　　nàhǎn　　shout loudly; cry out

2. 乐器 see below

【唢呐】　　suǒnà　　horn, a woodwind instrument

na

助词,前一字韵尾是 n 时 used in the same way as "哪 na"
例句:大家加油干呐。
　　　Dàjiā jiāyóu gàn na。
　　　Speed up everybody!

nè

同"讷",表示说话迟钝 used in the same way as "讷 ne", slow of speech

【木呐】　　mùnè　　simple and slow (of speech)

泥 ní/nì

ní

1. 水和土和在一起 mud; mire
- 【泥巴】 níbā mud; mire
- 【泥坑】 níkēng mud pit; mire; morass
- 【泥泞】 nínìng muddy; miry

2. 像泥一样的东西 sth. like paste or pulp
- 【水泥】 shuǐní cement
- 【蒜泥】 suànní ashed garlic

nì

1. 用土、灰涂抹 cover or daub with plaster, putty, etc.; putty; plaster
- 【泥墙】 nìqiáng cover the crevices in a wall with mud or plaster

2. 固执 stubborn; bigoted; obstinate
- 【拘泥】 jūnì be a stickler for (form, etc.); rigidly adhere to (formalities, etc.)

粘 nián/zhān

nián

像糨糊或胶水那样,能使物体粘在一起 sticky; glutinous
- 【粘度】 niándù viscosity

【粘土】　　　niántǔ　　clay

zhān
黏的东西使物体连接 glue; stick; paste
【粘连】　　　zhānlián　　adhesion
【粘贴】　　　zhāntiē　　paste; stick

迫 pǎi/pò

pǎi
一种重型武器 a heavy-duty weapon
【迫击炮】　　pǎijīpào　　mortar

pò
1. 逼使 force; compel
【被迫】　　　bèipò　　be compelled; be forced
【迫害】　　　pòhài　　persecute
【迫使】　　　pòshǐ　　force; compel
【压迫】　　　yāpò　　press; repress

2. 紧急 hurried; pressing
【紧迫】　　　jǐnpò　　pressing; urgent
【迫不及待】　pò bù jí dài　　unable to hold oneself back; too impatient to wait
【迫切】　　　pòqiè　　urent; pressing

3. 靠近 be close to; near
【迫近】　　　pòjìn　　approach; get close to

胖 pán/pàng

pán

书面语,舒适 (written language) easy and comfortable
【心宽体胖】 xīn kuān tǐ pán　carefree and contented; fit and happy

pàng

人体脂肪和肉多 fat; atout; plump
【肥胖】 féipàng　fat; corpulent
【胖子】 pàngzi　a fat person; fatty

悄 qiāo/qiǎo

qiāo

没有声或声音很小 see below
【悄悄】 qiāoqiāo　quietly; on the quiet

qiǎo

1. 书面语,忧愁的样子 (written language) sad; worried; sorrowful
【悄然】 qiǎorán　sad; worried; sorrowful

2. 低声或无声 silent or low-voiced
【悄声】 qiǎoshēng　a low voice; whisper

亲 qīn/qìng

qīn

1. 有血统或婚姻关系的 parent; blood relation; relative

【父亲】　　fùqīn　　father
【亲人】　　qīnrén　　one's parents, spouse, children, etc.
【亲属】　　qīnshǔ　　relatives; kinsfolk

2. 结婚或指新媳妇 marriage; match; bride

【定亲】　　dìngqīn　　engagement; betrothal
【亲事】　　qīnshì　　marriage

3. 关系好,感情深 close; intimate; dear

【亲密】　　qīnmì　　close; intimate
【亲切】　　qīnqiè　　cordial; kind; close; intimate

4. 自己 in person; oneself

【亲笔】　　qīnbǐ　　in one's own handwriting
【亲身】　　qīnshēn　　personal; firsthand
【亲自】　　qīnzì　　personally; in person; oneself

5. 接吻 kiss

【亲吻】　　qīnwěn　　kiss

qìng

夫妻双方父母的关系或称呼 see below

【亲家】　　qìngjiā　　parents of one's daughter-in-law or son-in-law

厦 shà/xià

shà
高大的房子 a tall building; mansion
【大厦】　　　dàshà　　　a tall building

xià
地名 see below
【厦门】　　　Xiàmén　　　a city in Fujian province

稍 shāo/shào

shāo
稍微 a little; a bit; slightly; a trifle
【稍稍】　　　shāoshāo　　　a little; a bit; slightly; a trifle
【稍微】　　　shāowēi　　　a little; a bit; slightly; a trifle

shào
一种口令，指从立正变为休息姿势 see below
【稍息】　　　shàoxī　　　stand at ease

拾 shè/shí

shè
书面语，逐步登阶 (written language) see below
【拾级】　　　shèjí　　　go upstairs step by step

· 391 ·

shí

1. 把掉下的东西捡起来 pick up(from the ground); collect
【拾金不昧】 shíjīn bú mèi　　not pocket the money one picks up
【拾取】　　　shíqǔ　　pick up; collect

2. 收拾，整理 tidy up; put in order
【拾掇】　　　shíduo　　tidy up; put in order
【收拾】　　　shōushi　　put in order; tidy; clear away; get things ready; pack

3. "十"的大写 ten(used for the numeral "十" on cheques, banknotes, etc. to avoid mistakes or alterations)
【拾圆钱】　　shíyuán qián　　ten yuan

识 shí/zhì

shí

1. 认得 know
【认识】　　　rènshí　　know
【识字】　　　shízì　　be able to read

2. 知识 experience
【见识】　　　jiànshí　　experience
【知识】　　　zhīshí　　knowledge

zhì

书面语，记住、标记(written language)remember, mark
【标识】　　　biāozhì　　sign

【博闻强识】 bó wén qiǎng zhì   have wide learning and a retentive memory

熟 shóu/shú

shóu
用于口语,意义同"shú" a variant pronunciation for "熟 shú" and used in colloquial speech

shú
1. 植物的果实长好了 ripe
【成熟】　　chéngshú　　ripe; mature

2. 食物经过烹调 cooked; done
【熟食】　　shúshí　　prepared food; cooked food

3. 不陌生,知道得很清楚 familiar; well acquainted
【熟人】　　shúrén　　acquaintance; friend
【熟悉】　　shúxī　　know sth. or sb. well; be familiar with; have an intimate knowledge of
【眼熟】　　yǎnshú　　look familiar

4. 熟练,有经验 skilled; experienced; practised
【熟练】　　shúliàn　　skilled; practised; proficient
【熟手】　　shúshǒu　　old hand; practised hand

5. 程度深 deeply; thoroughly
【熟睡】　　shúshuì　　sleep soundly; be fast asleep

【熟知】　　　shúzhī　　　know very well; know intimately

属 shǔ/zhǔ

shǔ

1. 类别 category
【金属】　　　jīnshǔ　　　metal
【属性】　　　shǔxìng　　　attribute; property

2. 属于 be under; be subordinate to
【从属】　　　cóngshǔ　　　subordinate
【直属】　　　zhíshǔ　　　directly under; directly subordinate to

3. 归于 belong to
【归属】　　　guīshǔ　　　belong to; come under the jurisdiction of
【属于】　　　shǔyú　　　belong to; be part of

4. 亲戚或家庭成员 family members dependants
【家属】　　　jiāshǔ　　　family members; (family)dependents
【亲属】　　　qīnshǔ　　　kinsfolk; relatives

5. 是 be
【属实】　　　shǔshí　　　prove to be true

zhǔ

1. 连起来 join; combine
【前后相属】　qián hòu xiāng zhǔ　　(of two parts)join together

2. 思想集中在一点 fix (one's mind) on; centre (one's attention, etc.) upon
【属望】 zhǔwàng   centre one's hope on; look forward to; expect

趟 tāng/tàng

tāng
1. 从水里走过去 wade; ford
tāng
【趟水过河】 tāngshuǐ guòhé   wade (across) a stream

2. 用犁在苗垄之间翻土,除去杂草并给苗培土 turn the soil and dig up weeds (with a hoe, etc.)

tàng
1. 量词,走动的次数 m. (for a round trip)
【去了一趟】 qùle yítàng   went once
【一趟火车】 yítàng huǒchē   a train

2. 行进的行列 sth. that is going on
【跟不上趟儿】 gēn bú shàng tàngr   lag behind

3. 量词,用于成行的东西 m. (for a street or things arranged in a row)
【半趟街】 bàn tàng jiē   half street

体 tī/tǐ

tī

家庭成员个人私下积蓄的财物 see below
【体己】　　tījǐ　　intimate; confidential; private(savings)

tǐ

1. 身体 body or part of the body
【身体】　　shēntǐ　　body
【体重】　　tǐzhòng　　(body)weight

2. 事物 substance or state of a substance
【固体】　　gùtǐ　　solid
【物体】　　wùtǐ　　body; substance; object
【整体】　　zhěngtǐ　　whole; entirety

3. 形式,体制 style, system
【体例】　　tǐlì　　stylistic rules and layout; style
【体制】　　tǐzhì　　system(of organization); structure
【字体】　　zìtǐ　　style of calligraphy

4. 亲身体验 personally do or experience sth.; put oneself in another's position
【体会】　　tǐhuì　　know(or learn)from experience; realize
【体现】　　tǐxiàn　　embody; incarnate; reflect; give expression to
【体验】　　tǐyàn　　learn through practice; learn through one's personal experience

哇 wā/wa

wā

象声词,形容哭声、喊叫声等 onom. the sound of crying or vomiting
例句:她哇的一声哭了。
　　　Tā wā de yìshēng kū le.
　　　She burst out crying.
【哇啦哇啦】　wālāwālā　　hullabaloo; uproar; din

wa

助词,放在句尾,同"啊"字一样(used in place of "啊 a" after a word ending in "u" or "ao").

唯 wéi/wěi

wéi

1. 单单,只是,同"惟" only; alone
【唯一】　　wéiyī　　　only; sole

2. 哲学概念 see below
【唯物论】　wéiwùlùn　　materialism
【唯心论】　wéixīnlùn　　idealism

wěi

表示答应,顺从 yea
【唯唯诺诺】　wěiwěinuònuò　　be a yes-man; be subservient

尾 wěi/yǐ

wěi

1. 尾巴 tail
   - 【尾巴】　　wěiba　　tail

2. 物体的末端, 后面 tail-like part; end; remaining part
   - 【结尾】　　jiéwěi　　ending; winding-up stage
   - 【末尾】　　mòwěi　　end
   - 【尾数】　　wěishù　　odd amount in addition to the round number
   - 【尾随】　　wěisuí　　tail behind; tag along after; follow at sb's heels

yǐ

指马尾上的毛 hairs on a horsetail.

鲜 xiān/xiǎn

xiān

1. 新鲜, 没变质, 没枯萎 fresh
   - 【鲜花】　　xiānhuā　　fresh flowers
   - 【鲜血】　　xiānxuě　　blood
   - 【新鲜】　　xīnxiān　　fresh

2. 味道美或味美食品 delicious; tasty; celicacy
   - 【尝鲜】　　chángxiān　　have a taste of a delicacy
   - 【海鲜】　　hǎixiān　　seafood

3. 颜色明亮 bright-coloured; bright
【鲜红】　　　xiānhóng　　bright red
【鲜明】　　　xiānmíng　　bright
【鲜艳】　　　xiānyàn　　 bright-coloured; gaily-coloured

xiǎn

1. 很少 little; rare
【鲜为人知】　xiǎn wéi rén zhī　　rarely known

2. 国家名,民族名 see below
【朝鲜】　　　Cháoxiǎn　　Korea
【鲜族】　　　xiǎnzú　　the Korean nationality

约　yāo/yuē

yāo

称分量 weigh in a balance
例句:请给我约一公斤苹果。
　　　Qǐng gěi wǒ yāo yì gōngjīn píngguǒ。
　　　Weigh me out one kilo of apple.

yuē

1. 提出,商量或约定的事 make an appointment; arrange; pact; agreement
【和约】　　　héyuē　　peace treaty
【条约】　　　tiáoyuē　　treaty; pact
【预约】　　　yùyuē　　make an appointment
【约定】　　　yuēdìng　　agree on; appoint; arrange

· 399 ·

☞ *Chinese Multi-reading Characters without Tears* ☜

【约会】　　yuēhuì　　arrange a meeting; make an appointment

2. 邀请 ask or invite in advance
【特约】　　tèyuē　　engage by special arrangement
【约请】　　yuēqǐng　　invite; ask

3. 限制,拘束 restrict; restrain
【约束】　　yuēshù　　keep within bounds; restrain; bind
【制约】　　zhìyuē　　restrict; condition

4. 节省 economical; frugal
【节约】　　jiéyuē　　practise thrift; economize; save

5. 大致 about; around; approximately
【大约】　　dàyuē　　about; approximately

仔 zǎi/zǐ

zǎi

1. 儿子 son
2. 小伙子 young man
【打工仔】　　dǎ gōng zǎi　　a young manual worker

3. 年幼的动物 young animal; whelp
【猪仔儿】　　zhūzǎir　　pigling

zǐ

1. 幼小的(指牲畜,家禽) (of domestic animals or fowls) young

【仔鸡】　　zǐjī　　chick

2. 细致, 小心 see below
【仔细】　　zǐxì　　careful; attentive; be careful; look out

著 zhù/zhuó

zhù

1. 明显, 突出 marked; outstanding
【显著】　　xiǎnzhù　　notable; marked; striking; remarkable
【著名】　　zhùmíng　　famous; celebrated; well-known
【著称】　　zhùchēng　　celebrated; famous

2. 写作, 作品 write; book; work
【名著】　　míngzhù　　famous book; famous work
【译著】　　yìzhù　　translations
【著者】　　zhùzhě　　author; writer
【著作】　　zhùzuò　　work; book; writings

zhuó

同 "着", 表示穿、附着、接触等意思 used in the same way as "着 zhuó"

☞ Chinese Multi-reading Characters without Tears ☜

练习答案

把 bǎ/bà　　1.bǎ　2.bàr　3.bǎ　4.bǎ　5.bǎ
薄 báo/bó/bò　1.对　2.错(báo)　3.错(bò)　4.错(bó)
背 bēi/bèi　　1.对　2.错(bēi)　3.错(bēi)
便 biàn/pián　（略）
别 bié/biè　bié/biè/bié/bié/bié
参 cān/cēn/shēn　人参(shēn)　参(cān)加　参(cān)观
　　　　　　　　参(cān)与　参(cān)考　参(cēn)差
藏 cáng/zàng

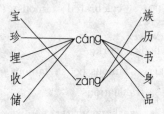

曾 céng/zēng　曾(céng)经　曾(zēng)孙　不曾(céng)
　　　　　　　曾(zēng)祖父
叉 chā/chá/chǎ/chà
　　星期日小王进城办事。走到交叉(chà)路口,想找个饭馆,他一手叉(chā)腰一手擦汗,看见马路对面有人在卖排叉儿(chàr),就想走过去。路上车很多,都叉(chá)在了一起。有个小伙子正叉(chǎ)着腿站在路中间维持交通。
刹 chà/shā　shāchē　gǔchà　shāzhù bù zhèng zhī fēng　chànà
差 chā/chà/chāi/cī　1.chā/chà　2.chà/chāi　3.chà/chā
　　　　　　　　　4.cī/chā
长 cháng/zhǎng　1.zhǎng　2.cháng　3.zhǎng　4.cháng

· 402 ·

5. zhǎng

场 cháng/chǎng　　1. jùchǎng / yīcháng / sànchǎng

　　　　　　　　　2. chángyuàn / shìchǎng

　　　　　　　　　3. fēijīchǎng / guǎngchǎng

　　　　　　　　　4. chǎnghé

朝 cháo/zhāo

朝(zhāo)霞映红了树林,小赵从学校出来,朝(cháo)树林跑去。树林里这时候已经有了一些同学。有的在念历史:唐朝(cháo)的兴盛,宋朝(cháo)的战争……;有的在朝(zhāo)阳映照下,做操或跳舞;小赵找了同班同学小王,一起预习英语。她俩朝(zhāo)夕相处两年多,从来没争吵过。快到早自习的时间了,她俩一起朝(cháo)学校走去。

冲 chōng/chòng　　1. 错(chōng)　　2. 错(chòng)
　　　　　　　　　3. 错(chōng)　　4. 错(chòng)

重 chóng/zhòng　　1. (zhòng)　2. (chóng)　3. (chóng / chóng)
　　　　　　　　　4. (zhòng)

处 chǔ/chù　　1. 错(chǔ)　2. (chù)　3. 对　4. 错(chù / chù)

传 chuán/zhuàn　　1. xuānchuán　2. zìzhuàn　3. chuánrǎnbìng
　　　　　　　　　4. chuánshuō　5. Shuǐhǔzhuàn

创 chuāng/chuàng

打 dá/dǎ　　1. dǎ　2. dǎ　3. dá

大 dà/dài　　1. dà / dài　2. dà / dà　3. dà

☞ Chinese Multi-reading Characters without Tears ☜

担 dān/dàn　1.dān　2.dān　3.dàn　4.dān/dàn
弹 dàn/tán　1.错(tán/tán)　2.对　3.对　4.对
当 dāng/dàng　1.dāng　2.dàng/dàng　3.dāng　4.dàng
　　　　　　5.dāng
倒 dǎo/dào　1.dǎo/dào　2.dǎo　3.dào　4.dào
得 dé/de/děi　1.děi　2.de　3.dé　4.dé　5.de
地 de/dì
　　Dàwèi wèile xuéshuō (dì)dao de Hànyǔ, tè(dì) láidào Běijīng.
Gāng lái shí tā rénshēng (dì) bù shú, jiù bùduàn (de) xiàng
Zhōngguórén qǐngjiào, zhōumò hái qìchē dàochùkànkan, bù rènshi jiù
chá(dì)tú. yīnián yǐhòu, tā bùjǐn rènshi le hěn duō (dì)fang, háinéng
liúlì(de)shuō yīkǒu biāozhǔn de pǔtōnghuà.
的 de/dī/dí/dì　1.de　2.de/dì　3.de　4.dí　5.de
提 dī/tí　提(tí)前　提(dī)防　提(tí)出　提(tí)问
　　　　 提(dī)溜　提(tí)高　提(tí)供　提(tí)示
调 diào/tiáo　调整(tiáo)　强调(diào)　声调(diào)
　　　　　　调动(diào)　失调(tiáo)　曲调(diào)
钉 dīng/dìng　钉(dìng)钉(dīng)子　钢钉(dīng)　钉(dìng)鞋
　　　　　　钉(dīng)锤　人钉(dīng)人　螺丝钉(dīng)
　　　　　　钉(dīng)是钉,铆(mǎo)是铆
都 dōu/dū　(略)
发 fā/fà　fāxiàn　tóufà(fa)　chūfā　kāifā　fādá
分 fēn/fèn

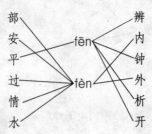

· 404 ·

佛	fó/fú	（略）
杆	gān/gǎn	木杆(gān)　毛笔杆(gǎn)儿　三杆(gǎn)枪 烟袋杆(gǎn)子　旗杆(gān)　电线杆(gān)
给	gěi/jǐ	1.gěi　2.jǐ/jǐ　3.jǐ　4.gěi
更	gēng/gèng	1.错(gēng)　2.对　3.错(gèng)　4.错(gēng)
供	gōng/gòng	提供(tígōng)　供品(gòngpǐn)　供给(gōngjǐ) 口供(kǒugòng)　供应(gōngyìng) 供认(gòngrèn)

观　guān/guàn
　到白云观(guàn)参观(guān)的人越来越多,过去对白云观(guàn)持悲观(guān)态度的人,现在也变得乐观(guān)了。这座道观(guàn)受观(guān)众欢迎的原因主要是;修缮后外观(guān)更漂亮了。

冠	guān/guàn	guànjūn　jīguān　huángguān yīguān　duó guàn　wángguān
还	hái/huán	1.huán　2.hái　3.hái　4.huán

行　háng/xíng
　1.略
　2.慎昌商行(háng)　人行(xíng)便道　国际旅行(xíng)社　流行(xíng)音乐　举行(xíng)招待会　发行(xíng)报纸

好	hǎo/hào	喜好　爱好　癖好　好大喜功
和	hé/hè/hú/huó/huò	1.hé　2.hè　3.hé　4.huó
吓	hè/xià	1.xià　2.xià　3.hè
哄	hōng/hǒng/hòng	1.哄 hǒng 骗　2.起哄 hòng 3.哄 hǒng 孩子　4.哄 hōng 堂大笑
划	huá/huà	jìhuà　huá bu lái　huá huǒchái　huàfēn

Chinese Multi-reading Characters without Tears

会 huì/kuài　　（略）

混 hún/hùn　　混(hùn)杂　混(hún)水　混(hùn)入人群
　　　　　　　混(hùn)浊　混(hún)人　混(hùn)合双打

奇 jī/qí　　1.hàoqí　2.jīshù　3.qíjì　4.qíguài

系 jì/xì　　1.xì　2.jì　3.xì　4.jì　5.xì

假 jiǎ/jià

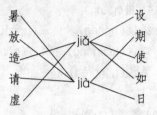

间 jiān/jiàn　　1.对　2.对　3.错(jiān)　4.错(jiān)(jiān)
　　　　　　　5.错(jiàn)

将 jiāng/jiàng/qiāng　　1.jiāng　2.jiāng　3.jiàng　4.jiàng

降 jiàng/xiáng

强 jiàng/qiáng/qiǎng　　（略）

教 jiāo/jiào　　1.jiào　2.jiào/jiāo　3.jiào　4.jiào/jiāo

觉 jiào/jué　　味觉(+)　知觉(+)　觉(+)醒　睡觉(　)
　　　　　　　觉(+)得　察觉(+)　感觉(+)

校 jiào/xiào　　（略）

结 jié/jiē　　结(jié)为夫妻　　结(jiē)实的木材
　　　　　　事情没有了结(jié)　冤仇宜解不宜结(jié)
　　　　　　张灯结(jié)彩　　账目结(jié)存

禁 jīn/jìn　　（略）

· 406 ·

尽 jǐn/jìn　　1. jǐnkuài　2. jìnxīn jìnlì　3. jǐnguǎn

劲 jìn/jìng　　劲敌(jìndí) 对　　用劲(yòngjìng) 错
　　　　　　 使劲(shǐ jìn) 对　　干劲(gànjìn) 对
　　　　　　 强劲(qiángjìn) 错　劲头(jìngtóu) 错

圈 juān/juàn/quān

1. 略

2. 为了突破敌人的包围圈(quān)儿,他们化整为零,在山里和敌人兜起圈(quān)子来。一天。敌人包围了张村,小杨藏在老乡的马圈(juàn)里,使敌人白白地转了几圈(quān)儿,什么也没抓着。

卡 kǎ/qiǎ　　生日卡(kǎ)片　边卡(qiǎ)　卡(kǎ)车
　　　　　　 卡(qiǎ)嗓子

看 kān/kàn　　(略)

空 kōng/kòng

双休日的第一天,小琴一家都有空(kòng)儿,吃完早饭就来到公园。这里的空(kōng)气很新鲜,游人也不多。他们找了一个空(kōng)着的长椅坐下来休息。小琴见到一个游人把空(kōng)饮料瓶扔在地上,赶紧去捡起来,扔进空(kōng)垃圾桶里。小琴的妈妈笑着夸她:你来公园不光是玩儿,还能抽空(kòng)儿做好事。

拉 lā/lá/lǎ　　1. 错(lā)　2. 错(lá)　3. 对　4. 错(lā)

落 là/lào/luò　　1. luò　2. lào　3. là　4. luò　5. luò

乐 lè/yuè　　1. yuè / lè　2. lè　3. lè　4. yuè

了 le/liǎo　　1. liǎo / le　2. liǎo　3. le　4. liǎo

累 léi/lěi/lèi

王小雪走过邻家的果园,看到春天枝头繁花似锦,秋天果实累累(léiléi)。她想:我虽然没见过邻家人干活儿,也可以想见他们的劳累(lèi)。她又想:我每天上学,积累(lěi)知识,虽然也累(lèi),但是将来也会结出累累(léiléi)果实吧?

407

☞ Chinese Multi-reading Characters without Tears ☜

俩　liǎ/liǎng　　他们俩(tāmen liǎ)　伎俩(jìliǎng)
凉　liáng/liàng　1.liáng　2.liáng　3.liàng/liáng
量　liáng/liàng　1.liáng　2.liàng　3.liáng　4.liáng
陆　liù/lù　　伍拾陆(liù)元　陆(lù)路交通
露　lòu/lù

太阳刚从东边露(lù)出半个脸,露(lù)营地帐篷里的小张就走了出来。草地上颗颗露(lù)珠闪着水晶一样的光亮,小张露(lù)在外面的腿都被露(lù)水打湿了。今天中午聚餐,小张决心要露(lòu)一手。他一心一意地寻找露(lù)在草地上的白蘑菇,想给大家炒来吃。不知不觉太阳已经爬上了树梢,露(lù)营的同伴们也都起来了。

率　lǜ/shuài

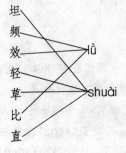

没　méi/mò　　1.méi　2.mò　3.méi　4.mò　5.méi
模　mó/mú　　模(mó)范　规模(mó)　模(mú)样　模(mú)子
　　　　　　　模(mó)仿
磨　mó/mò　　1.mò/mò　2.mò　3.mó　4.mó　5.mó
难　nán/nàn

1. 错(Hànyǔ shuō nán yě bù nán)　2. 对

3. 错(Suīrán biéren huà nántīng, liǎn nánkàn, háishi nánbuzhù tā.)

4. 错(Zāinàn guòhòu, nànmín shùliàng dà zēng, gěi guójiā

・408・

dàilái hěn dà kùnnán.）

呢　ne/ní　　　（略）

宁　níng/nìng　　（略）

片　piān/piàn　　鱼片(piān)（-）　名片(piàn)　一片(piān)湖水（-）　几张相片(piàn)（-）
　　　　　　　　片(piān)羊肉（-）　彩色动画片(piàn)（-）

漂　piāo/piǎo/piào

我们坐的船顺着河漂(piāo)了三天,才靠在一个小渔村边。大家下了船,发现衣服脏得不像样,都动手漂(piǎo)洗起来。渔村的小学生们放学了,穿着漂(piào)亮的衣服,像小鸟一样飞回各自的家。

铺　pū/pù　　　（略）

切　qiē/qiè　　1. qiē　2. qiè　3. qiē　4. qiè　5. qiè　6. qiē

塞　sāi/sài/sè　 1. sài/sè　2. sāi/sài　3. sè/sāi　4. sāir

色　sè/shǎi　　景色(sè)　神色(sè)　色(sè)彩　掉色(shǎi)儿

扇　shān/shàn　 1. shān　2. shàn　3. shàn　4. shàn

折　shé/zhē/zhé　1. 错(zhē)　2. 对　3. 错(zhé)
　　　　　　　　4. 错(zhé)　5. 错(shé)

舍　shě/shè　　舍(shě)已为人　施舍(shě)　宿舍(shè)
　　　　　　　　舍(shě)弃　舍(shě)近求远　校舍(shè)
　　　　　　　　割舍(shě)　舍(shě)不得

谁　shéi/shuí　（略）

什　shén/shí　　什么(shénme)　家什(jiāshi)
　　　　　　　　为什么(wèishénme)

省　shěng/xǐng　省(shěng)钱　节省(shěng)　反省(xǐng)
　　　　　　　　山东省(shěng)　省(xǐng)悟　省(shěng)事
　　　　　　　　不省(xǐng)人事

似　shì/sì　　1. shì　2. sì　3. sì　4. sì

409

☞ Chinese Multi-reading Characters without Tears ☜

数 shǔ/shù/shuò
1. Zhè jiān jiàoshì lǐ de rén zhēn duō, shù yě shǔbuqīng.
2. Tā jiǎng de kè, duōshù xuésheng dōu tīngdǒng le.
3. Xiǎo Fāng cái liǎng suì duō, jiù huì shuō shuō le.
4. Tā zài wǒmen zhōngjiān shì shǔ yī shǔ èr de.

说 shuì/shuō   说(shuō)话   学说(shuō)   游说(shuì)
宿 sù/xiǔ/xiù   宿舍楼(+)   宿怨   宿将(+)   住了一宿
              二十八(星)宿
挑 tiāo/tiǎo   1. tiāo   2. tiǎo   3. tiāo   4. tiāo
通 tōng/tòng   1. 略
              2. 1) tòng   2) tōng   3) tōng   4) tōng
同 tóng/tòng   相同(tóng)   共同(tóng)
              胡同(tòng)   同(tóng)伴
为 wéi/wèi   1. wèi   2. wèi   3. wéi   4. wéi   5. wèi
相 xiāng/xiàng   1. +   2. +   3. xiāng   4. +
削 xiāo/xuē
            xiāo ── 弱
                 ── 铅笔
                 ── 减
            xuē ── 皮
                 ── 水果皮

兴 xīng/xìng   高兴(xìng)   兴(xìng)趣   新兴(xīng)
              兴(xīng)建   时兴(xīng)   兴(xīng)办
              兴(xīng)奋   兴(xīng)许
压 yā/yà   高血压(yā)   压(yà)根儿   技压(yà)群芳
           压(yā)力
咽 yān/yàn/yè   1. yàn   2. yān   3. yè   4. yè

· 410 ·

汉语多音字学习手册

要 yāo/yào

眼看就要(yào)过儿童节了,老师要(yāo)求小学生在过节这天,自己动手为家里多做一些家务事。并且要(yào)把主要(yào)的事写在日记里。小方想:我爸爸妈妈都上班,我提前把要(yào)买的菜都买好,到节日下午,为他们做一顿好饭。她还想:要(yào)是能做出四菜一汤,就把表哥也请来。

应 yīng/yìng

1. 略
2. 应邀访问(yìngyāo fǎngwèn)　　不良反应(bù liáng fǎnyìng)
   应该解决(yīnggāi jiějué)　应下一批活儿(yìng xià yī pī huór)
   没人答应(méi rén dāying)　　应有尽有(yīng yǒu jìn yǒu)

与 yǔ/yù　　1.yǔ　2.yù　3.yǔ　4.yù

扎 zā/zhā/zhá　　1.zhá　2.zhā　3.zā　4.zhá

脏 zāng/zàng　　心脏(zàng)　肝脏(zàng)　脾脏(zàng)
脏(zāng)话　脏(zāng)东西　脏(zāng)手
脏(zàng)器

择 zé/zhái　　1.错(zé)　2.错(zé)　3.错(zhái)　4.对

占 zhān/zhàn　　1.zhàn　2.zhān　3.zhàn

涨 zhǎng/zhàng

1. 对
2. Miào lǐ de héshang duì Xiǎo Wáng shuō:Zhǐyào nǐ zhēnxīn xìn fó,duìzhe Púsà xiàng bìshang yǎnjing niàn yībǎi jù"Ē mí tuó fó", zhēngkāi yǎn jiù huì kànjian púsà xiàng bǐ yuánlái gāo sān cùn. Xiǎo Wáng zhào tā shuōde, niàn fó niàn de tóuhūn nǎo zhàng, zhēngkāi yǎn yīkàn, nà zuò Púsà xiàng guǒrán bǐ yuánlái zhǎng gāo le yī kuài. Yuánlái nà zuò Púsà xiàng fàng zài yī ge tánzi shàng,tán lǐ fàng mǎn huángdòu,niàn fó de

411

Chinese Multi-reading Characters without Tears

shíhou, héshang wǎng tán lǐ jiā shuǐ, huángdòu bèi shuǐ pào zhàng yǐhòu, Púsà xiàng bèi zhǎng qǐ de dòuzi mànman dǐng qǐ, shēnggāo le jǐ cùn.

着	zhāo/zháo/zhe/zhuó	1.zhe 2.zháo 3.zhuó 4.zhāo
正	zhēng/zhèng	1. zhēng / zhèng / zhèng
		2. zhèng / zhèng / zhèng
挣	zhēng/zhèng	1.zhèng 2.zhēng 3.zhèng

只 zhī/zhǐ　只有(zhǐyǒu)　船只(chuánzhī)　只好(zhǐhǎo)
　　　　　　只身(zhīshēn)　不只(bù zhǐ)　一只鸡(yī zhī jī)
　　　　　　只要(zhǐyào)　只字不提(zhī zì bù tí)

中 zhōng/zhòng　1.zhōng 2.zhòng 3.zhōng 4.zhòng
种 zhǒng/zhòng　1. 错(zhòng) / 对　2. 错(zhǒng) / 对
　　　　　　　3. 错(zhòng) / 错(zhǒng)　4. 对 / 对 / 错(zhǒng)

转 zhuǎn/zhuàn　旋转(zhuàn)　转(zhuàn)圈　转(zhuǎn)交
　　　　　　　转(zhuàn)椅　转(zhuǎn)口　周转(zhuǎn)
　　　　　　　转(zhuàn)速　扭转(zhuǎn)

作 zuō/zuò

这些雕塑作(zuò)品都是他在小作(zuō)坊里完成的。和他一起工作(zuò)的人都是作(zuò)为学生在向他学习。大家很高兴能有机会亲眼看到一个杰作(zuò)的诞生过程。

参考文献

《现代汉语词典》（修订本） 中国社会科学院语言研究所 辞典编辑室编 商务印书馆 1996 年出版

《新法编排汉语辞典》 万启智 闵凡路 俞浚民 吴特珍编 新华出版社 1985 年 2 月出版